시대에듀 독학학위연구소
영어영문학과 3단계 집필진 소개

■ **서지윤**
〈미국문학개관〉 | 〈20세기 영미소설〉
한양대학교 대학원 영어영문학과 석·박사
한양대학교 영어교육학과 학사
(현) 한양대학교 영어영문학과 강사
(현) 『한국 예이츠 저널』 편집간사
(현) 영문학술저널 번역 및 영작
(전) 한국연구재단 등재지에 다수의 논문 게재 및 학회 논문 발표

■ **김정연**
〈영어발달사〉
뉴욕주립대학교 스토니브룩 언어학과 박사
서강대학교 영어영문학과 석·박사
(현) 강원대학교 영어교육과 교수
(전) 연세대학교 영어영문학과 BK21교육연구단 연구교수
(전) 국민대학교 영어영문학부 초빙교수
(전) 뉴욕주립대학교 스토니브룩 언어학과 강사
(전) 성균관대학교, 세종대학교, 인천대학교, 강서대학교 등 다수 대학 출강

■ **김석훈**
〈고급영문법〉
텍사스대학교(알링턴) 대학원 언어학 박사
서강대학교 대학원 영어영문학과 영어학 석사
(현) 한양대학교 영어교육위원회 수석연구원
(전) 서강대학교 영미언어전공 책임연구원
(전) 서강대학교, 홍익대학교 대학원 영어영문학과 강사

■ **한승훈**
〈고급영어〉
서강대학교 대학원 영어학 박사
(현) 인하대학교 영어영문학과 초빙교수
(현) 가톨릭대학교 영어영문학부 특임교수
(현) 한양대학교, 한국외국어대학교 강사
(전) 서강대학교 영문학부 대우교수
(전) 경찰공무원 공채시험 및 다수 국가고시 출제위원
(전) 경찰외사특채요원 선발 및 다수 영어면접 심사위원
(전) 대전대학교, 배화여자대학교 등 다수 대학 출강

■ **윤규철**
〈영어통사론〉
오하이오 주립대학교 대학원 언어학 박사
(현) 영남대학교 영어영문학과 교수
(전) 경남대학교 영어학과 교수

▼ 정오표

※ [시대에듀] → [정오표]에서 정오사항을 확인하실 수 있습니다.

 끝까지 책임진다! 시대에듀!
QR코드를 통해 도서 출간 이후 발견된 오류나 개정법령, 변경된 시험 정보, 최신기출문제, 도서 업데이트 자료 등이 있는지 확인해 보세요! 시대에듀 합격 스마트 앱을 통해서도 알려 드리고 있으니 구글 플레이나 앱 스토어에서 다운받아 사용하세요.
또한, 파본 도서인 경우에는 구입하신 곳에서 교환해 드립니다.

편집진행 정석환 · 천다솜 | **표지디자인** 박종우 | **본문디자인** 신지연 · 이다희

※ 이 책은 저작권법에 의해 보호를 받는 저작물이므로 동영상 제작 및 무단전재와 복제를 금합니다.

INTRO
머리말

학위를 얻는 데 시간과 장소는 더 이상 제약이 되지 않습니다. 대입 전형을 거치지 않아도 '학점은행제'를 통해 학사학위를 취득할 수 있기 때문입니다. 그중 독학학위제도는 고등학교 졸업자이거나 이와 동등 이상의 학력을 가지고 있는 사람들에게 효율적인 학점 인정 및 학사학위 취득의 기회를 줍니다.

학습을 통한 개인의 자아실현 도구이자 자신의 실력을 인정받을 수 있는 스펙인 독학사는 짧은 기간 안에 학사학위를 취득할 수 있는 지름길로써 많은 수험생들의 선택을 받고 있습니다.

이 책은 독학사 시험을 준비하는 수험생들이 단기간에 효과적인 학습을 할 수 있도록 다음과 같이 구성하였습니다.

01 단원 개요
핵심이론을 학습하기에 앞서 각 단원에서 파악해야 할 중점과 학습목표를 정리하여 수록하였습니다.

02 핵심이론
시험에 출제될 수 있는 내용을 '핵심이론'으로 수록하였으며, 이론 안의 '더 알아두기' 등을 통해 내용 이해에 부족함이 없도록 하였습니다. (2025년 시험부터 적용되는 개정 평가영역 반영)

03 실전예상문제
해당 출제 영역에 맞는 핵심포인트를 분석하여 구성한 '실전예상문제'를 수록하였습니다.

04 최종모의고사
최신 출제 유형을 반영한 '최종모의고사(2회분)'를 통해 자신의 실력을 점검해 볼 수 있도록 하였습니다.

미국문학은 신대륙에 대한 열망과 이상, 역사의 흐름을 겪으면서 독자적인 모습을 갖추게 되었습니다. 따라서 미국문학을 올바르게 이해하기 위해서는 미국의 지리적·역사적 특징에 대한 이해가 선행되어야 합니다. 19세기 중반 미국문학의 르네상스 시기는 독자적인 미국문학을 일구어 나가는 데 있어 중요한 시기이므로 숙지할 필요가 있습니다. 이 책에 실린 작가나 작품은 전체 미국문학에서 일부에 불과합니다. 그러나 미국문학에 대한 이해의 폭을 넓히는 데 있어 디딤돌로서 도움이 되기를 바랍니다.

편저자 드림

BDES

독학학위제 소개

Bachelor's Degree
Examination for
Self-Education

독학학위제란?

「독학에 의한 학위취득에 관한 법률」에 의거하여 국가에서 시행하는 시험에 합격한 사람에게 학사학위를 수여하는 제도

- 고등학교 졸업 이상의 학력을 가진 사람이면 누구나 응시 가능
- 대학교를 다니지 않아도 스스로 공부해서 학위취득 가능
- 일과 학습의 병행이 가능하여 시간과 비용 최소화
- 언제, 어디서나 학습이 가능한 평생학습시대의 자아실현을 위한 제도
- 학위취득시험은 4개의 과정(교양, 전공기초, 전공심화, 학위취득 종합시험)으로 이루어져 있으며, 각 과정별 시험을 모두 거쳐 학위취득 종합시험에 합격하면 학사학위 취득

독학학위제 전공 분야 (11개 전공)

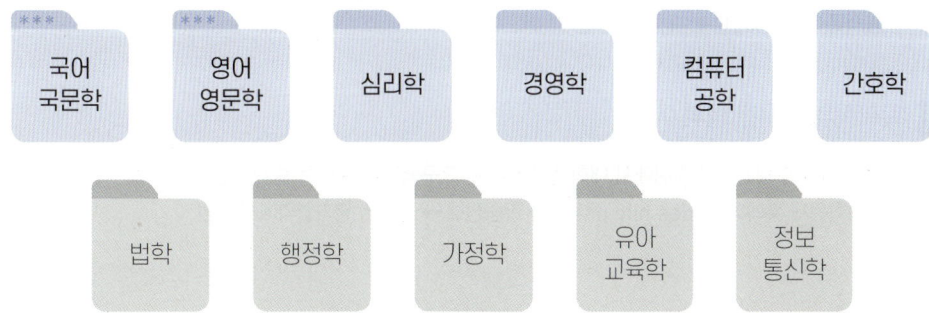

※ 유아교육학 및 정보통신학 전공 : 3, 4과정만 개설
  (정보통신학의 경우 3과정은 2025년까지, 4과정은 2026년까지만 응시 가능하며, 이후 폐지)
※ 간호학 전공 : 4과정만 개설
※ 중어중문학, 수학, 농학 전공 : 폐지 전공으로, 기존에 해당 전공 학적 보유자에 한하여 2025년까지 응시 가능

※ 시대에듀는 현재 6개 학과(심리학과, 경영학과, 컴퓨터공학과, 간호학과, 국어국문학과, 영어영문학과) 개설 완료

INFORMATION
독학학위제 시험안내

과정별 응시자격

단계	과정	응시자격	과정(과목) 시험 면제 요건
1	교양	고등학교 졸업 이상 학력 소지자	• 대학(교)에서 각 학년 수료 및 일정 학점 취득 • 학점은행제 일정 학점 인정 • 국가기술자격법에 따른 자격 취득 • 교육부령에 따른 각종 시험 합격 • 면제지정기관 이수 등
2	전공기초		
3	전공심화		
4	학위취득	• 1~3과정 합격 및 면제 • 대학에서 동일 전공으로 3년 이상 수료 (3년제의 경우 졸업) 또는 105학점 이상 취득 • 학점은행제 동일 전공 105학점 이상 인정 (전공 28학점 포함) • 외국에서 15년 이상의 학교교육과정 수료	없음(반드시 응시)

응시방법 및 응시료

- 접수방법 : 온라인으로만 가능
- 제출서류 : 응시자격 증빙서류 등 자세한 내용은 홈페이지 참조
- 응시료 : 20,700원

독학학위제 시험 범위

- 시험 과목별 평가영역 범위에서 대학 전공자에게 요구되는 수준으로 출제
- 독학학위제 홈페이지(bdes.nile.or.kr) ➔ 학습정보 ➔ 과목별 평가영역에서 확인

문항 수 및 배점

과정	일반 과목			예외 과목		
	객관식	주관식	합계	객관식	주관식	합계
교양, 전공기초 (1~2과정)	40문항×2.5점 =100점	—	40문항 100점	25문항×4점 =100점	—	25문항 100점
전공심화, 학위취득 (3~4과정)	24문항×2.5점 =60점	4문항×10점 =40점	28문항 100점	15문항×4점 =60점	5문항×8점 =40점	20문항 100점

※ 2017년도부터 교양과정 인정시험 및 전공기초과정 인정시험은 객관식 문항으로만 출제

합격 기준

■ 1~3과정(교양, 전공기초, 전공심화) 시험

단계	과정	합격 기준	유의 사항
1	교양	매 과목 60점 이상 득점을 합격으로 하고, 과목 합격 인정(합격 여부만 결정)	5과목 합격
2	전공기초		6과목 이상 합격
3	전공심화		

■ 4과정(학위취득) 시험 : 총점 합격제 또는 과목별 합격제 선택

구분	합격 기준	유의 사항
총점 합격제	• 총점(600점)의 60% 이상 득점(360점) • 과목 낙제 없음	• 6과목 모두 신규 응시 • 기존 합격 과목 불인정
과목별 합격제	매 과목 100점 만점으로 하여 전 과목(교양 2, 전공 4) 60점 이상 득점	• 기존 합격 과목 재응시 불가 • 1과목이라도 60점 미만 득점하면 불합격

시험 일정

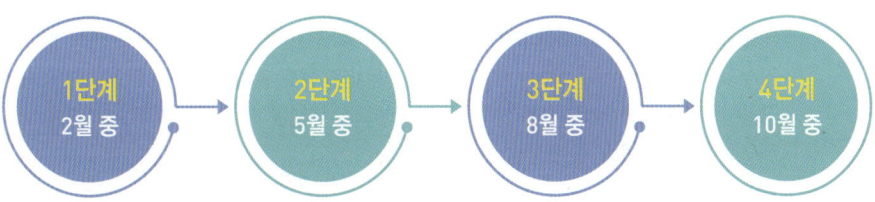

■ 영어영문학과 3단계 시험 과목 및 시간표

구분(교시별)	시간	시험 과목명
1교시	09:00~10:40(100분)	고급영문법, 미국문학개관
2교시	11:10~12:50(100분)	영어발달사, 고급영어
중식 12:50~13:40(50분)		
3교시	14:00~15:40(100분)	20세기 영미소설, 영어통사론
4교시	16:10~17:50(100분)	20세기 영미시, 영미희곡Ⅱ

※ 시험 일정 및 세부사항은 반드시 독학학위제 홈페이지(bdes.nile.or.kr)를 통해 확인하시기 바랍니다.
※ 시대에듀에서 개설되었거나 개설 예정인 과목은 빨간색으로 표시하였습니다.

STUDY PLAN

독학학위제 단계별 학습법

1단계 평가영역에 기반을 둔 이론 공부!

독학학위제에서 발표한 평가영역에 기반을 두어 효율적으로 이론을 공부해야 합니다. 각 장별로 정리된 '핵심이론'을 통해 핵심적인 개념을 파악합니다. 모든 내용을 다 암기하는 것이 아니라, 포괄적으로 이해한 후 핵심내용을 파악하여 이 부분을 확실히 알고 넘어가야 합니다.

2단계 시험 경향 및 문제 유형 파악!

독학사 시험 문제는 지금까지 출제된 유형에서 크게 벗어나지 않는 범위에서 비슷한 유형으로 줄곧 출제되고 있습니다. 본서에 수록된 이론을 충실히 학습한 후 '실전예상문제'를 풀어 보면서 문제의 유형과 출제의도를 파악하는 데 집중하도록 합니다. 교재에 수록된 문제는 시험 유형의 가장 핵심적인 부분이 반영된 문항들이므로 실제 시험에서 어떠한 유형이 출제되는지에 대한 감을 잡을 수 있을 것입니다.

3단계 '실전예상문제'를 통한 효과적인 대비!

독학사 시험 문제는 비슷한 유형들이 반복되어 출제되므로, 다양한 문제를 풀어 보는 것이 필수적입니다. 각 단원의 끝에 수록된 '실전예상문제'를 통해 단원별 내용을 제대로 학습하였는지 꼼꼼하게 확인하고, 실력을 점검합니다. 이때 부족한 부분은 따로 체크해 두고, 복습할 때 중점적으로 공부하는 것도 좋은 학습 전략입니다.

4단계 복습을 통한 학습 마무리!

이론 공부를 하면서, 혹은 문제를 풀어 보면서 헷갈리고 이해하기 어려운 부분은 따로 체크해 두는 것이 좋습니다. 중요 개념은 반복학습을 통해 놓치지 않고 확실하게 익히고 넘어가야 합니다. 마무리 단계에서는 '최종모의고사'를 통해 실전연습을 할 수 있도록 합니다.

COMMENT
합격수기

> 저는 학사편입 제도를 이용하기 위해 2~4단계를 순차로 응시했고 한 번에 합격했습니다.
> 아슬아슬한 점수라서 부끄럽지만 독학사는 자료가 부족해서 부족하나마 후기를 쓰는 것이 도움이 될까 하여 제 합격전략을 정리하여 알려드립니다.

#1. 교재와 전공서적을 가까이에!

학사학위 취득은 본래 4년을 기본으로 합니다. 독학사는 이를 1년으로 단축하는 것을 목표로 하는 시험이라 실제 시험도 변별력을 높이는 몇 문제를 제외한다면 기본이 되는 중요한 이론 위주로 출제됩니다. 시대에듀의 독학사 시리즈 역시 이에 맞추어 중요한 내용이 일목요연하게 압축·정리되어 있습니다. 빠르게 훑어보기 좋지만 내가 목표로 한 전공에 대해 자세히 알고 싶다면 전공서적과 함께 공부하는 것이 좋습니다. 교재와 전공서적을 함께 보면서 교재에 전공서적 내용을 정리하여 단권화하면 시험이 임박했을 때 교재 한 권으로도 자신 있게 시험을 치를 수 있습니다.

#2. 시간확인은 필수!

쉬운 문제는 금방 넘어가지만 지문이 길거나 어렵고 헷갈리는 문제도 있고, OMR 카드에 마킹까지 해야 하니 실제로 주어진 시간은 더 짧습니다. 앞부분에 어려운 문제가 있다고 해서 시간을 많이 허비하면 쉽게 풀 수 있는 뒷부분 문제들을 놓칠 수 있습니다. 문제 푸는 속도가 느려지면 집중력도 떨어집니다. 그래서 어차피 배점은 같으니 아는 문제를 최대한 많이 맞히는 것을 목표로 했습니다.
① 어려운 문제는 빠르게 넘기면서 문제를 끝까지 다 풀고 ② 확실한 답부터 우선 마킹한 후 ③ 다시 시험지로 돌아가 건너뛴 문제들을 다시 풀었습니다. 확실히 시간을 재고 문제를 많이 풀어 봐야 실전에 도움이 되는 것 같습니다.

#3. 문제풀이의 반복!

여느 시험과 마찬가지로 문제는 많이 풀어 볼수록 좋습니다. 이론을 공부한 후 예상문제를 풀다 보니 부족한 부분이 어딘지 확인할 수 있었고, 공부한 이론이 시험에 어떤 식으로 출제될지 예상할 수 있었습니다. 그렇게 부족한 부분을 보충해 가며 문제 유형을 파악하면 이론을 복습할 때도 어떤 부분을 중점적으로 암기해야 할지 알 수 있습니다. 이론 공부가 어느 정도 마무리되었을 때 시계를 준비하고 모의고사를 풀었습니다. 실제 시험시간을 생각하면서 예행연습을 하니 시험 당일에는 덜 긴장할 수 있었습니다.

> 학위취득을 위해 오늘도 열심히 학습하시는 수험생 여러분에게도 합격의 영광이 있으시길 기원하면서 이만 줄입니다.

PREVIEW

이 책의 구성과 특징

01 단원 개요

핵심이론을 학습하기에 앞서 각 단원에서 파악해야 할 중점과 학습목표를 확인해 보세요.

02 핵심이론

평가영역을 바탕으로 꼼꼼하게 정리된 '핵심이론'을 통해 꼭 알아야 하는 내용을 명확히 파악해 보세요.

Bachelor's Degree
Examination for
Self-Education

03 실전예상문제

'핵심이론'에서 공부한 내용을 바탕으로 '실전예상문제'를 풀어 보면서 문제를 해결하는 능력을 길러 보세요.

04 최종모의고사

'최종모의고사'를 실제 시험처럼 시간을 정해 놓고 풀어 보면서 최종점검을 해 보세요.

CONTENTS
목 차

핵심이론 + 실전예상문제

제1편 총론

제1장 미국문학의 시작 · · · · · · · · · · · · · · · · · · · 003
제2장 미국문학의 배경 · · · · · · · · · · · · · · · · · · · 006
제3장 미국문학의 시대별 특성 · · · · · · · · · · · · · 011
실전예상문제 · 025

제2편 태동기와 독립 전후 시대 문학

제1장 식민지 시대의 문학 · · · · · · · · · · · · · · · · · 037
제2장 계몽주의 문학 · 045
실전예상문제 · 054

제3편 19세기 전반기 문학

제1장 19세기 초의 미국문학 · · · · · · · · · · · · · · · 063
제2장 미국문학의 르네상스 · · · · · · · · · · · · · · · · 068
제3장 미국문학의 확립 · · · · · · · · · · · · · · · · · · · 076
실전예상문제 · 090

제4편　19세기 후반기 문학(남북전쟁 이후 시대)

제1장 사실주의 · **101**
제2장 주요 작가와 작품 · **102**
실전예상문제 · **128**

제5편　20세기 미국문학(2차 세계 대전 전후)

제1장 20세기 미국문학의 특징 · **137**
제2장 모더니즘 · **141**
제3장 20세기 미국 소설 · **144**
제4장 20세기 미국 시 · **170**
제5장 20세기 미국 희곡 · **193**
제6장 20세기 미국 비평 · **198**
실전예상문제 · **201**

최종모의고사

최종모의고사 제1회 · **217**
최종모의고사 제2회 · **224**
최종모의고사 제1회 정답 및 해설 · **232**
최종모의고사 제2회 정답 및 해설 · **237**

합격의 공식 시대에듀

이성으로 비관해도 의지로써 낙관하라!

- 안토니오 그람시 -

제 1 편

총론

제1장	미국문학의 시작
제2장	미국문학의 배경
제3장	미국문학의 시대별 특성
실전예상문제	

| 단원 개요 |

미국문학의 특성을 이해하기 위해 미국문학의 역사적·사상적 배경을 학습한다. 미국문학에서만 볼 수 있는 지역적 특색과 원주민, 다양한 문화와 종교적 색채를 파악하면서 미국문학의 개념을 파악한다.

| 출제 경향 및 수험 대책 |

평가 영역이 개정되며 제외된 영역이지만, 이 단원의 학습을 통해 초기 미국문학의 특징들을 파악하고 역사와 관련하여 청교도인의 특색과 특허장의 의미를 이해하고, 청교도 문학이 보여주는 미국문학의 시대적 특성과 사상적 배경에 대해 이해하고 구분해 보자.

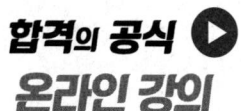

보다 깊이 있는 학습을 원하는 수험생들을 위한
시대에듀의 동영상 강의가 준비되어 있습니다.
www.sdedu.co.kr ➔ 회원가입(로그인) ➔ 강의 살펴보기

제 1 장 | 미국문학의 시작

제1절 청교도 이전의 미국문학

유목민이던 아메리카 원주민들은 수렵과 채집을 하며 북미대륙에 정착한 후 오랜 기간 동안 아메리카 대륙 전역으로 퍼져나갔다. 5,500여 년 전 멕시코에 정착한 원주민들에 의해 시작된 농경문화는 이후 많은 부족들이 한 곳에 정착하여 사회를 형성하며 살게 하였다.

북미대륙의 원주민을 지칭하는 용어로 자주 사용되는 '인디언'이라는 말은 콜럼버스의 착오에서 비롯된 잘못된 호칭이다. 스페인의 이사벨라 여왕의 후원을 받은 콜럼버스는 1492년 8월 3일, 120명의 선원과 함께 세 척의 배를 이끌고 스페인을 출발해 대서양 횡단길에 나선다. 그해 10월 12일, 콜럼버스는 지금의 바하마 제도의 한 섬을 그가 목적지로 삼았던 인도라고 착각하면서 그 섬에 사는 원주민들을 인디언이라고 잘못 부르게 되었다. 최근 대부분의 학자들은 원주민들을 인디언이라는 용어 대신 아메리카 원주민(Native American)이라는 용어를 사용하여 지칭하고 있다.

16세기 초에 프랑스인들이 지금의 오대호 연안을 탐험하고 퀘백 식민지를 건설했으며, 비슷한 시기에 네덜란드인들은 허드슨 강 일대를 탐험하고 뉴암스테르담(훗날의 뉴욕)을 건설하였다. 영국은 이들보다 조금 늦은 16세기 말에 아메리카 대륙에 식민지를 건설하기 시작했다. 영국은 다른 유럽 국가들과는 달리 국왕이 식민지 건설을 위해 특허장을 부여하여 지금의 메인에서 버지니아에 이르는 광활한 지역을 식민지로 개척했다. 17세기 중엽에 아메리카 대륙은 유럽 열강들의 식민지로 나뉘었고, 개척과 식민화의 과정을 담은 이야기들이 속속 출판되었다.

초기 아메리카 대륙을 기록한 것으로 남아 있는 것은 주로 유럽인들의 항해일지, 탐험기, 정착기 등이다. 이들의 공통점은 신대륙의 풍요로움과 야만 상태를 유럽의 기독교 관점에서 빛과 어둠으로 대조시키면서 자신들의 탐험이 유럽인들에게는 경제적인 이득을 주고 신대륙의 토착민들에게는 문명의 이기를 전하는 것을 목적으로 한다는 교훈을 담고 있다는 것이다.

더 알아두기

특허장(Charter)
신대륙에 식민지를 건설하는 과정에서 영국 국왕이 특정한 지역의 식민지 건설에 따르는 일체의 권리를 자신이 임명한 개인이나 식민지 개척회사에 일임한 허가증을 의미한다. 신대륙의 정착은 영국 국왕의 특허장을 받아 개척된 제임스타운 중심의 남부 지역과 청교도들이 개척한 플리머스 중심의 뉴잉글랜드 지방으로 나뉘어 전개되었다.

탐험기(Literature of discovery and exploration)
서유럽 국가들이 아메리카와 아프리카 등지로 탐험하여 식민지를 건설하는 과정에서 원주민들과 만나는 일 등을 기록하는 일이 많았다. 청교도 이주 이전에 이루어진 탐험기가 많았고, 그 이후에는 남부 지역으로의 탐험기록이 많았다.

> **보고서 문학**
> 자국 정부 관리들에게 신대륙에 대한 다양한 정보를 제공하며 효과적으로 식민지 정책을 수립할 수 있도록 작성된 짧은 글이다.
>
> **선전 문학**
> 아메리카 대륙을 아름답고 풍요로운 곳으로 묘사하며 자신의 노력에 따라 성공할 수 있는 기회의 땅으로 선전하는 글이다. 주로 미대륙으로 이주민을 끌어들일 목적으로 기록하였다.

제2절 청교도

청교도(Puritan)라는 말은 영국에서 국교회에 반대하는 신교도들을 비난하는 의미로 쓰였는데, 뉴잉글랜드에 정착한 신교도들은 종교적 순수성과 독자성을 드러내는 자랑스러운 표상으로 간주했다. 청교도는 종교적 억압과 영국 국교회 폐단의 철폐를 주장하면서 영국이나 유럽이 아니라 신대륙을 새로운 종교혁명의 근거지로 인식했다는 점에서 매우 독특하다.

청교도들이 남긴 문헌에서 문학적 성취를 이룬 것으로 평가받는 인물들로는 코튼 매더(1663~1728), 에드워드 테일러(1642~1729), 그리고 조나단 에드워즈(1703~1758)를 꼽을 수 있다. 매더는 마녀재판의 과정과 뉴잉글랜드의 교회사를 기록한 정통 청교도 목사이며 미국 청교도 사상과 근대 미국의 지배담론을 집대성한 인물로 평가된다. 테일러는 청교도적인 믿음의 근원을 반성하고 극화한 시인이다. 18세기 중엽 '대각성운동'(Great Awakening)을 주도한 에드워즈는 복음주의 전도사로서 미국 개인주의의 초석을 놓은 인물이다. 이 세 명의 청교도 작가들을 이어주는 주된 관심사는 정체성의 위기에 처한 청교도 공동체 의미에 대한 진지한 성찰과 '예형론'(Typology)에 대한 새로운 반성으로 집약할 수 있다.

1 청교도 순례자들(Pilgrim Fathers)

1620년 메이플라워호를 타고 미국 매사추세츠 지역에 건너온 신교도들을 일컫는 용어로서 플리머스 지역에 자리 잡은 초기 정착민들을 지칭하는 넓은 의미로도 쓰인다. 이들은 영국 성공회에서 주관하는 교구 제도 및 종교의례를 거부했다. 원래는 영국 스크루비 출신들로 1608년 네덜란드의 암스테르담으로 피신했다가 이들 중 약 절반이 아메리카로 건너왔다.

2 대각성운동(Great Awakening)

청교도 공동체의 종교성 쇠퇴에 맞서 1734년경 에드워즈의 복음주의에서 시작된 종교부흥운동이다. 이 운동은 뉴잉글랜드 지역을 중심으로 벌어졌으나 1740~1750년대에 걸쳐 식민지 전체로 확대되었다. 청교도들의 정서적인 열정을 고양할 목적으로 조직된 부흥회를 주축으로 한 이 운동은 초기 청교도의 사명을 회복하고 이교도에 대한 선교활동을 하는 데 주안점을 두었으며 프린스턴, 다트머스 등의 대학을 설립하는 등 계몽과 교육에도 주력했다.

3 예형론(Typology)

본래는 성서의 해석을 둘러싼 논쟁 중 나타나게 된 해석학의 일종이다. 구약의 이야기와 신약의 역사를 하나의 일관된 해석의 틀에 맞추어 논하는 방법론이다. 구약에 그려진 인물, 사건이 신약에서 실제로 기록된 사건을 예시했다는 논리로, 유대교의 역사가 기독교의 역사로 연결되는 것이 종교적으로 필연적이라는 것을 증명하는 데 활용되었다. 미국의 청교도들은 이 논리를 더욱 확대하여 구약과 신약에 나타난 인물이나 사건이 17세기 뉴잉글랜드 청교도 공동체의 건설을 예시했다고 보았다. 성경의 해석을 현실에 확대 적용하면서 자신들의 공동체의 정당성을 마련했다. 코튼 매더가 주창자였고 에드워드 테일러는 이를 시적으로 형상화했다고 평가받는다.

4 마녀재판(Witch Trial)

1692년 매사추세츠주 세일럼에서 벌어진 청교도들의 종교재판을 말한다. 당시 식민지에 퍼졌던 역병이 마녀재판을 촉발시키는 가장 큰 역할을 했는데 종교 지도자들은 병의 원인이 물리적인 것이 아니라 마녀를 비롯한 사탄이 청교도 사회를 파괴하기 위해 계략을 부린 것으로 보았다. 이 재판 기간에 19명이 처형되고 200여 명이 고문을 당하고 자백을 강요받는 등 청교도 사회는 마녀재판의 여파로 상호 불신이 쌓이고 결국은 공동체가 와해되기에 이르렀다. 나다니엘 호손(Nathaniel Hawthorne)의 『주홍글씨』(The Scarlet Letter, 1850)가 이것을 문학적으로 형상화한 대표작품으로 꼽힌다.

제 2 장 │ 미국문학의 배경

제1절 역사적 배경

1 초기 정착 과정

16세기 초부터 프랑스와 네덜란드가, 그리고 16세기 후반 영국이 아메리카 대륙에 식민지를 건설하기 시작했다. 영국의 일부 청교도들은 17세기 초, 종교의 자유를 찾아 메이플라워호를 타고 매사추세츠주에 상륙하였고, 자신들의 종교적 순수성과 독자성을 자랑스러운 표상으로 간주하였다. 청교도들은 신대륙을 새로운 종교적 신념과 공동체의식의 중심으로 여겼다.

2 미국 독립전쟁(American War of Independence, 1775~1783)

당시에 영국의 식민지였던 미국이 영국에서 생산되는 차(tea) 수입을 거부하자, 영국은 1773년 차 조례(Tea Act)를 제정하였는데, 이 과정에서 영국의 부당한 법 제정에 분노한 보스턴 시민들이 동인도 회사의 차(tea)를 바다에 내던지는 '보스턴 차 사건'을 일으켰다. 이 사건을 시작으로 영국은 항구를 봉쇄하고 영국군을 보내 강경하게 대처했다. 1775년에는 보스턴의 무기 창고를 파괴하기 위한 영국군과 식민지 미국의 민병대 간에 충돌이 생겼고, 이는 미국 독립전쟁의 도화선 역할을 하게 되었다. 미국 식민지 대표로 구성된 대륙회의는 영국의 식민지 정책에 적극적으로 대응했다.

1776년 7월 4일, 북미 13개 주가 영국으로부터의 독립을 선언했고, 미국 독립군이 영국의 군대를 제압하고 프랑스, 러시아, 스페인 등 동맹국의 원조를 받아 1783년 본국 영국에서 완전히 독립하였다. 1783년 파리조약으로 미합중국은 독립을 국제적으로 승인받았다. 이를 계기로 미국은 식민지 시대를 청산하고 새로운 근대국가로서 공화제를 시행하려는 시도를 하게 된다. 미국 독립전쟁은 프랑스혁명에도 큰 영향을 주었다.

3 남북전쟁(American Civil War, 1861~1865)

남북전쟁은 연방제를 주장하는 북부와 연방제의 분리를 주장하는 남부의 대립으로 인해 발발하였다. 1861년 2월, 남부의 7개 주가 미국 남부 연합을 결성하였으나 북부 공화당 소속 링컨 대통령은 노예제도를 반대하며 이들의 연방 탈퇴를 인정하지 않았다. 링컨 대통령이 남부에 해상봉쇄를 명령하고, 남부의 거센 저항이 시작되면서 남북전쟁이 본격적으로 벌어지게 되었으며, 남북의 치열한 공방 끝에 북군은 승리를 거두게 되었다. 그 결과 남부에서는 노예가 해방되고 연방제 탈퇴에 실패하였다.

4 제1차 세계대전(World War I, 1914~1918)

1914년부터 1918년까지 4년 4개월간 지속되었던 최초의 세계적 규모의 전쟁으로 1914년 7월 28일, 오스트리아-헝가리가 세르비아에 대한 선전포고를 하면서 시작되었다. 공식적으로는 8월 1일에 독일의 대(對) 러시아전 선전포고로 전쟁이 시작되어, 1918년 11월 11일 독일의 항복으로 끝났다. 제1차 세계대전은 대영제국, 프랑스 제3공화정, 러시아 등의 주요 연합국과 독일제국, 오스트리아-헝가리의 주요 동맹국이 양 진영의 중심이 되어 싸웠고 약 900만 명이 전사하였다. 1917년에 미국 연합국의 합류로 연합국이 승리하였다. 미국은 중립을 고수하다가 1917년 연합국 측에 합류하여 참전하였다. 중립을 지켰던 기간에 미국은 군수물자 조달 등을 통해 막강한 부를 축적하게 되었고, 전쟁이 끝난 후에는 최강대국의 위치에 오르게 되었다. 참혹한 전쟁의 경험과 전후 물질주의의 팽배는 현실에 대한 환멸, 맹목적인 쾌락의 추구, 물질주의에 대한 냉소 등의 경향을 띠며 '잃어버린 세대'(Lost Generation)로 불리는 작가군을 탄생시켰다.

5 대공황(Great Depression, 1929)

대공황은 미국 역사상 가장 길었던 경제위기로 1929년부터 1939년까지 지속되었다. '검은 화요일'로 알려진 1929년 월스트리트 대폭락으로 촉발되었다. 제1차 세계대전의 승리로 막대한 자본을 축적한 미국은 국내외에 과잉자본을 투자하였고 이에 따라 공산품, 농산품 등의 소비재를 과잉 축적하는 과정에서 미증유의 주식 폭락과 함께 대공황이 발생하였다. 대공황은 기업, 국민을 총망라한 피해자를 낳았다. 대부분의 피해는 당시 많은 비율을 차지하고 있었던 공장 일용직 노동자들한테 집중되었지만 부유층, 중산층 또한 피해를 입었다. 기업주들은 인건비를 지불할 수 없었고, 실업자들은 음식을 살만한 돈이 없어서 배식을 받는 경우가 많았기 때문에 농부들도 돈을 못 벌었다. 1920년대의 눈부신 경제성장과 호황으로 인해 발달한 건축, 자동차 산업 또한 타격을 입었다. 라디오 등 혁신적인 발명품이 많이 나왔던 1920년대와 달리 대공황 시기에는 혁신이 거의 일어나지 않았다. 대공황이 발생하고 난 뒤에 아주 막대한 재고가 쌓인 1920년대에 대량생산된 신제품들은 기업에 큰 손해를 끼쳤다. 이 여파는 1939년까지 이어졌다. 이 시기의 미국의 국민, 특히 하층민들이 겪어야 했던 비참한 경험은 『분노의 포도』(The Grapes of Wrath, 1939) 등의 소설의 배경이 되었다.

6 제2차 세계대전(World War II, 1939~1945)

제2차 세계대전은 인류 역사상 가장 많은 인명 및 재산 피해를 남긴 참혹했던 전쟁이다. 독일, 오스트리아, 이탈리아, 헝가리, 일본 등과 영국, 프랑스, 소비에트 연방, 미국 등의 연합국들 사이에 벌어진 세계적인 규모의 전쟁이다. 미국은 1941년 일본으로부터 진주만을 공습 당한 후 참전하였다. 전쟁을 승리로 이끄는 데 주도적인 역할을 한 미국은 종전 후 정치적, 군사적으로는 물론 경제적으로 세계의 패권국가가 되었다.

7 베트남전쟁(Vietnam War, 1955~1975)

1946년 시작된 1차 베트남전쟁은 프랑스의 식민지에서 벗어나 독립하기 위한 베트남의 항거로 시작되었고, 1954년 베트남의 승리로 끝나 통일 단독 정부를 수립하였다. 북베트남 정부가 남베트남 민족해방전선의 무장봉기를 지원하자 미국은 남베트남이 자력으로 국가를 유지할 수 없을 것이라고 판단하여 1964년 통킹만 사건을 빌미로 직접 베트남전쟁에 개입하였다. 그러나 1973년 미국이 베트남으로부터 철수하면서 사실상 패배하였다. 미국이 처음으로 패배한 전쟁이었고, 1975년 4월 베트남은 적화통일에 성공하였다.

제2절 사상적 배경

1 청교도주의(Puritanism) 중요

청교도주의란 성서를 신이 내린 계시로 보고 모든 행동 양식을 성서에 맞추어 행동하며, 건전하고 정직한 생활을 하려는 것을 의미한다. 그러나 청교도주의는 성서의 교리에 어긋나는 것을 악으로 치부하면서 완고하고 편협한 측면을 지니고 있었다. 예정설('전지전능한 신이 처음부터 누가 구원될 것인지 알고 있다'), 원죄설('아담의 타락 이래 모든 사람은 죄 속에서 태어난다'), 언약신학/계약신학('성경은 언약으로 이루어졌다') 등으로 이루어져 있다. 신의 절대성과 통일성을 추구하는 청교도주의는 사상적 엄격함과 비인간성, 마녀사냥 등으로 인해 19세기 나다니엘 호손과 같은 작가에 의해 강하게 비판받기도 하였다.

2 계몽주의(Enlightenment)

계몽주의란 미지각 상태에서 깨어나지 못한 인간에게 이성적 자각심을 불러일으킨다는 것을 의미한다. 자연·인간·신에 대한 태도에 있어서 계몽주의는 초자연적이고 신비한 사상에서 벗어나 합리적·이성적인 사상을 가져야 한다고 주장한다. 이성(理性)에 의하여 권위와 전통을 비판하고 사회의 불합리를 타파하자는 의도이며, 이는 합리적인 사회 건설을 지향하고 근대 시민혁명의 사상적 기반이 되었다.

3 초월주의(Transcendentalism) 중요

초월주의는 통일된 지침이나 합의된 의견을 공유하고 시작된 운동이 아니라 뉴잉글랜드 지역의 지식인들에 국한된 흐름이기에 한마디로 정의하기는 힘들다. 칼뱅주의의 극단적인 종교성에 반발하고 자연에 기반을 둔 이상적이고 낭만적인 반자본주의적 인간회복운동이다. 이성과 상상력의 통합을 중시했으며 인간의 직관능력을 중시했다. 초월주의는 유럽의 지적·문화적 영향에서 벗어나 미국의 독자적인 문화를 추구하고자 하였다. 인간중심적인 세계관과 인간의 의지와는 무관하게 작동하는 자연의 존엄성에 대한 인식에 기초하였다.

초월주의는 뉴잉글랜드의 작은 마을 콩코드(Concord)와 관련이 있다. 콩코드는 숲으로 둘러싸인 평화로운 마을로, 미국의 물질주의에 대한 정신적 대안을 제공한 상징적 장소였다. 헨리 데이비드 소로와 1834년에 콩코드로 거주지를 옮긴 랠프 월도 에머슨은 이곳과 가장 밀접하게 관련된 인물들이다. 이곳에서 이루어진 초월주의 모임에는 '에머슨, 소로, 풀러, 채닝, 브론슨 올커트, 오레스테스 브라운슨(목사), 시어도어 파커(노예제도 폐지론자, 목사)' 등 다수의 회원이 참여하였다. 초월주의자들은 저널 『다이얼』(*The Dial*)을 4년간 간행했다. 많은 초월주의자들은 노예제도 폐지론자들이었고, 일부는 근처에 있던 브룩 농장(Brook Farm)을 설립하여 실험적인 유토피아적 공동체에 참여했다. 초월주의자들은 개인적인 차이와 관점을 존중했다.

4 보수적인 남부 vs 진보적인 북부

미국의 남부에서 노예의 존재는 대농장의 노동력을 감당하는 경제의 근간이었다. 남북전쟁의 패배로 남부 지역은 부족한 물자와 시설, 노동력의 문제로 인한 침체 상태를 오랫동안 벗어나지 못했다. 노예제도가 있었던 과거의 부귀영화와 인습적인 전통에 얽매여 새로운 시대적 변화를 받아들이지 못하고 낡아가는 남부의 모습은 윌리엄 포크너(William Faulkner) 등의 작품에 잘 나타난다.

5 실용주의(Pragmatism)

유럽에서 신대륙 미국으로 넘어온 이주민들은 미국 본토의 원주민들과 대적하고 맹수와 대결하면서 황무지를 개척해야만 했다. 위험과 고난의 삶에서 이주민들은 관념적 사상보다는 삶의 개척이 더 절실했다. 이러한 현실적 삶의 원리가 반영된 생활 철학이 오늘날 미국의 생활양식과 사고방식을 대표하는 실용주의이다. 실용주의는 19세기 후반에서 20세기 초 미국에서 시작하여 발전된 철학 사조로서 행동과 실천을 중요하게 여기는 미국의 독창적인 사상이다.

실용주의는 진리와 가치를 미래와 관련지어 파악하며, 사회를 존중한다. 대표적인 실용주의 철학자인 존 듀이는 "지식이란 미래를 위한 도구다"라고 주장했는데, 이는 실용주의가 미래를 지향하면서 동시에 현실 속에서 행동하는 철학이라는 의미이다.

6 모더니즘(Modernism) 중요

모더니즘은 20세기 전반, 제1차 세계대전부터 제2차 세계대전 사이에 유행한 문예사조이다. 제1차 세계대전은 '서구 문명과 문화의 토대, 연속성에 대한 인간의 신념'을 깨뜨렸으며 다윈, 마르크스, 니체 등이 보여준 인간에 대한 새로운 견해들은 기존에 당연하다고 여겼던 신념에 큰 혼란을 일으켰다. 모더니즘은 이러한 시대의 변화에 따른 문학에서의 필연적 결과이며 19세기와 20세기에 걸쳐 일어난 급격한 사회적·문화적 변화에 대처하려는 노력의 일환이기도 하다. 모더니즘의 공통적 특성으로는 심리적 사실주의, 상징주의, 고전에 대한 빈번한 인용, 형식에 대한 실험성, 새로운 내러티브 스타일, 파편화된 형식, 병렬 구조, 내적 독백 혹은 의식의 흐름, 개인의 의식과 무의식에 대한 탐구, 에피퍼니, 미학주의, 예술지상주의 등을 들 수 있다.

7 포스트모더니즘(Postmodernism)

포스트모더니즘은 20세기 후반, 테크놀로지의 발달로 인해 구세대를 대표했던 모더니즘적 세계관이 더 이상 유효하지 않다는 인식과 더불어 시작된 사조이다. 포스트모더니즘은 1960년대 미국과 프랑스를 중심으로 일어났으며, 모더니즘에 대한 반동에서 나타난 포스트모더니즘의 가장 큰 특징으로는 탈중심 사고, 탈이성적 사고를 들 수 있다. 현실과 허구의 와해, 등장인물과 독자에게도 플롯의 선택권을 제공하여 작가의 권한을 최소화하려는 등의 기법을 찾아볼 수 있다. 1960년대부터 문학 예술에 새로이 나타나기 시작한 이러한 모든 다양한 변화의 양상을 포괄하는 용어가 포스트모더니즘이다. 포스트모더니즘의 등장은 종래의 관습적인 문학 양식으로는 20세기 후반의 변화무쌍한 시대의 현실을 재현할 수 없다는 인식에서 출발하였다. 전 시대의 귀족적이고 순수지향적인 모더니즘과 문학의 현실재현능력에 대한 낙관적인 신뢰에 기반을 둔 리얼리즘 모두에 반발하면서 새로운 글쓰기를 추구하였다.

8 아메리칸 드림(American Dream)과 아메리칸 아담(American Adam)

미국문학은 초기부터 신대륙에 에덴동산을 건설하려는 아메리칸 아담의 이미지를 표현하고 있다. 그러나 미국의 꿈은 낙원을 이루기 위해 기존의 원주민을 학살하고 흑인 노동력을 착취하는 등 타자의 고통 위에 세워져 있다는 본질적 한계를 가진다. 아메리칸 드림은 물질적인 성공만을 목표로 한다는 점에서 물질만능주의에서 벗어날 수 없고 이에 따르는 허무함을 드러낸다. 많은 미국문학의 작품에서 아메리칸 드림의 허무함과 허구성을 비판하고 있다.

신대륙에 지상낙원을 건설하려는 순수한 미국적 아담의 이미지는 미국문학에서 반복적으로 사용되는 주제인데, 세기와 작품별로 이러한 '미국적 순수'는 각기 다른 양상을 보인다. 우선, 19세기에 이상적인 미국적 순수를 가장 잘 보여주는 작품은 헨리 제임스(Henry James)의 *The Portrait of a Lady*와 마크 트웨인(Mark Twain)의 *The Adventures of Huckleberry Finn*이다. 20세기는 미국적 순수를 더욱 지키기 어려운 시대이다. 급속하게 진행된 산업화, 도시화는 세계대전을 겪으면서 물질적으로는 풍요롭지만 정신적으로는 황폐화된 '잃어버린 세대'를 만들어냈다. F. 스콧 피츠제럴드(F. Scott Fitzgerald)의 *The Great Gatsby*는 미국적 순수를 가진 인물인 주인공 개츠비의 비극을 통해 당시의 사회를 고발하였다.

제3장 미국문학의 시대별 특성

제1절 청교도 문학과 계몽주의 문학

1 청교도 문학

1620~1800년까지 뉴잉글랜드의 식민지 시대를 지배한 청교도주의가 낳은 문학이다. 청교도들은 영국 국교도로부터의 자유를 찾아 플리머스 지역에 자리 잡은 100여 명의 순례자들로부터 비롯되었다. 청교도 문학에서는 원죄설, 예정설, 성악이라는 청교도주의의 주요 교리를 충실히 반영하는 작품들이 성행했다. 미국 정착민들은 신정정치에 바탕을 둔 신세계 건설을 꿈꾸었으며, 이러한 노력이 문학 작품 속에 반영되어 작품의 중심적 주제 및 소재에 청교도 사상이 두드러지게 되었다. 또한 미국 정착민들의 초기 거주지인 뉴잉글랜드는 청교도 사상의 근거지였으며, 문학 작품의 배경으로 자주 등장한다. 청교도 문학의 작가로는 윌리엄 브래드퍼드(William Bradford), 존 윈스럽(John Winthrop), 코튼 매더(Cotton Mather), 앤 브래드스트리트(Anne Bradstreet), 에드워드 테일러(Edward Taylor), 조나단 에드워즈(Jonathan Edwards) 등을 들 수 있다.

2 계몽주의 문학

이성주의와 합리주의를 바탕으로 하는 계몽주의는 초기 미국의 사상적·문학적 기반이 되었고, 민주주의와 자유주의적인 이념에 이론적인 기초를 제공하였다. 이러한 이념은 근대혁명정신의 시발점이 되어 미국의 독립혁명과 프랑스혁명에 영향을 끼쳤다. 계몽사상을 처음으로 도입한 것은 벤자민 프랭클린(Benjamin Franklin)이며, 이를 실천한 사람은 토머스 페인(Thomas Paine)이다.

(1) 벤자민 프랭클린(Benjamin Franklin, 1706~1790)

벤자민 프랭클린은 열두 살 때 형이 운영하는 인쇄소에서 일을 배운 후 열일곱 살 때 필라델피아로 건너가 인쇄일로 성공했으며 훗날 정치가와 발명가로서 명성을 떨쳤다. 그는 미국인의 꿈의 모태가 된 자수성가한 성공담의 모델이 되었고 이후 미국인들에게 합리적이고 진취적이며 개인주의적인 인간형을 심어주었다. 말년의 프랭클린은 외교관으로서 독립전쟁 당시 독립선언의 기초를 세우는 데 참여했고 초기 미국의 국가적 기틀을 잡는 데 일조했다. 과학적 실험에 있어서도 재능을 발휘하여 미국인 최초로 국제적인 인물로 각광받았다. 프랭클린은 자수성가한 인물인 동시에 모든 사람이 그러한 성공을 이룰 수 있도록 공평한 기회를 부여받을 수 있는 민주적인 제도를 마련하고자 노력한 인물로서 근대적이고 자본주의적인 미국인의 상징이자 원형이다.

(2) 토머스 페인(Thomas Paine, 1737~1809)

18세기 미국의 작가이자 국제적인 혁명이론가이다. 미국의 현실이 대륙과의 단절을 요구한다고 주장하며 로크와 홉스의 근대정치 사상으로 무장하고 개개인의 권리가 완전히 보장되는 민주주의의 정당성을 설파했다. 그는 미국을 식민지가 아닌 독립국가로 볼 것을 주장했고 인간의 이성 능력이 최고의 심판 능력으로 기능함을 굳게 믿으며 계몽주의를 강조했다.

제2절 낭만주의 시대 문학

1 19세기 전반

19세기 초의 미국문학은 뉴욕을 중심으로 여러 작가들을 배출하였는데, 이 시기에 낭만주의가 두드러지기 시작하였다. 이러한 변화는 계몽주의의 반작용으로, 경험적이고 분석적인 이성에서 벗어나 자연의 경이로움에 감탄하고 자연이 불러일으키는 정서적 감동을 중시하는 것이 당대의 낭만주의의 핵심이다. 미국의 광활한 자연과 신비, 미국인들의 개인주의적인 사고가 낭만주의의 이상과 일치하여 문학적 표현 양식으로 나타나게 된 것이다.
이 시기의 낭만주의 작가로는 워싱턴 어빙(Washington Irving), 제임스 페니모어 쿠퍼(James Fenimore Cooper), 윌리엄 컬렌 브라이언트(William Cullen Bryant), 에드거 앨런 포(Edgar Allan Poe) 등이 있다.
미국의 낭만주의는 19세기 초의 영국과 미국의 주류였던 신고전주의에 대한 반동은 아니었다. 그러나 신고전주의의 이성에 대한 강조를 상상력과 감성의 강조로 대체하였고, 신고전주의에서 두드러지는 권위 대신 개성을 강조하였다. 이국적이고 신비로운 사물이나 자연은 낭만주의 문학의 중요한 소재들이었다.

(1) 워싱턴 어빙(Washington Irving, 1783~1859)

'국제적 명성을 얻은 미국 최초의 작가'로 불리기도 하는 어빙은 1802년부터 1803년까지 극평이나 풍자 기사를 신문에 기고하였다. 1807년에는 잡지 *Salmagundi*를 창간하여 매호마다 극평이나 시평을 기고하였다. 1819년부터 영국의 전통이나 미국의 전설을 그린 *The Sketch Book*을 출판하면서 미국 작가로서는 처음으로 국제적 명성을 얻었다. 1826년부터 3년 동안 마드리드의 미국 공사관에 근무하면서 스페인의 문화를 연구하고 *Tales of the Alhambra*(1832)를 출판하였으며, 1832년 미국으로 17년 만에 귀국하여 서부를 여행한 후 *A Tour on the Prairies*(1835)를 썼다. 말년에는 *George Washington*(5권, 1855~1859)을 비롯하여 전기 등을 집필하였다. 그는 골드스미스 등의 영국 작가에 심취하여, 당시 높아지기 시작했던 미국 국민 문학의 새로운 경향을 무시하는 경향이 있었고, 주로 로맨틱한 소재를 고집하였다.

(2) 제임스 페니모어 쿠퍼(James Fenimore Cooper, 1789~1851)

1789년 미국 뉴저지주의 벌링턴에서 출생했다. 올버니에서 사립학교를 졸업한 뒤 1803년 예일 대학교에 진학하였지만 1805년 퇴학당하였다. 이후 상선(商船)의 선원, 해군사관학교 등을 거쳐 30세가 되어 비로소 소설을 쓰기 시작했다.

1820년 첫 작품 『예방책』(Precaution)을 발표하였고, 이듬해에 두 번째 작품 『스파이』(The Spy)를 발표하여 유명해졌다. 이후 자신이 소년 시절을 보낸 쿠퍼즈타운을 모델로 하여 연작 소설 『가죽 스타킹 이야기』(Leather-stocking Tales)를 발표하였다. 『개척자』(The Pioneers, 1823), 『모히칸족의 최후』(The Last of the Mohicans, 1825), 『대평원』(The Prairie, 1827), 『길을 여는 사람』(The Pathfinder, 1840), 『사슴 사냥꾼』(The Deerslayer, 1841) 등 5부작으로 이루어진 이 작품은 변경의 백인과 인디언 간의 관계를 다채롭게 묘사한 그의 대표작이다.

(3) 윌리엄 컬렌 브라이언트(William Cullen Bryant, 1794~1878)

1794년 매사추세츠주 커밍턴에서 태어났다. 어릴 적부터 자연을 사랑하고 시를 즐겨 읽었다. 17세 때 쓴 죽음을 관조한 명상시(瞑想詩) 「타나토프시스」(Thanatopsis), 21세 때의 작품 「물새에게」(To a Waterfowl) 등 자연을 노래한 시로 인정받았고, 그의 자연시와 명상시는 뉴잉글랜드 시(詩)의 전통이 되었다. 특히 브라이언트의 문학적 업적은 영국의 낭만주의 운동의 이상과 자신의 보수적인 뉴잉글랜드의 정치적·종교적 견해를 결합시켰다는 것에 있다.

(4) 에드거 앨런 포(Edgar Allan Poe, 1809~1849) 중요

에드거 앨런 포는 보스턴에서 태어났으나 일찍 부모를 여의고 리치먼드에서 사업을 하던 존 앨런의 양자로 들어가 지내다 1815년에 영국 런던으로 가서 교육을 받고 1826년에 버지니아 대학에 입학하였다. 양부와 사이가 좋지 않았던 포는 대학에서의 방탕한 생활로 양부와 결별하게 되었다. 그는 볼티모어와 리치먼드, 뉴욕 등지에서 편집자이자 작가로 생활하였다. 고종사촌 버지니아와 결혼하지만 후에 병약한 그녀가 죽고 그 또한 볼티모어의 한 주점에서 쓰러져 불운하게 생을 마감하였다.

에드거 앨런 포는 어두운 형이상학적 비전을 리얼리즘, 패러디, 희극적 요소들과 결합하였다는 점에서 멜빌과 통한다. 포는 단편 소설 장르를 세련되게 만들었으며 탐정 소설을 개발하기도 했다. 포의 단편 소설들은 오늘날 공상 과학 소설, 공포 소설, 판타지 장르의 초석을 깔아놓았다.

포의 생애는 불안함으로 가득했다. 포는 '이상함'(strangeness)을 아름다움의 필수 요소로 믿었기 때문에 그의 글은 이국적인 특성을 갖는다. 포의 단편 소설과 시에는 비극적 운명의 내성적인 인물들이 등장한다. 이러한 인물들은 사교적 활동을 하는 대신 괴이한 융단이나 천으로 상징되는 어둡고 허물어지는 성 안에 머물고 있다. 성 안의 방들에는 오래된 책들이나 기이한 예술 작품, 다양한 동양 물건 등이 있다.

포의 작품 속 등장인물들은 죽음에 대해 숙고한다. 삶 속 죽음(death-in-life), 특히 등장인물이 무덤에서 다시 살아나는 것과 같은 작품의 소재는 『때 이른 매장』(The Premature Burial), 『리지아』(Ligeia), 『아몬틸라도의 술통』(The Cask of Amontillado), 『어셔 가의 몰락』(The Fall of the House of Usher) 등과 같은 소설에서 볼 수 있다. 심리적으로 불안한 등장인물이 문명화되었지만 죽은 것이나 다름없는 내부 세계를 지니고 있음을 드러내며 이는 무의식 세계를 상징적으로 표현하는 것으로서 포 작품 세계의 큰 특징이다.

포의 시 중 가장 널리 알려진 것은 「갈가마귀」(The Raven, 1845)이다. 이 시에서는 잠 못 이루는 화자가 한밤중에 책을 읽으면서 리노어의 죽음을 추모하고 있으며, 죽음의 상징인 갈가마귀는 문 위에 앉아 있다. 시에서는 불길한 갈가마귀의 울음소리를 흉내 낸 후렴구 '이젠 끝이다'(nevermore)라는 단어가 반복된다. 앞에 언급된 소설들을 비롯한 포의 단편 소설들은 공포 소설로 간주되고 있다. 한편 『황금 풍뎅이』(The Gold Bug), 『도난당한 편지』(The Purloined Letter) 같은 이야기는 추리 소설에 가깝다.

포는 그의 작품을 통하여 정신세계를 탐구하고 있는데, 특히 단편 소설에서 그의 심리적 통찰력이 두드러진다. 등장인물의 기이한 심리 상태를 묘사하면서 포는 인물의 광기와 극단적인 감정을 섬세하게 표현한다. 그의 정교한 스타일과 상세한 설명은 작품의 전개를 더욱 생생하게 만든다.

포는 스테판 말라르메, 샤를르 보들레르, 폴 발레리, 아르튀르 랭보 등 프랑스 시인들에게 깊은 인상을 남겼다. 유럽인들에게는 정신적 안정성을 부여해 주는 확고한 사회적 구조가 있기에, 포가 보여주는 깊은 근심이나 심리적 불안감은 유럽 사회보다는 미국 사회에서 먼저 발생한 듯하다. 포는 자수성가라는 '아메리칸 드림'의 또 다른 면을 정확하게 표현했으며 물질주의와 지나친 경쟁 사회에서 지불해야 하는 대가인 외로움, 소외, 삶 속 죽음의 이미지를 묘사하였다.

2 초월주의(Transcendentalism)와 미국 르네상스(American Renaissance)

초월주의는 1830년대 미국의 낭만주의 운동으로 인간의 삶과 우주를 낙관적으로 표현하였고 자연으로 돌아가면 깨달음을 얻을 수 있다고 주장했다. 여러 시대 장점들을 모아서 만든 문예사조라 할 수 있으며 민주주의의 이상을 중시했다.

낭만주의는 에머슨과 초월주의를 자신의 삶 속에서 실천한 소로에 이르러 초월주의라는 미국만의 독특한 양상으로 발전되었으며 미국 정신의 주요한 부분을 차지하였다. 초월주의 사상가들은 세계를 지배하는 대영혼(Oversoul)이 있다고 믿었다. 이러한 만물의 원리는 자연에서 나타나며, 인간 역시 자연의 일부로서 이러한 대영혼을 가지고 있다고 하였다. 개인적인 차이, 각자의 독특한 관점을 존중한 초월주의자들은 개인의 존엄성과 사회로부터 격리된 고독을 강조했으며 직관을 중시했다.

대표적인 작가로는 랠프 월도 에머슨(Ralph Waldo Emerson), 헨리 데이비드 소로(Henry David Thoreau), 월트 휘트먼(Walt Whitman), 나다니엘 호손(Nathaniel Hawthorne), 허먼 멜빌(Herman Melville) 등이 있다. 초월주의 운동이 일어난 1830년대부터 남북전쟁 직후(1865년)까지의 시기를 가리켜 미국의 문예 부흥기(르네상스)라 한다.

(1) 랠프 월도 에머슨(Ralph Waldo Emerson, 1803~1882)

미국의 사상가이자 시인이다. 8세 때 목사인 아버지를 여의고 고학으로 하버드 대학을 졸업하고 보스턴 제2 교회 목사가 되었으나 부인이 죽은 후(1831) 종교에 회의를 느끼고 1832년 성찬식 집행을 반대하고 목사직을 사임하였다. 그 후, 그는 유럽 여행을 떠나 칼라일과 우정을 맺었다. 그는 특히 칼라일과는 깊은 교우 관계를 맺고, 칼라일을 통하여 배운 칸트 철학의 영향으로 에머슨의 사상은 선험철학주의(先驗哲學主義)라고 불리게 되었다.

1836년 Nature를 발표하고, 동지들이 모여들자 '초월주의자 클럽'을 조직하였다. 1840~1844년 사이에는 저널 The Dial을 발간하고 그는 모교에서 미국의 문화적 독립선언서라고 불리는『미국의 학자』(The American Scholar, 1837)와『신학부 강연』(1838)을 설파하면서 급진적인 사상가의 지위를 굳혔다. 이후 수많은 강연과 강좌에 초청되었는데 그는 물질주의적이던 당시에 이를 경고하고 '자연'에 돌아갈 것을 고창하는 예언자가 되었다. 그는 체계를 경시한 직관적인 사상가로서 동양의 사상에 심취했으며 인격의 존엄과 범신론적인 신비주의로서 청교도적인 부정적 인간관을 버리고 긍정적 인간관을 주장했다. 주요 작품으로는 플라톤, 몽테뉴 등 6인의 위인을 논술한 Representative Men(1850)과 유럽 여행의 인상을 기초로 한 English Traits(1856), The Conduct of Life(1860), Society and Solitude(1870) 및 2권의 시집 (1847~1867) 등이 있다. 그 밖에도 10권에 달하는 Journal과 영국 여행 때의 강연을 모은 Nature, Addresses and Lectures(1849)가 있다.

(2) 헨리 데이비드 소로(Henry David Thoreau, 1817~1862)

헨리 데이비드 소로는 프랑스 인과 스코틀랜드 인의 후손으로, 콩코드에서 태어나 그곳을 영구 거주지로 정했다. 넉넉하지 못한 집안에서 태어난 그는 하버드 대학을 다녔고, 평생 동안 몹시 검소하게 지냈으며, 아주 적은 돈으로도 독립성을 유지하였다. 그는 늘 자신의 엄격한 원칙에 따라 살고자 노력했는데, 이것이 그의 글 다수의 주제였다.

소로의 대작『월든, 혹은 숲속의 생활』(Walden, or Life in the Woods, 1854)은 에머슨이 소유하고 있던 월든 호숫가 땅에 소로가 직접 오두막을 짓고 그곳에서 보낸 2년 2개월 2일 동안(1845~1847년)의 생활을 묘사한 것이다. 여행 서적을 좋아하고 또 몇 권을 저술한 적 있는 소로는『월든』을 통해 그때까지 미국 책들이 접근한 적 없던 '자기발견'이라는 내적 세계를 개척했다. 소로의 은둔과 집중의 방법은 아시아의 명상법과 일맥상통하는데, 이 유사성은 우연이 아니다. 에머슨과 휘트먼처럼 소로는 힌두교나 불교 철학의 영향을 받았다. 소로는『월든』에서 초월주의 이론을 직접 시험해 보고 19세기의 총체적인 미국 경험, 즉 변방 개척지에서의 생활을 재현하고 있다. 소로의 이러한 태도를 두고 그를 생태지역주의라고도 말한다. 소로는 특정한 지역을 토대로 그 안에서 노동하며 생활하는 매우 구체적인 자연 개념을 표현하였다. 그는 문명의 이기를 최소한으로 줄이고 물질주의와 상업주의에 휩쓸리는 인간의 정신적 개혁을 촉구하는 매우 낭만적인 이상주의의 태도를 드러냈다.

또한『월든』은 정열적인 아일랜드 민족주의자인 윌리엄 버틀러 예이츠에게 영감을 주어 그가 「이니스프리의 호도」(The Lake Isle of Innisfree)를 쓰는 데 기여했다. 그리고『시민불복종』(Civil Disobedience)은 소로의 수필로, 합법적인 개인이 부당한 법에 대해 불복종하는 것이 도덕적으로 필요하다는 수동적 저항 이론을 그리고 있다. 이는 20세기에 마하트마 간디의 인도 독립 운동 및 마틴 루터 킹의 흑인 인권운동에 영향을 미쳤다.

(3) 월트 휘트먼(Walt Whitman, 1819~1892)

월트 휘트먼은 뉴욕주 롱아일랜드에서 출생했다. 그는 목수이자 민중의 대변인으로, 혁신적인 작품들을 통해 미국의 민주주의 정신을 표현하였다. 그가 평생 동안 수정 및 교정했던 시집 『풀잎』(Leaves of Grass, 1855)에는 미국인에 의해 쓰인 가장 독창적 작품인 「나 자신의 노래」(Song of Myself)가 실려 있다. 이 시집에 대해 에머슨을 비롯한 여러 사람들이 보내준 열정적인 찬사는 시인으로서 휘트먼의 입지를 확인시켜 주었다.

모든 피조물을 찬미하고 있는 『풀잎』에서 볼 수 있는 혁신적이고 각운에 연연하지 않는 자유시 형식, 성(性)에 대한 묘사, 생동감 있는 민주주의적 감수성에 대한 공개적인 찬미, '시인의 자아는 시, 우주, 독자와 하나'라는 식의 낭만주의적인 주장 등은 미국 시의 방향을 바꿔 놓았다.

「나 자신의 노래」(Song of Myself)에서는 수많은 구체적인 풍경과 소리들을 찾아볼 수 있다. 휘트먼은 자신이 보거나 상상한 모든 것에 자신을 투영하였다.

휘트먼은 민주주의적인 미국의 신화를 창조했다. "지구상의 어떤 시기 또는 어떤 나라 중에서도 미국이야말로 가장 완전한 시적 특성을 지니고 있을 것이다. 미국은 본질적으로 가장 위대한 시이다." 이 글을 쓰면서 그는 전 세계에서 온 선구자적인 정신을 지닌 사람들로 북적대는 자유로운 상상력의 땅인 미국의 영원한 이미지를 만들어냈다. 또한 그는 창조물에 존재하는 통일성과 생명력을 선포한 매우 혁신적인 인물이었다.

(4) 나다니엘 호손(Nathaniel Hawthorne, 1804~1864)

나다니엘 호손은 매사추세츠주 보스턴 북부에 있는 세일럼에서 태어났다. 그의 조상 중 한 명은 세일럼 마녀재판 당시 판사였다. 호손의 작품들은 대다수가 뉴잉글랜드 청교도를 배경으로 하고 있다. 그의 대표작인 『주홍글씨』(The Scarlet Letter, 1850)는 1650년경의 보스턴을 배경으로 미국 초기 청교도 사회의 억압적인 규율에 대항하는 '인간다움'을 지키려고 안간힘을 쓰는 개인의 자유를 주장하는 작품이다. 호손은 기존의 도덕적·종교적 기준에 대한 전복적 태도, 자연스러운 감성의 억눌림과 심리적 영역에 대한 통찰 등의 주제를 이 작품에 집약시키고 있다. 이러한 주제를 표현하기 위해 호손은 비사실적 기법과 알레고리, 상징 등을 적절히 사용하였다.

호손의 다른 소설 『일곱 박공의 집』(The House of the Seven Gables, 1851)은 사악한 판사 집안에 내려진 저주의 이야기를 다루고 있다. 『일곱 박공의 집』은 호손이 살았던 1850년대를 배경으로 하지만, 사건의 발단은 마녀사냥이 있었던 1690년대로부터 시작된다. 이 작품의 중심 주제는 상류층과 서민층 간의 대립과 갈등, 복수와 화해이다. 호손은 이 작품에서 과거와 현재를 연결함으로써 역사적 관심을 드러냈다. 또한 이 작품에서는 당대의 급변하는 사회 속에서 겪는 가치관의 혼란 및 정신적 갈등, 계층 간의 대립으로 인해 사회적 위기 상태에 있던 미국 사회에 대한 호손의 예리한 인식을 볼 수 있다.

청교도적인 주제들과 청교도 식민지 시대의 뉴잉글랜드라는 호손 특유의 배경은 그의 단편 소설 『나의 친척 몰리노 소령』(My Kinsman, Major Molineux, 1832), 『젊은 굿맨 브라운』(Young Goodman Brown, 1835), 『목사의 검은 베일』(The Minister's Black Veil, 1836) 등에서도 나타난다.

(5) 허먼 멜빌(Herman Melville, 1819~1891)

허먼 멜빌은 부유한 집안에서 태어나 유년 시절에는 부족한 것 없이 자랐다. 그러나 멜빌이 13세일 때 그의 아버지가 거의 파산 상태에 이른 후 죽게 되면서 그는 학교도 중단하고, 은행이나 상점의 잔심부름을 하거나 농장일, 학교 교사 등을 하면서 생계를 꾸렸다. 멜빌은 20세에 상선의 선원이 되었고, 22세에 포경선의 선원이 되었는데 이 시기에 그가 바다에서 경험한 것들이 그의 작품의 소재가 되었다. 1846년 포경선에서 탈출하여 남태평양의 마르키즈제도의 식인(食人)마을에 살았던 경험을 그린 『타이피족(族)』(Typee, 1846)의 발표를 시작으로 이후 연달아 작품을 출판하였다. 그의 작품은 단순히 자신의 경험을 서술하는 것에 그치지 않고, 주인공이 이민선이나 리버풀의 뒷골목, 군함 생활 등에서 실상을 접하면서 삶에 대한 철학적인 고찰을 하게 되는 과정을 표현하였다.

그의 대표작 『백경』(Moby-Dick; or, the White Whale, 1851)은 에이하브 선장이 머리가 흰 거대한 고래에게 도전하는 내용의 소설이다. 이 작품에서는 용감한 포경선 선원들의 생활이 생생하게 묘사되는데, 이들은 모선인 범선이 아닌 노 젓는 작은 보트로 고래를 쫓는다. 또한, 에이하브의 복수는 이교적(異敎的)인 분위기를 보여주고, '악, 운명, 자유의지' 등의 문제에 대한 철학적 고찰이 전개된다.

철학적 사고와 풍부한 상징성을 담고 있는 멜빌의 작품으로 인해 그는 단순한 해양모험담 작가가 아닌 인간과 인생에 대한 심오한 통찰을 한 작가로 평가받고 있다. 그는 칼뱅주의적인 기독교 사상에 의지하면서도 그 범주를 뛰어넘은 견해를 제시하여 인간심리를 상징적·비유적으로 표현하였다. 한편, 이러한 이유로 그의 작품들은 당시의 독자들에게는 충분히 이해되지 않았고 당대에는 인정받지 못하였다.

제3절 19세기 후반 문학

뉴잉글랜드 지방에서는 근검, 절약, 자기극기적인 청교도 문화가 발달했다. 계몽주의 시대를 통해 합리적인 사고방식과 보다 나은 발전을 꾀하는 가운데 상공업 중심의 북부문화를 형성하게 되었다. 그러나 남부 버지니아에 정착한 이민자들은 봉건적인 농장 제도를 중심으로 대규모 농업에 전념하였다. 이러한 농업에는 노예노동이 필수적이어서 남부 사회에서는 새로운 귀족문화의 전통과 농본주의 문화가 싹트게 되었다.

세기말의 급속한 산업 발전은 개척 정신과 농본주의, 미국 국민의 민주주의와 산업사회의 현실 사이에 커다란 괴리를 초래하게 되었다. 이에 따라 급속한 경제적·사회적 변화 속에서 자유로운 개인으로서의 총체성과 정체성에 대한 문제를 다루는 글들이 탄생하게 되어 제2의 미국의 문예부흥을 이루게 되었다.

남북전쟁 이후 1870~1910년까지 미국은 자본주의의 승리를 보여주는 듯했으나 철강, 철도, 석유, 육류 가공을 중심으로 급성장한 북부에서는 상업의 성장과 함께 노동을 착취하는 자본가들과 공장노동자, 빈민들 사이에 갈등이 생겨나기 시작했다. 이 시기에는 이러한 지역적인 특성과 함께 산업의 발달로 인한 갈등을 반영한 사실주의 문학과 인간의 내면을 성찰하는 성격의 작품들이 독자들로부터 큰 호응을 얻었다.

이 시기를 대표하는 작가로는 마크 트웨인(Mark Twain), 윌리엄 딘 하월스(William Dean Howells), 헨리 제임스(Henry James), 에밀리 디킨슨(Emily Dickinson), 스티븐 크레인(Stephen Crane), 헨리 롱펠로(Henry Wadsworth Longfellow), 헨리 애덤스(Henry Adams), 프랭크 노리스(Frank Norris) 등이 있다.

> **더 알아두기**
>
> **사실주의**
>
> 사실주의는 당대의 현실을 있는 그대로 세밀하고 정확하게 재현하여 독자에게 전달하는 것으로, 19세기 후반에 유행했다. 미국의 사실주의는 거칠어져 가는 삶의 환경을 있는 그대로 작품 속에서 본격적으로 다루어 보고자 하는 의도에서 출발했다. 대표적인 작가와 작품으로는 윌리엄 딘 하월스(William Dean Howells)의 *The Rise of Silas Lapham*을 들 수 있다. 가난하고 천한 신분의 사일러스 라팜이 물질적으로 성공한 삶을 이루었다가 다시 몰락하는 이야기이다. 사일러스 라팜은 가난한 집안 출신이지만 페인트 사업을 해서 많은 돈을 벌게 되었다. 그는 사회적 지위를 얻기 위해 보스턴에 대저택을 짓고 보스턴의 사교계에 발을 들인다. 그는 자신의 딸을 보스턴의 귀족 가문과 결혼시키고자 한다. 그러나 그가 속했던 신분이 탄로 나고, 그의 보스턴 대저택도 불타 버린다. 모든 것을 잃어버린 사일러스는 자신의 허영심과 보스턴에서의 부질없는 삶을 깨닫고 다시 농장으로 간다.

1 마크 트웨인(Mark Twain, 1835~1910)

본명은 사무엘 클레멘스(Samuel Langhorne Clemens)이다. 미주리주에서 태어나 12세 때 아버지를 여의었다. 인쇄소의 견습공이 되어 일을 배우고, 각지를 전전하다가 1857년 미시시피강의 수로 안내인이 되었는데, 이 시기까지의 생활과 경험은 후일 그의 작품 세계 형성에 큰 영향을 주었다.

그의 첫 단편집 *The Celebrated Jumping Frog of Calaveras County*(1865)는 작품에서 표현된 유머로 인기와 명성을 얻었다. *The Adventures of Tom Sawyer*(1876), *Life on the Mississippi*(1883) 등의 걸작을 썼으며 특히 *The Adventures of Huckleberry Finn*(1884)은 문명에 오염되지 않은 순수한 자연인으로서의 인물을 표현한 것으로 유명하다. 미국의 사실주의(Realism)는 마크 트웨인으로부터 시작되었으며 그는 미국문학의 중심지를 동부에서 서부, 남부 전역으로 확대시킨 작가라고 할 수 있다.

2 윌리엄 딘 하월스(William Dean Howells, 1837~1920)

1860년에 링컨의 선거용 전기(傳記) *Life of Abraham Lincoln*을 집필한 것이 계기가 되어, 1861~1865년 이탈리아 베네치아 영사(領事)로 부임하였다. 장편 소설 *Their Wedding Journey*(1872), *A Modern Instance*(1882), *The Rise of Silas Lapham*(1885), *Indian Summer*(1886), *A Hazard of New Fortunes*(1890), *Their Silver Wedding Journey*(1899) 등을 발표하였고, 그 밖에 35권의 희곡 작품, 4권의 시집, 6권의 평론집, 기타 수십 권의 저서를 남겼다.

하웰스는 성격묘사에 뛰어난 리얼리즘 기법을 확립하였다. 헨리 제임스, 마크 트웨인 등과 친분이 있었고, 스티븐 크레인(Stephen Crane), 햄린 갈런드(Hamlin Garland), 프랭크 노리스(Benjamin Franklin Norris) 등 많은 신인 작가를 발굴하기도 하였다. 하웰스는 프랑스문학에 대한 박식한 지식과 균형 있는 비평의식의 소유자였으며, 미국의 리얼리즘을 수립하여 20세기 초 미국 자연주의의 길을 여는 역할을 수행하였다.

3 헨리 제임스(Henry James, 1843~1916) 중요

심리학자이자 철학자인 윌리엄 제임스(William James)의 동생으로 뉴욕에서 태어났다. 사망하기 바로 전 해인 1915년에 영국에 귀화하였다. 어린 시절부터 수차례 아버지를 따라 유럽 여행을 하였고, 1862년 하버드 대학 법학부에 입학하였지만 얼마 뒤 문학에 뜻을 두고 단편 소설과 비평을 쓰기 시작하여 신진 작가로 인정받게 되었다.
1876년에 본격적인 창작 활동이 시작되어 최초의 장편 소설 *Roderick Hudson*을 발표하였다. *The American*(1877), *Daisy Miller*(1879), *Washington Square*(1880) 외에 *The Portrait of a Lady*(1881)를 발표하였는데, 이 소설들 중에서 *Washington Square*를 제외하고는 모두 '국제 문제'를 다루었다. *The Bostonians*(1886), *The Princess Casamassima*(1886) 등을 발표하였고, 극작에도 관심을 가져 몇 편의 희극을 썼으나 실패하였다. 그 후 다시 소설 분야로 돌아와 중편 소설 *The Turn of the Screw*(1898), 장편 소설 *The Wings of the Dove*(1902), *The Ambassadors*(1903), *The Golden Bowl*(1904) 등 많은 작품을 발표하였다. 또 자신의 작품에 대한 해설을 모은 *The Art of the Novel*(그의 사후 1934년 간행)은 소설 이론의 명저로 알려졌다.
가장 훌륭한 미국 소설가 중 한 사람으로 알려진 헨리 제임스는 심리학적 사실주의(Psychological Realism)를 내세운 현대 소설(Modern Fiction)의 선구자라고 할 수 있다. 리얼리즘을 심화시키면서 등장인물들의 의식 세계를 파고드는 심리묘사의 기법(Stream of consciousness, 의식의 흐름)을 개척하였다.

4 에밀리 디킨슨(Emily Dickinson, 1830~1886)

미국 매사추세츠주의 애머스트(Amherst)에서 출생하였다. 그녀는 주로 사랑, 죽음, 이별, 영혼, 천국 등을 소재로 1800여 편에 달하는 시를 썼으나 생전에는 인정받지 못했고 겨우 4편의 시만이 시집에 실렸다. 디킨슨은 시를 통하여 사랑과 죽음, 영생 또는 불멸에 대한 모색, 자연과 인생에 대한 성찰을 표현하였다. 뛰어난 통찰력과 감동을 시라는 형태 속에 응축해 놓은 그녀의 시들은 독특한 스타일로 쓰여 있으며 난해한 것도 많다. 디킨슨은 불필요한 말과 사상이 제거된 시를 썼으며, 디킨슨의 시는 일관되고 통일된 주제를 표현하지 않는다. 또한 그녀의 시는 확정된 의미나 단일한 해석을 거부하기 때문에 그녀의 시를 이해하기가 다소 어려울 수 있다. 불확정성과 미결정성을 특징으로 하는 그녀의 시 속에서 다양한 주제와 화자, 어조가 나타난다. 훗날 그녀의 여동생이 그녀의 시들을 모아서 시집을 냈는데 그 시집은 많은 사람들에게 사랑받았다.

제4절 20세기 문학

1920년대는 '잃어버린 세대'(Lost Generation), 'Modernism'의 시기이며, 젊은 세대들의 반항으로 상징되기도 한다. 이상주의와 모험에 대한 여정으로 제1차 세계대전에 참전했던 청년들은 환멸을 품고 돌아왔으며, 기존의 고향 가치관에 다시 쉽게 적응하기가 힘들었다. 이들은 기존 세대와의 격차가 심해졌고, 이는 곧 분노와 반항으로 이어졌다. 이들은 현대의 불안과 묵시적 절망에 극단적일 정도로 관심을 보이는 동시에 그 세계를 치유하고자 하는 열망을 보였다. 이들의 의식에는 불안과 절망, 그 치유의 열망이라는 주제와 함께 그 주제를 수용할 형식에 대한 열정이 깔려 있었다. 이러한 의식의 시대적 변화는 새로운 작가들에 의해 새로운 소설 형식으로 발현되었고 미국문학이 꽃피게 되었다. F. 스콧 피츠제럴드(F. Scott Fitzgerald), 어니스트 헤밍웨이(Ernest Hemingway), 존 더스 패서스(John Dos Passos), 윌리엄 포크너(William Faulkner) 등이 이 시기를 대표하는 작가이다.

1930년대는 대공황의 시대로 자본주의의 한계를 직면한 시기였고, 세계적으로 공산주의 붐이 일어났는데, 이 시기에는 문학을 교육과 정치의 도구로 사용하기도 하였다. 존 스타인벡(John Steinbeck)이 대표적인 이 시기의 작가이다. 1950년대 무렵 주요 유대계 미소설가 그룹이 출현하였다. 이들은 유럽의 모더니즘의 영향을 받아 현대의 자아 말살의 문제를 다루었다. 솔 벨로(Saul Bellow), 노먼 메일러(Norman Mailer), 필립 로스(Philip Roth) 등이 대표적인 작가들이다. 그 외에도 블라디미르 나보코프(Vladimir Nabokov), 제롬 데이비드 샐린저(Jerome David Salinger), 존 업다이크(John Updike) 등 불안과 극단적 반항을 묘사하는 작가들도 있었고 이러한 작가들의 역량은 세계적인 영향력을 갖는 놀라운 미국 소설의 시대를 만들어냈다.

1 시(Poetry)

(1) 이미지즘(Imagism)

1910년대 영국과 미국에서 전개된 반낭만주의 시운동이다. 에즈라 파운드(Ezra Pound)가 영국의 철학자이자 비평가인 토머스 흄(Thomas Ernest Hulme)의 예술론에서 암시를 얻어 '이미지즘'이라는 용어를 생각해냈다고 한다. 이 운동의 목표로는 일상어의 사용, 새로운 리듬의 창조, 소재의 자유로운 선택, 명확한 사상(이미지)을 제공할 것, 집중적 표현을 존중할 것 등을 들 수 있다. 이 시운동은 프랑스의 상징주의를 계승한 것이지만, 그리스·로마의 시나 일본의 시로부터 영향을 받기도 하였다. 이미지즘에는 흄과 파운드를 중심으로 R. 올딩턴(Richard Aldington), J. 플레쳐(John Gould Fletcher), F. M. 포드(Ford Madox Ford), D. H. 로렌스(David Herbert Lawrence) 등이 가담하였다.

(2) 모더니즘(Modernism)

가장 대표적인 모더니즘 시인은 T. S. 엘리엇이다. 그는 1914년에 런던으로 이주하면서 이미 유럽에 정착해서 살고 있던 파운드와 친구가 되었다. 이들은 기존의 시들을 광범위하게 탐구하면서 모더니즘 시를 발전시켜 나갔고 이를 널리 알렸다. 엘리엇은 "The Love Song of J. Alfred Prufrock"(1915)에서 모더니즘적인 문체를 능숙하게 사용하였다. 또한, 그의 "The Waste Land"(1922)는 문학계에 커다란 반향을 일으킨 시이다. 현대인의 허무한 삶을 복잡미묘하고도 비관적으로 나타낸 이 작품은 걸작으로 손꼽히기도 했고 난해한 시로 평가받기도 했다. 엘리엇의 시는 현대시에 광범위한 영향을 주었다. 그의 비평은 문학에 대해 새로운 정의를 내린 것으로 유명하며 비평계에 큰 영향을 남겼다.

파운드의 장시 "The Cantos"는 1925~1968년 사이에 연재된 시로, 유럽과 미국의 역사와 시라는 양식을 재검토한 작품이다. 파운드는 비평가로서도 유명하여 많은 고대·현대의 시인들을 널리 소개했다.

미국에서도 중요한 모더니즘 시인들이 등장했는데, 먼저 하트 크레인(Hart Crane)을 들 수 있다. 그는 "The Bridge"(1930)라는 작품에서 브루클린 다리와 같은 미국적 이미지를 중심으로 시를 썼다. 그리고 월러스 스티븐스(Wallace Stevens)는 상상력과 현실 사이의 관계를 탐구한 철학적인 시를 썼다. 윌리엄 카를로스 윌리엄스(William Carlos Williams)는 일상적 사물과 경험을 표현한 단편시와 "Paterson"(1946~1958)이라는 서사시로 잘 알려져 있는데, 그는 주제가 되는 사물의 특징을 포착하기 위해 간결한 문체를 주로 구사하였다. E. E. 커밍스(Edward Estlin Cummings)는 구두점과 대문자, 각 장의 공간을 활용하여 실험적인 시를 썼다.

(3) '도망자들'(Fugitives)

1920년대 남부 시인들은 남부의 전통을 지키면서 남부 르네상스 운동에 참여하였다. 대표적인 시인들로 앨런 테이트(Allen Tate), 존 크로 랜섬(John Crowe Ransom), 로버트 펜 워런(Robert Penn Warren) 등을 들 수 있다. 이들이 1922~1925년 시 잡지 *The Fugitive*를 발간했기 때문에 사람들은 이들을 '도망자들'(Fugitives)이라고 부른다.

(4) 고백시(Confessional Poetry)

1950~1960년대 고백시 시인들은 모더니즘의 시 창작 방식을 거부하고 내면의 감정을 자유롭게 표현하고자 했는데, 이들에게 시는 삶의 표현 방식이자 감정의 발현이었다. 이들의 시는 모더니즘 시와는 달리 즉흥적이고 구어적이며 실험적이다. 특히 로버트 로웰(Robert Lowell), 실비아 플라스(Sylvia Plath) 등은 내적인 감정과 고통을 직접적으로 표출하는 고백시를 썼다.

(5) 비트 세대(Beat Generation)

기존 관습과 체제, 권위에 대한 도전과 저항을 특징으로 하는 비트 세대는 1960년대에 등장하였다. 이들은 획일적이고 폐쇄적인 기성사회의 경직성을 조롱했다. 대표적인 작가로는 앨런 긴즈버그(Allen Ginsberg) 등을 들 수 있다.

2 소설(Novel)

19세기 후반부터 20세기 초반까지 자연주의 문예사조가 유행한 이후, 제1차 세계대전을 경험하면서 가야 할 길을 잃어버린 '잃어버린 세대'가 등장하였다. 1930년대에 이르러 윌리엄 포크너를 중심으로 모더니즘 및 남부 르네상스 문학이 유행하였고, 1929년 대공황의 경험을 기반으로 공황기의 저항 문학이 시작되었다. 제2차 세계대전 이후에는 흑인 문학과 유대계 문학 등의 소수민족 문학이 중요한 문예사조로 떠오르게 되었다.

(1) 자연주의(Naturalism)

프랑스를 주축으로 하여 19세기 사실주의를 이어받은 세기말 문학사조를 말한다. 창시자로는 프랑스의 소설가 에밀 졸라(Emile Zola)를 들 수 있다. 이들의 작품에서 인간은 자유의지와 노력으로 무언가를 바꿀 수 있는 능동적인 존재가 아니라 타고난 유전과 주어진 환경에 의해 휩쓸리는 수동적인 존재로 그려진다. 미국 문학의 대표적 자연주의자로는 스티븐 크레인(Stephen Crane)과 시어도어 드라이저(Theodore Dreiser) 등을 들 수 있다.

(2) 잃어버린 세대(Lost Generation) 〔중요〕

많은 작가들이 제1차 세계대전이 끝난 후에 파리의 예술가 모임에 참여했다. 이들은 작가이자 비평가인 거트루드 스타인(Gertrude Stein)을 중심으로 모였다. 스타인은 환상에서 깨어난 이 작가들을 '잃어버린 세대'라고 표현했다. 그는 산문 운율을 이용하고 규칙을 무시한 문장구조와 단절된 이야기 방식 등을 실험하면서 잃어버린 세대에게 많은 영향을 주었다. 잃어버린 세대의 대표적인 작가는 어니스트 헤밍웨이(Ernest Hemingway)와 F. 스콧 피츠제럴드(Francis Scott Fitzgerald)이다. 특히 헤밍웨이의 *The Sun Also Rises*(1926)는 전쟁 후 미국인들이 방황하며 기댈 것을 애타게 찾아 헤매는 모습을 보여준다. 헤밍웨이는 그만의 담담한 특유의 문체로 많은 작가들에게 영감을 주었다. 피츠제럴드는 '재즈시대'(Jazz Age)라고도 불리는 1920년대를 사는 미국인의 생활을 주로 그렸다. 그는 단편 소설 외에도 장편 소설인 *The Great Gatsby*(1925), *Tender is the Night*(1934)에 미국인의 꿈이 물질주의에 파묻혀 그 가치를 상실하는 과정을 담았다.

(3) 할렘 르네상스(Harlem Renaissance)

할렘 르네상스는 1920년대 뉴욕시의 할렘가에서 성행한 흑인 문학이다. 할렘 르네상스의 대표적인 작가로는 제임스 웰든 존슨(James Weldon Johnson), 클로드 맥케이(Claude Mckay), 스털링 앨런 브라운(Sterling Allen Brown), 랭스턴 휴즈(Langston Hughes), 카운티 컬린(Countee Cullen), 진 투머(Jean Toomer), 조라 닐 허스턴(Zora Neale Hurston), 알랭 로크(Alain Locke), W. E. B. 듀보이스(William Edward Burghardt Du Bois) 등을 들 수 있다.

맥케이는 가장 주목할 만한 흑인 시인이었는데, 그는 획기적인 소재로 감정이 풍부한 문체의 시를 썼다. 브라운은 방언을 다양한 방식으로 미묘하게 구사함으로써 인종차별의 편견에 저항하였으며, 동시에 흑인의 독특한 문화적 전통에 대한 자부심을 표출했다. 휴즈는 흑인 음악의 리듬을 시로 끌어들이기 위해 노력한 작가였다. 컬린은 주로 서정시를 썼다. 흑인 작가의 산문도 많이 나왔는데, 투머의 *Cane*(1923)은 단편 소설과 스케치, 시와 희곡이 혼합돼 있는 작품이다. 허스턴은 흑인의 민담을 집대성했는데 그의 대표작 *Their Eyes Were Watching God*(1937)에서는 한 흑인 여성이 사물을 보는 안목이 생겨 영적으로 성장해 가는 모습을 추적하였다.

(4) 모더니즘 소설(Modernism)

작가들은 장면과 인물 묘사, 주제 언급, 줄거리 요약 등을 절제하면서 모더니즘 소설을 창작하였다. 어떤 작가들은 모더니즘 시처럼 파편화되어 이해하기 난해한 산문체로 실험적인 작품을 쓰기도 하였다. 윌리엄 포크너(William Faulkner)는 20세기 최고의 미국 소설가 중 하나로 알려져 있다. 주인공이 주변의 생활로부터 받아들인 감각적 인상을 뒤죽박죽 혼합하여 이야기하는 작품인 *The Sound and the Fury*(1929)와 *As I Lay Dying*(1930)을 포함한 많은 그의 소설들은 미시시피주 상상의 지역인 요크나파토파(Yoknapatawpha County)를 배경으로 하고 있다. 그는 남북전쟁 후의 남부인에 대한 의식을 세밀하게 표현하였다. 패배한 남부인의 귀족 의식과 죄책감 등을 복잡한 구조를 통해 드러냈고 의식의 흐름 기법을 자주 구사했다.

(5) 공황기 저항 소설(Proletarian literature)

1930년대는 경제 대공황을 겪으면서 사회 소설, 저항 소설 및 프롤레타리아 소설들이 등장하였다. 1930년대에 마이클 골드(Michael Gold)의 *Jews without Money*(1930), 제임스 T. 패럴(James T. Farrell)의 *Studs Lonigan*(1932, 1934, 1935), 헨리 로스(Henry Roth)의 *Call It Sleep*(1934), 존 스타인벡(John Steinbeck)의 *The Grapes of Wrath*(1939) 등이 발표되었다.

(6) 유대계·흑인 소설

1940년대부터는 유대계 작가들이 출현하였다. 솔 벨로(Saul Bellow), 버나드 맬러머드(Bernard Malamud), 노먼 메일러(Norman Mailer), 필립 로스(Philip Milton Roth), J. D. 샐린저(Jerome David Salinger) 등이 1960년대까지 많은 작품을 발표하였다. 한편 이 시기에 랠프 엘리슨(Ralph Waldo Ellison), 제임스 볼드윈(James Baldwin) 등의 흑인 작가들이 리처드 라이트(Ricahrd Wright)의 사회 저항 소설에 반발하여 예술적으로 더욱 승화된 소설을 발표하기도 하였다.

3 희곡(Drama)

유진 오닐(Eugene O'Neill, 1888~1953), 아서 밀러(Arthur Miller, 1915~2005), 테네시 윌리엄스(Tennessee Williams, 1911~1983), 에드워드 올비(Edward Albee, 1928~2016) 등이 대표적인 작가들이다. 먼저 유진 오닐은 이전의 감상적이거나 멜로드라마적인 비극적인 전통에서 벗어났다. 그는 범죄자, 집 없는 떠돌이, 알코올 중독자, 노동자, 예술가, 악당 등을 주인공으로 하는 사실적인 희곡을 썼다. 그의 초기작들은 거친 비속어가 난무하지만 생명력이 극중에 흐른다고 볼 수 있다. 유진 오닐은 더 발전된 예술적인 기법을 보여주었는데, 그는 등장인물의 내면을 표현하기 위해 상징적이고 양식화된 희곡을 썼다. 후기의 작품인 *Long Day's Journey into Night*(1939~1941, 1956년에 초연됨)과 *A Moon for the Misbegotten*(1941~1943, 1957년에 초연됨)은 자전적인 내용의 작품이다. 그리고 아서 밀러는 가족과 개인의 사회적 책임과 양심의 문제, 물질주의와 자본주의가 만연한 현대사회에서 살아가는 현대인의 비극적 모습과 정치·사회적 문제 등을 파헤쳤다. 한편, 테네시 윌리엄스는 주로 미국 남부 지역 가족의 모습을 다루고 있으며, 특히 가족 내에 존재하는 불안감과 해소되지 못한 성적 욕망을 중점적으로 그렸다. 반복법, 남부 사투리, 고딕적인 배경, 성적 욕망에 대한 프로이트식 해석 등으로 잘 알려져 있다. 올비는 현대인의 부조리한 인간 상황을 조명하려 하였다.

4 비평(Critique) - 신비평(New Criticism) 중요

언어를 냉철하고 세밀하게 정독하고 작품을 해석하려는 상세한 분석적 방법을 신비평(New Criticism)이라고 한다. 신비평은 T. S. 엘리엇과 I. A. 리처즈(Ivor Armstrong Richards)의 영향으로 시작되었다. 이후 1941년 존 크로 랜섬(John Crowe Ransom)이 *The New Criticism*을 발간하면서 본격적인 흐름을 갖추었으며, 1950년대까지 미국을 중심으로 전개된 비평 이론이다. 신비평 이론은 작품 텍스트의 구체적 분석을 강조하였으며, 20세기 후반의 문학 비평에 큰 영향을 주었다. 신비평의 핵심은 작가나 사회, 문화적 배경이 아니라 '문학 텍스트 그 자체'(the text itself)로 돌아가자는 것이다. 신비평의 가장 중요한 방법론적 특징은 '자세히 읽기'(close reading)이며, 문학 텍스트를 꼼꼼히 읽는 것은 비평의 기본이기 때문에 신비평의 '자세히 읽기' 방식은 오늘날까지도 큰 영향을 미쳤다. 대표적인 비평가로는 로버트 펜 워런(Robert Penn Warren), 클린스 브룩스(Cleanth Brooks), 앨런 테이트(Allen Tate) 등을 들 수 있다.

제1편 실전예상문제

01 잃어버린 세대의 대표적인 작가로 옳게 묶인 것은?

① 어니스트 헤밍웨이, F. 스콧 피츠제럴드
② 어니스트 헤밍웨이, 워싱턴 어빙
③ 에밀리 디킨슨, 랠프 월도 에머슨
④ F. 스콧 피츠제럴드, 필립 로스

01 잃어버린 세대(Lost Generation)는 제1차 세계대전 후에 환멸을 느낀 미국의 지식계급 및 예술파 청년들을 가리키는 명칭이며 상실세대(喪失世代), 길 잃은 세대라고도 한다. 어니스트 헤밍웨이가 그의 작품 『해는 또다시 떠오른다』(*The Sun Also Rises*, 1926)의 서문에 "당신들은 모두 잃어버린 세대의 사람입니다"(You are all a lost generation)라는 거트루드 스타인이 한 말을 인용한 데서 유명해졌다. 이 세대에 속하는 작가로는 어니스트 헤밍웨이, F. 스콧 피츠제럴드, 존 더스 패서스, E. E. 커밍스, 아치볼드 매클리시, 하트 크레인 등이 있다.

02 신비평에 대한 설명으로 가장 옳지 않은 것은?

① 1950년대까지 전개된 유럽 중심의 비평 이론이다.
② 언어를 냉철하고 세밀하게 정독하고 작품을 해석하는 분석적 방법이다.
③ '문학 텍스트 그 자체'(the text itself)로 돌아가자는 것이다.
④ 방법론적 특징은 '자세히 읽기'(close reading)이다.

02 신비평은 작품을 작자와 시대나 사회적인 연관 속에서 보는 비평 태도를 반대하는 비평 이론으로 1950년대까지 전개된 미국 중심의 비평 이론이다. 신비평은 문학 작품, 특히 시 작품 자체만을 분석하고 평가하는 비평 이론이다. 신비평의 첫 번째 특징으로 문학 비평을 문학의 정치적·사회적 영향들, 관념, 사회적 배경 등으로부터 구별된 것으로 인식한다는 것을 들 수 있다. 신비평은 과거의 문학이 강조한 작가의 정신과 감성, 개성 혹은 다양한 독자들의 반응보다는 오히려 문학 작품의 구조를 파헤치려는 경향이 강하다. 두 번째 특징으로는 문학의 유기론을 세우려는 신념을 들 수 있다. 작품의 분석, 곧 단어 상호간의 관계라든지 의미의 세분에 걸친 파악, 작품의 행과 행, 연과 전체가 갖는 연관성을 파악하는 데 힘쓴다.

정답 01 ① 02 ①

03 제시된 내용은 보고서 문학에 대한 설명이다.
① 선전 문학은 아메리카 대륙을 아름답고 풍요로운 곳으로 묘사하며 자신의 노력에 따라 성공할 수 있는 기회의 땅으로 선전하는 글이다. 주로 미대륙으로 이주민을 끌어들일 목적으로 기록하였다.

03 다음 설명에 해당하는 것은?

> 자국 정부 관리들에게 신대륙에 대한 다양한 정보를 제공하며 효과적으로 식민지 정책을 수립할 수 있도록 작성된 짧은 글이다.

① 선전 문학
② 보고서 문학
③ 증언 문학
④ 기행 문학

04 주로 미대륙으로 이주민을 끌어들일 목적으로 기록한 글은 선전 문학이다. 보고서 문학은 신대륙에 대한 정보를 제공하며 효과적으로 식민지 정책을 수립할 수 있도록 작성된 짧은 글이다.

04 미국 초기 역사에 대한 설명으로 가장 옳지 않은 것은?

① 영국 국왕이 식민지 건설을 위해 특허장을 부여하였다.
② 새로운 이주민을 끌어들일 목적의 보고서 문학이 있었다.
③ 초기 아메리카 대륙에 대한 기록은 주로 유럽인들의 항해일지, 탐험기, 정착기 등이다.
④ 17세기 중엽에 아메리카 대륙은 유럽 열강들의 식민지로 나뉘었다.

05 아일랜드 문예부흥운동은 19세기 말에서 20세기 초에 걸쳐 아일랜드에서 일어난 문예운동으로, 아일랜드의 민족의식이 깨어나고 영국으로부터의 정치적 독립을 요구하게 된 민족적 충동이 문학에 나타난 현상이다.

05 다음 중 미국문학의 배경으로 볼 수 없는 것은?

① 제1차 세계대전
② 미국 독립전쟁
③ 아일랜드 문예부흥운동
④ 남북전쟁

정답 03 ② 04 ② 05 ③

06 다음 중 제시된 작가들의 공통점은 무엇인가?

> 랠프 월도 에머슨, 헨리 데이비드 소로, 월트 휘트먼, 나다니엘 호손

① 계몽주의
② 유대계 작가
③ 문예 부흥기
④ 잃어버린 세대

07 다음 내용은 어떤 작가에 대한 설명인가?

> • 남북전쟁 후의 남부인에 대한 의식을 세밀하게 표현
> • *The Sound and the Fury*
> • *As I Lay Dying*

① 토머스 페인
② 워싱턴 어빙
③ 윌리엄 포크너
④ 존 더스 패서스

08 다음 중 허먼 멜빌의 작품은?

① *The Portrait of a Lady*
② *Native Son*
③ *The Great Gatsby*
④ *Moby-Dick*

---

06 초월주의 운동이 일어난 1830년대부터 남북전쟁 직후(1865년)까지의 시기를 가리켜 미국의 문예 부흥기(르네상스)라 한다. 대표적인 작가로는 랠프 월도 에머슨, 헨리 데이비드 소로, 월트 휘트먼, 나다니엘 호손, 허먼 멜빌 등이 있다.

07 윌리엄 포크너는 20세기 최고의 미국 소설가 중 하나이다. 주인공이 주변의 생활로부터 받아들인 감각적 인상을 뒤죽박죽 혼합하여 이야기하는 작품인 *The Sound and the Fury*(1929)와 *As I Lay Dying*(1930)을 포함한 많은 그의 소설들은 미시시피주 상상의 지역인 요크나파토파(Yoknapatawpha County)를 배경으로 하고 있다. 그는 남북전쟁 후의 남부인에 대한 의식을 세밀하게 표현하였는데, 남부인의 귀족의식과 죄책감 등을 복잡한 구조를 통해 드러냈고 의식의 흐름 기법을 자주 구사했다.

08 ① *The Portrait of a Lady*는 헨리 제임스의 작품이다.
② *Native Son*은 리처드 라이트의 작품이다.
③ *The Great Gatsby*는 F. 스콧 피츠제럴드의 작품이다.

정답 06 ③ 07 ③ 08 ④

09 다음 내용은 어떤 작가에 대한 설명인가?

- 1800여 편에 달하는 시를 남겼으며, 죽음에 관한 주제를 즐겨 다루었다.
- 확정된 의미나 단일한 해석을 거부하기 때문에 이 작가의 시를 이해하기가 다소 어려울 수 있다.
- 은둔의 삶을 살았으나 작품 세계는 자유로운 소재와 형식, 상징으로 표현된다.

① 에밀리 디킨슨
② 헨리 제임스
③ 월트 휘트먼
④ 허먼 멜빌

09 에밀리 디킨슨은 1800여 편에 달하는 시를 썼으나 생전에는 인정받지 못했고 겨우 4편의 시만이 시집에 실렸다. 디킨슨은 시를 통하여 사랑과 죽음, 영생 또는 불멸에 대한 모색, 자연과 인생에 대한 성찰을 표현하였다. 디킨슨의 시는 일관되고 통일된 주제를 표현하지 않는다. 또한 그녀의 시는 확정된 의미나 단일한 해석을 거부하기 때문에 그녀의 시를 이해하기가 다소 어려울 수 있다. 그러나 불확정성과 미결정성을 특징으로 하는 그녀의 시 속에서는 다양한 주제와 화자, 어조가 나타난다.

10 다음 중 미국문학의 사상적 배경으로 볼 수 없는 것은?

① 청교도주의
② 계몽주의
③ 실용주의
④ 제국주의

10 제국주의는 특정 국가가 다른 나라나 지역 등을 군사적·정치적·경제적으로 지배하려는 정책 또는 그러한 것을 목적으로 하는 사상을 가리킨다. 엄밀히 정의하면 영역의 지배를 확대하는 정책 또는 사상을 가리킨다. 이러한 제국주의를 미국문학의 사상적 배경으로 보기는 어렵다.

11 다음 중 랠프 월도 에머슨에 대한 설명으로 가장 옳지 않은 것은?

① 목사였으나 종교에 회의를 느끼고 사임하였다.
② 칼라일을 통하여 배운 칸트 철학의 영향을 받았다.
③ 『월든』에서 초월주의 이론을 직접 시험해 보고 변방 개척지에서의 생활을 재현하였다.
④ 물질주의적 사회에 대해 경고하며 자연으로 돌아갈 것을 주장했다.

11 『월든』에서 초월주의 이론을 직접 시험해 보고 변방 개척지에서의 생활을 재현한 작가는 헨리 데이비드 소로이다.

정답 09 ① 10 ④ 11 ③

12 허먼 멜빌의 *Moby-Dick*에 대한 설명으로 옳지 <u>않은</u> 것은?

① 에이하브 선장이 흰 거대한 고래에 도전하는 내용이다.
② 포경선 선원들의 생활을 생생하게 묘사한다.
③ 악, 운명, 자유의지 등의 문제에 대한 철학적인 고찰을 담고 있다.
④ 선원들은 거대한 고래를 범선으로 맹렬히 쫓는다.

12 이 작품은 모선인 범선이 아닌 노 젓는 작은 보트로 고래를 쫓는 용감한 포경선 선원들의 생활을 생생하게 묘사하고 있다.

13 다음 중 청교도 문학의 작가에 해당하지 <u>않는</u> 인물은?

① 벤자민 프랭클린
② 코튼 매더
③ 조나단 에드워즈
④ 에드워드 테일러

13 존 윈스럽, 코튼 매더, 앤 브래드스트리트, 에드워드 테일러, 조나단 에드워즈 등이 대표적인 청교도 문학의 작가들이다.
벤자민 프랭클린은 계몽주의 문학을 대표하는 인물로 독립전쟁 당시 독립선언의 기초를 세우는 데 참여했고 초기 미국의 국가적 기틀을 잡는 데 일조했다. 과학적 실험에 있어서도 재능을 발휘하여 미국인 최초로 국제적인 인물로 각광받았다. 프랭클린은 근대적이고 자본주의적인 미국인의 상징이자 원형이다.

14 다음 중 마크 트웨인에 대한 설명으로 옳지 <u>않은</u> 것은?

① 본명은 사무엘 클레멘스(Samuel Langhorne Clemens)이다.
② 미주리주에서 태어나 12세 때 아버지를 여의었다.
③ 미국문학의 중심지를 서부에서 동부, 북부 전역으로 확대시킨 작가이다.
④ 문명에 오염되지 않은 순수한 자연인으로서의 인물을 표현했다.

14 마크 트웨인은 미국문학의 중심지를 동부에서 서부, 남부 전역으로 확대시킨 작가이다.

정답 12 ④ 13 ① 14 ③

15 *The House of the Seven Gables*는 나다니엘 호손의 작품이다. 이 소설은 상류층과 서민층 간의 대립과 갈등, 복수와 화해를 주제로 과거와 현재를 연결한다.

15 다음 중 헨리 제임스의 작품이 <u>아닌</u> 것은?
① *The House of the Seven Gables*
② *The American*
③ *Washington Square*
④ *The Portrait of a Lady*

16 유진 오닐은 이전의 감상적이거나 멜로드라마적인 비극적 미국 희곡의 전통에서 벗어나 사실적인 희곡을 썼다. 그의 초기작들은 거친 비속어가 난무하지만 생명력이 극중에 흐른다.

16 다음 중 유진 오닐에 대한 설명으로 가장 옳지 <u>않은</u> 것은?
① *Long Day's Journey into Night*은 자전적인 내용의 작품이다.
② 등장인물의 내면을 표현하기 위해 상징적이고 양식화된 희곡을 썼다.
③ 범죄자, 떠돌이, 알코올 중독자, 노동자 등을 주인공으로 하는 사실적인 희곡을 썼다.
④ 감상적이거나 멜로드라마적인 비극적 전통을 계승했다.

정답 15 ① 16 ④

주관식 문제

01 청교도주의의 특징 중 예형론에 대해 설명하시오.

01 정답
예형론(Typology)은 성서의 해석학의 일종으로 구약의 이야기와 신약의 역사를 하나의 일관된 해석의 틀에 맞추어 논하는 방법론이다. 구약에 그려진 인물, 사건이 신약에서 실제로 기록된 사건을 예시했다는 논리이다. 청교도들은 이 논리를 확대하여 구약과 신약에 나타난 인물이나 사건이 17세기 뉴잉글랜드 청교도 공동체의 건설을 예시했다고 보았다. 이들은 성경의 해석을 현실에 적용하면서 자신들의 공동체의 정당성을 마련했다.

02 20세기 이후 미국 소설의 발달 과정을 시대별(1910년대~1960년대)로 구분하여 나열하시오.

02 정답
- 1910년대 : 자연주의
- 1920년대 : 잃어버린 세대(Lost Generation), 할렘 르네상스(Harlem Renaissance)
- 1930년대 : 모더니즘, 형식적 실험 및 남부 르네상스, 경제 공황기의 저항 문학
- 1940~1960년대 : 유대계, 흑인계 문학

03 정답

16세기에서 17세기에 일어난 영국의 종교개혁운동으로, 성서주의와 엄격한 도덕에 따라 개인의 양심에 충실한 생활을 해야 한다는 것을 기본으로 한다. 1620년부터 1800년까지 뉴잉글랜드의 식민지 시대를 지배했던 이데올로기였다. 청교도주의는 식민지 개척 정신의 영향 안에서 발전을 거듭하며 민주주의 사상이 출현하기 전까지 미국 신대륙의 종교·정치·경제·사회·문화 등을 지배한 종교 사상이다. 청교도들은 인간이 자신의 죄를 구원받기 위해서는 회개가 필요하다고 믿었으며, 성경과 일상적 생활에 기반한 소박한 설교를 강조했다. 청교도에서 두드러지는 회개는 예정론과 결합하여 선민의식으로 작용했다.

03 청교도주의의 개념에 대해 설명하시오.

04 정답

사실주의는 당대의 현실을 있는 그대로 세밀하고 정확하게 재현하여 독자에게 전달하는 것으로, 19세기 후반에 유행했다. 미국의 사실주의는 거칠어져 가는 삶의 환경을 있는 그대로 작품 속에서 본격적으로 다루어 보고자 하는 의도에서 출발했다. 대표적인 작가와 작품으로는 윌리엄 딘 하웰스(William Dean Howells)의 *The Rise of Silas Lapham*을 들 수 있다.

04 사실주의를 간략히 설명하고 대표적인 작가와 작품을 예로 드시오.

05 초월주의를 설명하고 대표적인 작가를 제시하시오.

05 **정답**
19세기의 미국 뉴잉글랜드의 작가와 철학자들로 이루어진 미국적 낭만주의 운동이다. 칼뱅주의의 극단적인 종교성에 반발하고 자연에 기반을 둔 이상적이고 낭만적인 반자본주의적 인간회복운동이다. 이성과 상상력의 통합을 중시했으며 인간의 직관능력을 중시했다. 초월주의는 유럽의 지적·문화적 영향에서 벗어나 미국의 독자적인 문화를 추구하고자 하였다. 인간 중심적인 세계관과 인간의 의지와는 무관하게 작동하는 자연의 존엄성에 대한 인식에 기초하였다. 초월주의자들은 개인적인 차이와 각자가 가진 독특한 관점을 존중했다. 이 운동에 참여한 인물로는 랠프 월도 에머슨(Ralph Waldo Emerson) 외에도 마가렛 풀러(Margaret Fuller), 헨리 데이비드 소로(Henry David Thoreau) 등이 있다.

훌륭한 가정만한 학교가 없고, 덕이 있는 부모만한 스승은 없다.

– 마하트마 간디 –

제 2 편

태동기와 독립 전후 시대 문학

제1장 식민지 시대의 문학
제2장 계몽주의 문학
실전예상문제

| 단원 개요 |

식민지 시대의 문학이 보여주는 미국문학의 성격을 이해하고 뉴잉글랜드 청교도 사명의 역사적 의의, 이후 계몽주의로 이어지는 미국적 정신의 흐름을 기억한다.

| 출제 경향 및 수험 대책 |

청교도 문학의 표현인 예형론, 예레미야 설교, 간증 서사 등의 특징을 이해한다. 프랭클린이 보여주는 미국적 개인의 실상을 파악하고 그가 제시하는 덕목들이 청교도적인 가치를 담고 있음을 파악한다. 미국 혁명기 문학에 나타난 계몽주의 사상의 주요 특징을 알아본다.

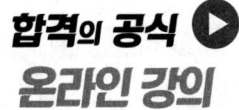 

보다 깊이 있는 학습을 원하는 수험생들을 위한
시대에듀의 동영상 강의가 준비되어 있습니다.
www.sdedu.co.kr ➜ 회원가입(로그인) ➜ 강의 살펴보기

제 1 장 | 식민지 시대의 문학

제1절 청교도주의

청교도주의라는 용어는 영국 국교회에 반대하는 신교도들을 비난하는 의미로 쓰였는데, 뉴잉글랜드에 정착한 신교도들은 자신들의 종교적 순수성과 독자성을 드러내는 표상으로 여겼다. 미국의 청교도를 언급할 때 메이플라워호를 타고 왔던 초창기 교부들보다 10여 년 나중에 아벨라호를 타고 건너온 윈스럽의 설교를 청교도의 신념과 공동체의식을 표현한 것으로 보고 있다. 그의 설교는 '존재의 대연쇄'(Great Chain of Being)를 확고하게 지키자는 것이다. '존재의 대연쇄' 설교는 질서의 정당성을 성서에서 예증하는 논리와 섭리에 근거하여 자신들을 선민집단으로 여기고 자신들의 정체성을 강조하는 내용이다. 특히 윈스럽은 신의 섭리를 위반할 경우 신이 청교도들에게 엄청난 재앙을 내릴 것이라고 강조하는 예레미야식 설교를 하였다.

청교도주의에 나타나는 세 가지 특성은 예형론적 세계관, 예레미야식 설교, 간증 서사를 들 수 있다.

1 예형론(Typology)적 세계관

예형론은 일반적으로 구약의 예언들과 신약의 역사를 연결하는 성서 해석의 관점인데 이 방법은 구약과 신약 간의 텍스트적 관계를 넘어서 현실에서 벌어지는 사건들의 필연성을 성서에서 찾아내는 경우로 확장했다. 예를 들어, 출애굽기의 서사는 청교도들이 신대륙 이주의 정당성을 예시한다거나 영국은 이집트의 재현이라고 보는 것이다. 이러한 성서와의 연결은 청교도들이 구약 이후의 역사가 결국 미국 뉴잉글랜드의 역사로 연결된다고 보며 미국이 근대 역사의 보편성이라고 주장했던 것도 이 예형론으로부터 비롯된 세계관이라고 볼 수 있다.

예형론적 해석에서 구약성서의 예형은 신약성서의 대형(對型, antitype)을 거울처럼 동반하는 구조를 보임으로써 성서 전체의 통일성과 일관성을 확보하게 된 것으로 보고 있다. 예를 들면, 십계가 새겨진 돌을 가지고 시내산을 내려오는 모세는 설교하는 예수 그리스도의 예형(豫型)이 되는 것이다. 뿐만 아니라 구약성서에서 유월절에 사용되는 양, 바다 괴물의 뱃속에 있는 요나, 아브라함에 의해서 희생 제물이 되기 위해 길을 떠났던 이삭도 그리스도의 예형으로 해석된다. 그 외에도 이스라엘 백성은 교회의 예형이고, 갈라지는 홍해와 하늘에서 내리는 만나(manna, 모세의 지도 아래 이집트를 탈출한 이스라엘 백성이 광야에 이르러 굶주릴 때 하나님이 내려준 신비로운 양식)는 각각 성례와 성찬의 예형으로 해석되었다.

2 예레미야식 설교

구약 예언서 중의 하나인 예레미야서에 바탕을 둔 설교로서 미국의 청교도들이 주로 사용하면서 알려졌다. 이 설교는 잘못을 범한 선민들의(신과 협약을 하여 신으로부터 사명을 부여받은 이들) 죄를 열거하여 협약 위반이 초래할 공동체의 난관과 개인의 고통을 상기시키며 회개를 통해 애초의 사명을 이룩하도록 강요하는 내용이다.

3 간증 서사

청교도들의 간증 서사와 자기 성찰에 대한 기록은 대체로 공동체의 삶을 향한 생활에서 오는 회의와 개심을 반복하는 개인 내면의 갈등을 담고 있다. 약속된 구원의 입증의 불가능함이 일으키는 인간적 회의가 은총의 체험을 통해 극복된다는 이야기가 간증 서사의 일반적 구조이다. 믿음을 향한 끊임없는 자기 성찰을 요구하면서도 인간의 본능적 타락을 설교한다는 점에서 이중적이지만 개인의 간증 경험을 중시하면서도 결국은 공동체를 통한 구원을 중시하는 의도를 가지고 있다.

> **더 알아두기**
>
> **청교도 순례자들(Pilgrim Fathers)**
> 1620년 메이플라워호를 타고 매사추세츠 지역에 온 신교도들을 지칭하는 용어로서 플리머스 지역에 자리 잡은 초기 정착민들을 의미하는 넓은 의미로도 사용된다. 이들은 영국 성공회에서 주관하는 교구 제도와 종교의례를 거부했다. 원래 영국 스크루비 출신들로 네덜란드의 암스테르담으로 피신했다가 이들 중 약 절반이 미국으로 왔다.
>
> **존재의 대연쇄(Great Chain of Being)**
> 신을 정점으로 세상의 질서를 위계에 입각하여 설명하는 세계관이다. 연쇄의 맨 아래에는 동물과 식물이, 맨 위에는 신을 비롯한 영적인 존재가 자리 잡으며 인간은 육체와 영혼을 통해 이 두 세계의 특징을 가진 중간에 위치한다. 이 개념은 만물이 자신의 위치를 벗어나지 않고 제자리를 지키는 것이 조화로운 세계의 완성에 기여한다는 것이다. 이 세계관은 사회의 계급적 질서를 정당화하는 데 동원되면서 근대에 와서 비판을 받았다.
>
> **원죄설(Original Sin)**
> 원죄는 태초의 인간인 아담과 하와가 하나님(신)과의 약속을 어긴 죄이다. 원죄의 결과로 전 지구와 모든 인류가 타락하여 인간은 죄를 짓기 시작하게 되었고 중생이 필요하게 되었다는 교리이다.
>
> **예정설과 은총설**
> 인간의 구원은 인간의 노력이나 행위와 상관없이 전적으로 신의 은총에 의해 이루어지며, 이에 따라 선택받은 영혼들이 구원을 받는다고 보는 교리이다. 종교개혁 이후 대다수의 개신교 교파들이 보편적으로 이 입장을 택하고 있는데, 예정설은 단순한 구원뿐만 아니라 원죄론·은총론·구원론에 대한 기본 입장이 되기도 한다.

제2절 주요 작가와 작품

1 윌리엄 브래드퍼드(William Bradford, 1590~1657)

(1) 작가 소개

식민지 최초의 역사가이자 청교도 작가이다. 그는 30년 동안 플리머스(Plymouth) 식민지의 총독이기도 했다. 『플리머스 농장기』(*History of Plymouth Plantation*, 1651)는 30년간의 식민지 총독의 재직 경험을 기술한 작품이다. 그는 자신이 신의 사자이고, 그 자신의 생애가 플리머스의 식민사라고 생각했다. 또한 청교도가 선민이고 그들의 추방과 방랑은 신의 뜻이라는 것을 이 책에서 강조했다. 이 기록의 제1권은 청교도들이 영국에서 박해당하고 네덜란드로 피신한 것과 1620년에 그들이 미국의 플리머스에 정착할 때까지의 수난기이다. 그리고 제2권은 1620년부터 1647년까지 그들이 플리머스에서 지낸 역사를 다루었다. 책의 주된 내용은 청교도 사상이며, 미국으로 건너온 청교도들은 모세(Moses)와 같은 엄격한 신관을 가지고 신의 예정대로 역사가 진행된다는 것을 굳게 믿고 있었음을 알 수 있는 책으로 그 당시의 청교도 문화를 보여주는 귀중한 책이다.

(2) 작품 – 『플리머스 농장기』(*History of Plymouth Plantation*, 1651) 중요

1620~1647년의 기록으로, 항해의 어려움을 극복하게 하신 신에게 감사하며 영광을 드러내는 청교도의 모습을 묘사한다. 제1권은 청교도 박해와 이주, 플리머스에 정착하는 과정에 대한 내용이고, 제2권은 정착 초기의 질병과 고통, 원주민과의 협약, 최초의 추수감사절 이야기와 식민지 정부의 기초를 다지는 것에 대한 내용이다.

『플리머스 농장기』는 공동체의 정착 과정에 중점을 두고 있다. 신과 아담이 맺은 구약성서에서의 협약(Covenant of Work)론과 성서의 해석학에 근거하여 종교개혁을 추구하는 공동체인 플리머스의 정착기를 상세히 기록한다. 영국에서의 박해와 아메리카 신대륙의 '황야'라는 역경을 딛고 이룩한 공동체에 대한 자부심이 담겨있으며 이는 신대륙의 후손들이 계승해야 할 자랑스러운 역사로 인식하고 있다. 그러나 이 작품의 초점은 1620년 이후 왜 공동체가 실패했는지를 밝히는 데 맞추어져 있다. 브래드퍼드는 공동체의 실패 원인을 정착지의 외적인 요인(인디언, 추운 날씨 등)이 아닌 내적인 타락과 영국의 상업주의에서 찾고 있다. 브래드퍼드가 신대륙의 현실을 냉정하고 객관적인 시각으로 묘사한 점 이외에도 주목해야 할 부분은, 그가 자신이 관찰한 사실을 성급하게 일반화하지 않는다는 점이다. 그는 역사적 서술에는 사건의 불확실성과 그것을 기록하는 개인의 주관성이 필연적으로 개입된다는 사실을 인정하는, 매우 성숙한 역사가의 태도를 보여준다. 이러한 그의 관점과 태도는 자신이 시작한 『플리머스 농장기』를 기독교적 관점에서 완성된 것이 아닌 미완성 프로젝트로 남겨둔다. 또한, 그는 뉴잉글랜드 청교도 공동체를 새로운 신앙의 시작점으로 보기보다는 오히려 환멸의 과정으로 기록한다. 이러한 이유 등으로 『플리머스 농장기』는 역사서를 넘어 탁월한 문학 작품으로 인정받는다.

2 코튼 매더(Cotton Mather, 1663~1728)

(1) 작가 소개
코튼 매더는 45년 동안 보스턴 북부 교회의 목사였다. 그는 첫 세대 청교도들의 사명과 순수성을 옹호하는 한편, 선민 교회에 새로이 편입된 이들의 종교관을 수용하여 청교도 교회의 혁신을 꾀하였다. 『놀라운 신의 은총』(Memorable Providences, 1689)에서는 첫 세대 청교도들이 정착과정에서 겪는 고난을 누구나 간직해야 할 원형체험으로 서술하였다. 『아메리카 시편』(Psalterium Americanum, 1718)에서 매더는 신대륙 이주를 예수의 재림과 맞먹는 사건으로 해석하면서 미국 청교주의의 독자적인 계보를 창조하였다. 총 7권으로 구성된 『아메리카에서의 그리스도의 위대한 업적』(Magnalia Christi Americana, 1702)은 청교도들의 순교자적 일대기와 그들이 겪은 희생과 고통에 대한 찬양으로 구성되어 있다. 그가 자신의 책에서 고난을 강조하는 이유는 공동체의 위기를 고난으로 해석하여 극복하는 것이 공동체의 집단적 사명임을 도출하려는 의도가 있었기 때문이다. 이러한 내용의 설교가 예레미야식 설교이며 예형론적 세계관은 매더의 예레미야식 설교와 관련되어 있다.

(2) 작품
① *The Wonders of the Invisible World*(1693)
   이 작품은 세일럼(Salem)의 마녀재판을 다룬 것이며 매더 자신은 직접 마녀 처형에 관여하지 않았으나 그것을 지지하는 편에 서 있었다.
② *Magnalia Christi Americana*(1702)
   이 책은 7편으로 구성되어 있는데, 뉴잉글랜드(New England) 정착사, 식민지 장관들의 생애, 60명의 성직자, 그리고 이단자와의 싸움 등을 다룬 일종의 뉴잉글랜드의 전도서라고 할 수 있다.
③ *Diary of Cotton Mather*
   코튼 매더의 일기로 1681년 3월에 시작하여 1725년 2월에 끝낸 방대한 문헌을 Worthington Chauncey Ford가 편집하였다. 청교도 사상이 퇴색하는 시대에 끝까지 신의 길을 걸어가는 청교도의 생애에 어떤 일이 야기되는가를 소박한 문장으로 서술한 글이다. 그는 스스로를 엄격한 신의 계율에 두고, 항상 신을 두려워하는 태도를 보여주었다.

3 앤 브래드스트리트(Anne Bradstreet, 1612~1672)

(1) 작가 소개
앤 브래드스트리트는 가족과 처음 아메리카에 도착한 후 새로운 사상과 풍습에 거부감을 느꼈으나 청교도의 신앙심을 가지고 적응하였다. 그녀의 후기 시는 간결하고 매력적으로 쓰여 있다. 17세기 여성의 마음을 드러내는 소재를 썼으며 개인적인 주제를 가진 시를 썼다.

(2) 작품

① 『**최근 미국에 출현한 10번째 뮤즈**』(*The Tenth Muse Lately Sprung up in America*, 1650)
에드먼드 스펜서와 필립 시드니, 기타 영국 시인들의 정교하고 기발한 발상이나 은유 등의 영향을 받은 시집이다.

② 『**명상**』(*Contemplations*)
연작 종교시로 20세기 비평가들에게 높은 평가를 받았다. 가족들을 위해 쓴 시이며, 19세기에 출판되었다.

4 에드워드 테일러(Edward Taylor, 1642~1729)

(1) 작가 소개

예형론적 세계관을 극화한 시인으로 평가받는다. 그러나 에드워드 테일러의 시가 예형론의 틀에만 갇혀 있다고 볼 수는 없다. 그가 시에서 보여주는 예형론의 틀은 자연의 묘사나 인간의 심리를 상징하는 것들을 통해 세상을 바라보는 청교도의 내면을 들여다 볼 수 있게 하기 때문이다. 코튼 매더는 청교도로서 존재의 이유가 고난이나 고통이라고 강조했지만 에드워드 테일러는 청교도인의 고난과 구원의 확신을 시에 표현하지는 않았다. 테일러는 『신의 결정』(*God's Determinations Touching His Elect*, 1680)에서 신앙의 내면에 도사린 구원에 대한 반복적 회의감, 고통의 부질없음에 대한 인식과 같은 청교도들의 내면에서 일어나는 갈등을 사탄으로 그리기도 하였다. 테일러는 위기에 처한 청교도인의 내면을 그리며 그들이 처한 심각성을 인지하고 예형론의 세계에서 벗어나려는 인간의 열망과 그 열망의 덧없음을 시로 표현하였다.

(2) 작품

① 『**신의 결정**』(*God's Determinations Touching His Elect*, 1680)
중세의 '토론'의 전통에 따른 장시이다.

② 『**성찰시편**』(*Preparatory Meditations*, 1682~1725)
월례회 설교를 위한 시이다. 형이상학적 서정시의 기조를 띠고 있으며, 역설과 은유의 이미지가 가득하다.

5 조나단 에드워즈(Jonathan Edwards, 1703~1758)

(1) 작가 소개

에드워즈는 청교도 신앙을 대중적이고 열성적인 신앙으로 부활시키고자 했다. '대각성'의 중심인물이었던 그는 『분노한 신의 손에 놓인 죄인』(*Sinners in the Hands of an Angry God*, 1741), 『기독교 원죄론에 대한 변호』(*The Great Christian Doctrine of Original Sin Defended*, 1758)와 같이 매더식 예레미야 설교에 가까운 글을 쓰기도 하였지만, 『자유의지』(*The Freedom of the Will*, 1754)나 『참된 미덕의 본성』

(*The Nature of True Virtue*, 1765)처럼 종교와 신앙의 합리성을 주장하는 글을 쓰기도 하였다. 에드워즈는 자연현상에 대한 합리적인 관찰이 종교적인 의미에 이르는 길임을 확신하였다. 그는 자연과학자적인 입장에서 곤충이나 무지개, 색깔 등을 마치 해부하듯이 관찰하였다. 이러한 자세한 관찰과 분석은 신의 섭리의 완벽함을 드러내기 위함이 목적이었다. 그는 『결의』(*Resolutions*, 1722)에서 자연과학적 합리성과 열성적인 신앙의 결합을 드러냈다. 자연이 신의 섭리임을 증명하고 성서적 의미의 근본을 드러내는 가장 중요한 근거가 자연임을 주장하였다.

(2) 작품

① 『분노한 신의 손에 놓인 죄인』(*Sinners in the Hands of an Angry God*, 1741)
"거미나 징그러운 곤충을 불 위에 들고 있는 사람같이 지옥불 위로 여러분을 들고 계시는 하나님은 당신을 혐오한다"와 같은 공포스러운 내용이 담긴 설교집으로 유명하다.

② 『자유의지』(*The Freedom of the Will*, 1754)
청교도 신앙에 토대를 둔 철학을 구축하려는 시도를 보여주는 책이다.

(3) *Sinners in the Hands of an Angry God*의 일부

> **Sinners in the Hands of an Angry God**
>
> Your wickedness makes you as it were heavy as lead, and to tend downwards with great weight and pressure towards hell; and if God should let you go, you would immediately sink and swiftly descend and plunge into the bottomless gulf, and your healthy constitution, and your own care and prudence, and best contrivance, and all your righteousness, would have no more influence to uphold you and keep you out of hell, than a spider's web would have to stop a falling rock. Were it not for the sovereign pleasure of God, the earth would not bear you one moment; for you are a burden to it; the creation groans with you; the creature is made subject to the bondage of your corruption, not willingly; the sun does not willingly shine upon you to give you light to serve sin and Satan; the earth does not willingly yield her increase to satisfy your lusts; nor is it willingly a stage for your wickedness to be acted upon; the air does not willingly serve you for breath to maintain the flame of life in your vitals, while you spend your life in the service of God's enemies. God's creatures are good, and were made for men to serve God with, and do not willingly subserve to any other purpose, and groan when they are abused to purposes so directly contrary to their nature and end. And the world would spew you out, were it not for the sovereign hand of him who hath subjected it in hope. There are the black clouds of God's wrath now hanging directly over your heads, full of the dreadful storm, and big with thunder; and were it not for the restraining hand of God, it would immediately burst forth upon you. The sovereign pleasure of God, for the present, stays his rough wind; otherwise it would come with fury, and your destruction would come like a whirlwind, and you would be like the chaff of the summer threshing floor.

The wrath of God is like great waters that are dammed for the present; they increase more and more, and rise higher and higher, till an outlet is given; and the longer the stream is stopped, the more rapid and mighty is its course, when once it is let loose. It is true, that judgment against your evil works has not been executed hitherto; the floods of God's vengeance have been withheld; but your guilt in the mean time is constantly increasing, and you are every day treasuring up more wrath; the waters are constantly rising, and waxing more and more mighty; and there is nothing but the mere pleasure of God, that holds the waters back, that are unwilling to be stopped, and press hard to go forward. If God should only withdraw his hand from the flood-gate, it would immediately fly open, and the fiery floods of the fierceness and wrath of God, would rush forth with inconceivable fury, and would come upon you with omnipotent power; and if your strength were ten thousand times greater than it is, yea, ten thousand times greater than the strength of the stoutest, sturdiest devil in hell, it would be nothing to withstand or endure it.

The bow of God's wrath is bent, and the arrow made ready on the string, and justice bends the arrow at your heart, and strains the bow, and it is nothing but the mere pleasure of God, and that of an angry God, without any promise or obligation at all, that keeps the arrow one moment from being made drunk with your blood. Thus are all you that are never passed under the great Change of Heart, by the mighty Power of the SPIRIT of GOD upon your Souls; all that were never born again, and made new Creatures, and raised from being dead in Sin, to a State of new, and before altogether unexperienced Light and Life. However you may have reformed your Life in many Things, and may have had religious Affections, and may keep up a Form of Religion in your Families and Closets, and in the House of God, and may be strict in it, you are thus in the Hands of an angry God; 'tis nothing but his mere Pleasure that keeps you from being this Moment swallowed up in everlasting Destruction. However unconvinced you may now be of the truth of what you hear, by and by you will be fully convinced of it. Those that are gone from being in the like circumstances with you, see that it was so with them; for destruction came suddenly upon most of them; when they expected nothing of it, and while they were saying, Peace and safety: now they see, that those things on which they depended for peace and safety, were nothing but thin air and empty shadows.

...

분노한 신의 손에 놓인 죄인

당신의 죄는 당신을 납덩이처럼 무겁게 만들고, 엄청난 무게로 지옥으로 떨어지게 만든다. 그리고 만일 하나님께서 당신이 지옥에 떨어지도록 내버려 두신다면, 당신은 즉시 그리고 신속하게 밑바닥이 없는 구덩이로 떨어져 버리게 될 것이다. 그러면 당신의 건강한 육체와 당신의 지혜와 당신이 만든 최선의 계획, 그리고 당신의 모든 의는 마치 거미줄이 떨어지는 바위를 막지 못하듯이 결코 당신을 떠받쳐 주거나 지옥에 떨어지지 않게 해주지 못할 것이다. 절대권위를 가지신 하나님의 뜻이 아니라면 땅은 한 순간도 당신을 떠받쳐 주지 않을 것이다. 왜냐하면 당신은 땅에게 짐이 되기 때문이다. 피조물은 당신과 함께 탄식한다. 피조물들은 원하지 않지만 당신의 부패에 예속되어 있다. 태양은 당신이 죄와 사탄을 섬기도록 당신 위에 비추고 있는 것은 아니다. 땅이 당신의 정욕을 만족시켜 주기 위해서 곡물을 내는 것은 아니다. 땅은 당신이 죄악을 행하는 무대가 되기를 원치 않는다. 공기는 하나님의 원수를 섬기는 데 사용하는 당신의 생명을 활기차게 하도록 들이키기를 원치 않는다. 하나님의 피조물은 선하다. 그것들은 인간과 함께 하나님을 섬기도록 지음 받았다. 그것들은 다른 목적을 위해서 사용되는 것을 원치 않는다. 그들이 본래의 목적과는 정반대로 사용될 때 그들은 탄식한다. 그리고 절대주권을 가지신 하나님의 손이 소망 중에 통제하지 않으신다면 세상은 당신을 토해 내 버릴 것이다. 당신들의 머리 위에는 하나님의 진노의 검은 구름이 뒤덮여 있다. 그 구름은 무시무시한 폭풍과 천둥번개로 가득 차 있다. 하나님이 통제하시지 않는다면 그것들은 당장이라도 당신 위에 쏟아져 내릴 것이다. 지금은 하나님의 절대주권적인 뜻이 거친 바람을 붙잡고 있다. 그렇지 않다면 하나님의 진노가 회오리바람처럼 몰아닥칠 것이다. 그러면 당신은 여름날 타작마당의 겨처럼 되어 버릴 것이다.

하나님의 진노는 저수지에 저장되어 있는 큰물과 같다. 저수지의 수위는 어딘가 흘러갈 곳이 생길 때까지 더 높이 올라간다. 물결이 오래 끊어진 만큼, 수문이 열리면 더 빠르고 힘차게 흘러간다. 지금까지 당신의 죄악된 행위에 대해 하나님의 심판이 실행되지 않았다. 하나님의 진노의 홍수는 억제되어 왔다. 그러나 그 동안에 저지른 당신의 죄악은 계속해서 늘어났다. 당신은 날마다 더 많은 진노를 쌓아왔다. 수위는 점점 더 높아지고 더더욱 힘 있게 물결치고 있다. 오직 하나님의 기쁘신 뜻이 머물기를 원치 않고 앞으로 나가려고 강하게 밀고 있는 물결을 붙잡고 있다. 하나님이 수문에서 손을 떼시기만 하면, 즉시 활짝 열려서 하나님의 진노의 거친 홍수가 상상할 수 없는 분노를 발하며 강력한 능력으로 쏟아져 내릴 것이다. 당신이 이 진노보다 1만 배, 아니 마귀보다 1만 배나 더 능력이 있다면 능히 그것을 견뎌낼 수 있을 것이다. 하나님의 진노의 활은 이미 휘어졌다. 화살은 시위에 당겨질 준비가 되어 있다. 그리고 공의의 화살은 당신의 가슴을 겨누고 있다. 또한 화살은 강하게 휘고 있다. 오직 진노하시는 하나님의 뜻이 화살이 당신의 피에 적셔지는 것을 막고 있다. 영혼 위에 역사하는 성령의 강력한 능력으로 마음에 큰 변화를 단 한 번도 경험하지 않은 모든 사람들, 중생하여 새 피조물이 되고 죄 가운데 죽었다가 다시 살리심을 받아 일찍이 경험해 보지 않은 전혀 새로운 상태인 빛과 생명을 누리지 못하는 모든 사람은 진노하시는 하나님의 손 안에 있다. 당신은 여러 면에서 생활을 개선했을 수도 있다. 또 종교적인 감정을 느껴 본 적도 있을 것이다. 가정이나 교회에서 어떤 형태의 종교 생활을 할 수도 있다. 그러나 이 시간까지 당신을 영원한 멸망에 집어삼키지 않게 한 것은 오직 하나님의 기쁘신 뜻이다. 당신이 지금까지 들은 진리에 설득되지 않았을지라도, 당신은 조금씩 설득되고야 말 것이다. 당신과 비슷한 처지에 있던 사람들도 전에는 당신과 같이 생각했었다는 것을 명심하라. 그들에게 멸망은 전혀 예상하지 않은 때 즉, 그들이 평안하고 안전하다고 말할 때에 갑작스럽게 찾아왔던 것이다. 그들은 예전에 평안과 안전의 근거로 의지하던 것들이 공허한 그림자에 불과했던 것을 목격하고 있다.
…

더 알아두기

대각성운동(Great Awakening) 중요

18세기 중엽 미국 식민지에 퍼진 신앙부흥운동으로, Great Awakening이라고 한다. 주민의 종교적 자각을 고양하고, 교회의 교의나 제도에 변혁을 가져왔으며, 사회적·정치적 영향도 컸다. 신앙부흥은 뉴잉글랜드에서는 조나단 에드워즈의 영향으로 시작되었고, 풀먼, 벨라미, 화이트 필드 등에 의해 1740~1750년대에 식민지 전역으로 퍼져나갔다. 초기 청교도들의 도덕성과 신앙심, 열정과 고뇌를 되찾자는 취지로 시작된 운동은 이후 Unitarianism을 낳는 역할을 했다. 초기 청교도들의 소명의식과 이교도에 대한 선교활동 등에 초점을 맞추었으며 1701년에 예일 대학이, 1746년에 프린스턴 대학 등이 설립되는 계기가 되었다.

제 2 장 　 계몽주의 문학

제1절　계몽주의

존 로크의 경험주의적 이성주의와 데카르트의 합리주의를 기반으로 무지한 민중들을 일깨우려 했던 계몽주의 운동은 유럽에서부터 시작되었다. 유럽의 종교개혁과 르네상스 이후 종교적 권위주의에 대한 반동으로 나타난 합리주의와 계몽주의는 청교도주의와 함께 초기 미국의 사상적·문학적 배경이 되었다. 18세기 미국의 계몽주의는 전통보다는 이성, 절대적인 종교 교리보다는 과학적인 탐구, 군주정치보다는 대의정치(代議政治)를 강조한 운동이었다. 계몽주의 사상가들과 작가들은 인간의 자연적인 권리로 정의, 자유, 평등이라는 이상에 마음을 쏟았다.

이성주의를 기반으로 하는 계몽사상은 독립의 기운이 싹트던 아메리카에 민주주의를 심는 데 크게 영향을 미쳤다. 이성의 시대를 대표하고 식민지의 독립과 건국의 견인차 역할을 수행한 벤자민 프랭클린·토머스 페인·토머스 제퍼슨, 애국주의적 시를 쓴 필립 프레노는 이성주의와 계몽사상을 지닌 당대의 지성인이었다.

제2절　주요 작가와 작품

1 벤자민 프랭클린(Benjamin Franklin, 1706~1790)

(1) 작가 소개

벤자민 프랭클린은 인간 이성이라는 계몽주의적 이상을 구현했다. 실천적인 인물이면서도 이상주의자였던 프랭클린은 근면하여 크게 성공했고, 자신의 어린 시절을 유명한 작품 『자서전』(*The Autobiography*, 1791)에 기록했다. 작가, 인쇄업자, 출판업자, 과학자, 박애주의자, 외교관이었던 그는 미국에서 자수성가한 사람이었으며, 귀족 시대에 태어난 가난한 민주주의자로 모범을 보여 미국이 귀족 사회에서 벗어날 수 있는 기틀을 마련했다.

프랭클린의 삶은 계몽주의가 능력 있는 개인에게 끼치는 영향을 여러모로 보여준다. 독학으로 여러 계몽주의 작가들의 작품들을 두루 섭렵한 프랭클린은 자신의 삶에 이성을 적용하고, 자신의 이상을 무너뜨리려 위협할 경우 전통, 특히 오래된 청교도 전통과도 단절해야 한다는 것을 계몽주의 작가들로부터 배웠다. 프랭클린은 여러 언어를 독학으로 습득했고, 폭넓은 독서를 했으며, 대중을 위한 글을 창작했다. 근면함과 꼼꼼한 일 처리, 지속적인 자기 성찰, 더 나아지려는 욕망을 가졌으며 더불어 이타적이었던 프랭클린은 일반인들이 자신의 통찰력을 공유하고 성공할 수 있도록 하기 위해 미국적 장르인 자기 계발 서적을 최초로 만들었다.

1732년 프랭클린은 『가난한 리처드의 달력』(Poor Richard's Almanack)의 발간을 시작하여 몇 년 동안 지속해서 발간하였다. 이를 통해 프랭클린은 돈도 많이 벌었고, 식민지 전체의 유명 인사가 되었다. 이 작품은 유용한 격려 문구, 충고, 사실에 대한 정보 등을 수록하고 있으며 기억할 만한 잠언들로 독자들을 훈계한다. 또한 그는 『부(富)에 이르는 길』(The Way to Wealth, 1758)에서 겸양과 근면, 사려와 분별 등에 관한 격언을 제시하고 있다. "현명한 사람에게는 한 마디면 족하다", "하늘은 스스로 돕는 자를 돕는다", "일찍 자고 일찍 일어나면 건강하고 부유하고 현명하게 된다" 등의 구절이 예이다.

또 다른 자기 계발서 프랭클린의 『자서전』(The Autobiography, 1791)은 자신의 아들에게 충고하기 위해 썼으며, 자신의 유년기를 다루고 있다. 이 작품에서 가장 유명한 부분은 자기 수양에 대한 계획을 서술하는 부분이다. 프랭클린은 13가지 덕목을 제시하고 있는데 '절제, 침묵, 질서, 결단, 절약, 근면, 정직, 정의, 중용, 청결, 평정, 순결, 겸양'이 그것이다. 그는 여기서 각 덕목마다 잠언을 하나씩 연결시켰는데, 예를 들어 절제에 대한 잠언은 "몸이 거북할 정도로 먹지 말고 기분이 흐트러질 정도로 마시지 말라"는 것이다. 실천적인 과학자였던 프랭클린은 자신을 실험 주체로 하여 완벽성이라는 개념을 실험하였다.

프랭클린은 좋은 습관을 기르기 위해 재사용할 수 있는 달력 형태의 일지를 만들어 날마다 한 가지 덕목을 실천하였으며, 일지에 잘못했던 일도 모두 기록했다. 그의 이론은 현대의 행동심리학을 미리 나타낸 것으로, 자기 수양 계획은 완벽성이라는 계몽주의적 믿음과 도덕적 자아 성찰이라는 청교도적 행동을 결합한 것이다.

프랭클린은 부와 명성을 얻었지만 민주적인 감각을 잃지 않았으며, 1787년 미국 헌법이 작성될 때에도 중요한 역할을 하였다. 그는 말년에 노예제도 폐지 협회의 회장을 맡았으며, 그가 생애 마지막으로 시도한 일들 중 하나는 세계의 공교육을 권장하는 것이었다.

(2) 13가지 덕목(virtues)

프랭클린이 개인의 도덕적 완성을 위해 제시한 생활점검표에 기재된 13가지 도덕적 실천 덕목이다.

① **절제(TEMPERANCE)**
머리가 둔해질 정도로 먹지 말 것, 정신이 몽롱할 정도로 마시지 말 것

② **침묵(SILENCE)**
다른 사람이나 자신에게 이익을 주는 것 말고는 말을 하지 말 것, 쓸데없는 대화는 피할 것

③ **질서(ORDER)**
모든 물건들을 제자리에 둘 것, 모든 일을 적시에 할 것

④ **결단(RESOLUTION)**
해야 할 일은 결단을 내리고 이행할 것, 결단을 내린 것은 실패 없이 이행할 것

⑤ **절약(FRUGALITY)**
다른 사람이나 자신에게 유익한 것 외에는 돈을 쓰지 말 것, 즉 결코 낭비를 하지 말 것

⑥ **근면(INDUSTRY)**
시간을 낭비하지 말 것, 늘 무엇이든지 유용한 일에 종사할 것

⑦ **정직(SINCERITY)**
다른 사람을 기만하여 해치지 말 것, 악의 없이 정당하게 생각할 것, 말을 할 때에도 그렇게 할 것

⑧ **정의(JUSTICE)**
  남에게 해를 주지 말고 다른 사람이 해야 할 의무를 침해하지 말 것
⑨ **중용(MODERATION)**
  극단을 피할 것, 참을 만한 가치가 있다고 생각할 때까지 분노로 인한 위해를 참을 것
⑩ **청결(CLEANLINESS)**
  몸·옷·주택의 불결을 묵인하지 말 것
⑪ **평정(TRANQUILITY)**
  사소한 일, 혹은 흔히 있을 수 있는 일이나, 피치 못한 일로 인해 동요되지 말 것
⑫ **순결(CHASTITY)**
  성행위는 오직 건강이나 자손을 위해 행할 것, 도가 지나쳐서 머리를 멍하게 하거나 몸을 쇠약하게 하거나 혹은 자기나 타인의 안녕과 명예를 해치는 일은 결코 없게 할 것
⑬ **겸양(HUMILITY)**
  예수와 소크라테스(Socrates)를 본받을 것

(3) *The Way to Wealth*의 일부

The Way to Wealth

Courteous Reader,

I have heard that nothing gives an author so great pleasure, as to find his works respectfully quoted by other learned authors. This pleasure I have seldom enjoyed; for tho' I have been, if I may say it without vanity, an eminent author of almanacs annually now a full quarter of a century, my brother authors in the same way, for what reason I know not, have ever been very sparing in their applauses; and no other author has taken the least notice of me, so that did not my writings produce me some solid pudding, the great deficiency of praise would have quite discouraged me.

I concluded at length, that the people were the best judges of my merit; for they buy my works; and besides, in my rambles, where I am not personally known, I have frequently heard one or other of my adages repeated, with, as Poor Richard says, at the end on't; this gave me some satisfaction, as it showed not only that my instructions were regarded, but discovered likewise some respect for my authority; and I own, that to encourage the practice of remembering and repeating those wise sentences, I have sometimes quoted myself with great gravity.

Judge then how much I must have been gratified by an incident I am going to relate to you. I stopped my horse lately where a great number of people were collected at a vendue of merchant goods. The hour of sale not being come, they were conversing on the badness of the times, and one of the company called to a plain clean old man, with white locks, "Pray, Father Abraham, what think you of the times? Won't these heavy taxes quite ruin the country? How shall we be ever able to pay them? What would you advise us to?" Father Abraham stood up, and replied, "If you'd have my advice, I'll give it you in short, for a word to the wise is enough, and many words won't fill a bushel, as Poor Richard says." They joined in desiring him to speak his mind, and gathering round him, he proceeded as follows:

"Friends, says he, and neighbors, the taxes are indeed very heavy, and if those laid on by the government were the only ones we had to pay, we might more easily discharge them; but we have many others, and much more grievous to some of us. We are taxed twice as much by our idleness, three times as much by our pride, and four times as much by our folly, and from these taxes the commissioners cannot ease or deliver us by allowing an abatement. However let us hearken to good advice, and something may be done for us; *God helps them that help themselves*, as Poor Richard says, in his almanac of 1733."

...

부에 이르는 길

친애하는 독자 여러분,

저는 저명한 작가들이 자신의 작품을 존경스럽게 인용하는 것만큼 작가에게 큰 기쁨을 주는 것은 없다고 들었습니다. 나는 이 기쁨을 거의 맛보지 못했습니다. 왜냐하면 만약, 제가 허영심 없이 말한다면, 제가 지금까지 25년 동안 매년 연감의 저명한 작가였음에도 불구하고, 저명한 다른 작가들이 그 이유는 모르겠으나 매우 박수갈채에 인색했기 때문입니다. 그리고 다른 어떤 작가도 저에게 관심을 기울이지 않았습니다. 제가 쓴 글이 제게 돈벌이가 되지 않는다면, 칭찬이 부족했다는 사실은 저를 매우 낙담시켰을 것입니다.

결국 저는 결론지었습니다. 일반 독자들이 제 가치에 대한 최고의 심판관이라고. 그들은 제 작품을 사기 때문입니다. 게다가, 제가 개인적으로 알려지지 않은 어떤 곳을 산책하다가 저의 몇몇 격언들이 반복되는 것을 자주 듣습니다. 그 격언 뒤에는 '미천한 리처드가 말하기를'이라고 덧붙이면서요. 이것은 저에게 만족감을 주었습니다. 그것은 저의 가르침이 존중되었다는 것을 보여주었을 뿐만 아니라, 마찬가지로 저의 권위에 대한 존중을 보여주었기 때문입니다. 그리고 저는 그 현명한 문장들을 기억하고 반복하는 연습을 장려하기 위해 때때로 저 자신을 매우 진지하게 제 스스로에게 인용합니다. 그러면 제가 당신과 관련된 사건에 대해 얼마나 만족했을지 판단하십시오. 저는 최근에 많은 사람들이 모여 있는 경매장에서 말을 멈추었습니다. 아직 경매 시간이 오지 않아서 사람들은 요즘 시대가 얼마나 나쁜지를 이야기하고 있었습니다. 그리고 그중 한 사람이 흰 머리칼을 한 평범하고 깔끔한 노인에게 소리쳤습니다. "아브라함 신부님, 당신은 지금 시대를 어떻게 생각하십니까? 이 많은 세금이 나라를 망치지 않을까요? 우리가 어떻게 그걸 다 지불할 수 있을까요? 우리에게 무엇을 조언해주시겠습니까?" 아브라함 신부가 일어서서 대답했습니다. "제 조언을 들어주신다면 간단히 말씀드리겠습니다. 현명한 사람들에게 한 마디로 충분하기 때문입니다. 불쌍한 리처드가 말하는 것처럼 말이죠." 사람들은 그에게 그의 생각을 말하라고 요구하며 그의 주위로 모여들었고, 그는 다음과 같이 말을 이어갔습니다.

> "친구들이여, 그리고 이웃들이여, 세금이 정말로 많고, 만약 국가가 부과한 세금이 우리가 지불해야 하는 유일한 것이라면, 우리는 그 세금을 더 지불할 수 있을 겁니다. 하지만 우리는 다른 세금도 있어요. 그리고 그것이 더 괴로운 사람들도 있지요. 우리는 게으름으로 인해 두 배의 세금이 부과되고, 자만심으로 인해 세 배, 어리석음으로 인해 네 배의 세금이 부과됩니다. 그리고 감독관이 세금을 낮추어 준다고 해도 이러한 세금으로부터 우리를 편안하게 하거나 자유롭게 할 수는 없습니다. 그러나 좋은 조언을 경청합시다. 그리고 우리에게 뭔가 도움이 될 것입니다. 미천한 리처드가 1733년 연감에서 말한 것처럼, *하나님은 스스로를 돕는 자를 돕습니다.*"
> …

2 토머스 페인(Thomas Paine, 1737~1809)

18세기 미국 작가인 토머스 페인은 미국 독립전쟁과 프랑스혁명 때 활약하였다. 그는 런던에서 만난 벤자민 프랭클린의 소개로 1774년 10월에 미국 필라델피아로 이주하였으며, 미국 역사상 중요한 소책자인 『상식』(*Common Sense*, 1776)에서 미국이 공화국으로 독립해야 한다고 촉구하였다. 또한 미국 독립전쟁 때 『위기』(*The Crisis*, 1776~1783)를 간행하면서 "싸움이 격렬할수록 승리는 빛난다."라고 하여 시민의 전투의지를 끌어올렸다.

1791년 『인간의 권리』(*Rights of Men*) 제1부를 쓰고 이듬해 런던에서 제2부를 썼으나, 반란 선동이란 죄명을 쓰게 되어 프랑스로 피신하여 의원에 선출되었다. 『이성의 시대』(*The Age of Reason*) 제1부(1794)와 제2부(1796)의 내용으로 인하여 그는 무신론자라는 비난을 받기도 하였다.

3 토머스 제퍼슨(Thomas Jefferson, 1743~1826)

(1) 작가 소개

토머스 제퍼슨은 버지니아주의 저명한 가문에서 장남으로 태어났다. 그는 윌리엄 앤 메리 대학에 입학하여 그곳에서 2년을 공부하였고, 1762년에 수석으로 졸업하였다. 버지니아 식민지의 변호사로서 많은 법적 소송을 다루었고 1768년에서 1773년까지 주 의회에서 해마다 100개 이상의 소송을 도맡아 변호하였다. 그는 미국의 정치인이자 3번째 미국 대통령이며, 미국 독립선언서의 기초자이기도 하다. 제퍼슨은 미국 공화주의 이상을 추구하였고, 가장 존경받는 대통령 중 한 사람으로 꼽히기도 한다. 재임기간 중에 그는 루이지애나를 매입하였고 지중해 해적의 소탕, 종교·언론·출판의 자유의 확립에 주력하였다. 시민의 자유, 정치와 종교의 분리를 지지하였으며 도시 산업보다는 농촌 경제가 미국의 특성을 더 잘 보존할 수 있다고 보았다.

독립선언문(1776년 7월 4일에 채택)은 새로운 국가의 탄생을 알리고 미래의 세계 발전에 원동력이 될 자유와 평등의 철학을 담고 있다. 위원회는 제퍼슨이 문필가로서의 실력과 명성이 높았기 때문에 독립선언문의 초안을 작성하도록 하였다. 제퍼슨은 계몽사상을 바탕으로 초안을 작성하였다. 독립선언문은 계몽주의적 정치철학의 영향을 받았으며, 특히 존 로크의 사회계약론에 기초하였다. 독립선언문은 먼저 독립선언의 필요성과 아메리카인의 정치사상에 대해 말하고 독립의 당위성과 영국 의회를 비난한 후, '이 연합 식민지는 자유롭고 독립된 국가'라고 밝혔다. 특히 첫 부분은 인간의 평등과 기본권, 그리고 구성원의 동의에 의한 정부의 조직, 혁명권을 말하고 있는데 이는 독립국가인 미국을 지탱하는 원칙일 뿐 아니라 근대 민주주의의 기본적 정치사상을 요약한 것으로 상당히 중요한 의미를 갖는다. 또한 독립선언문의 아름다운 문체는 미국 정치사에서 가장 중요한 문서를 훌륭한 문학 작품으로 볼 수 있다는 점에서 의미를 지닌다.

(2) *The Declaration of Independence*의 일부

The Declaration of Independence

IN CONGRESS, JULY 4, 1776
The Unanimous Declaration of the Thirteen United States of America

When in the course of human events, it becomes necessary for one people to dissolve the political bands which have connected them with another, and to assume among the powers of the earth, the separate and equal station to which the laws of nature and of nature's God entitle them, a decent respect to the opinions of mankind requires that they should declare the causes which impel them to the separation.

We hold these truths to be self-evident, that all men are created equal, that they are endowed by their Creator with certain unalienable rights, that among these are life, liberty and the pursuit of happiness. That to secure these rights, governments are instituted among men, deriving their just powers from the consent of the governed. That whenever any form of government becomes destructive to these ends, it is the right of the people to alter or to abolish it, and to institute new government, laying its foundation on such principles and organizing its powers in such form, as to them shall seem most likely to effect their safety and happiness. Prudence, indeed, will dictate that governments long established should not be changed for light and transient causes; and accordingly all experience hath shewn that mankind are more disposed to suffer, while evils are sufferable, than to right themselves by abolishing the forms to which they are accustomed. But when a long train of abuses and usurpations, pursuing invariably the same object evinces a design to reduce them under absolute despotism, it is their right, it is their duty, to throw off such government, and to provide new guards for their future security. — Such has been the patient sufferance of these colonies; and such is now the necessity which constrains them to alter their former systems of government. The history of the present King of Great Britain is a history of repeated injuries and usurpations, all having in direct object the establishment of an absolute tyranny over these states. To prove this, let facts be submitted to a candid world.
…

> **대륙회의에서 채택된 독립선언문**
>
> 1776년 7월 4일, 아메리카 13개 주 연맹의 만장일치 선언
>
> 인류의 역사에서 한 민족이 다른 민족과의 정치적 결합을 끊고, 세계의 여러 나라 사이에서 자연법과 자연의 신의 법이 부여한 독립, 평등의 지위를 차지해야 할 필요가 있게 되었을 때, 우리는 인류의 신념에 대해 엄정하게 고려해 보면서 독립을 요청하는 여러 원인을 선언할 수밖에 없게 되었다.
> 우리는 다음과 같은 사실을 자명한 진리로 간주한다. 즉, 모든 인간은 평등하게 창조되었고, 창조주로부터 몇 개의 양도할 수 없는 권리를 부여받았으며, 그 권리 중에는 생명, 자유, 행복의 추구가 있다. 이 권리를 확보하기 위하여 인류는 정부를 조직했으며, 이 정부의 정당한 권력은 인민의 동의로부터 유래한다. 어떤 형태의 정부이든 이러한 목적을 파괴할 때에는 언제든지 그 정부를 교체하거나 폐지하여 인민의 안전과 행복을 가장 효과적으로 가져올 수 있는, 그러한 원칙에 기초를 두고 그러한 형태로 기구를 갖춘 새로운 정부를 수립하는 것은 인민의 권리이다. 진실로 인간의 심려는 오랜 역사를 가진 정부를 가볍고도 일시적인 원인으로 교체해서는 안 된다는 것, 인간에게는 악폐를 인내할 수 있는 데까지는 인내하는 경향이 있다는 것을 가르쳐 줄 것이다. 그러나 오랜 기간 걸친 학대와 착취가 변함없이 동일한 목적을 추구하고 인민을 절대적인 전제정치 밑에 예속시키려는 의도를 분명히 했을 때에는, 이와 같은 정부를 타도하고 미래의 안보를 위해 새로운 보호자를 마련하는 것은 그들의 권리이자 의무이다. 바로 이것이 지금껏 식민지가 견뎌 온 고통이었고, 종래의 정부를 교체해야 할 필요성이 바로 여기에 있는 것이다. 대영국의 현재 국왕의 역사는 거듭되는 악행과 착취의 역사이며, 그 목적은 이 땅에 직접 절대적인 전제정치를 세우려는 데 있었다. 이러한 사실을 증명하기 위하여 다음의 사실을 공정한 세계에 표명하는 바이다.
> …

4 J. 헥터 세인트 존 데 크레브쾨르(J. Hector St. John de Crèvecoeur, 1735~1813) 중요

프랑스 노르망디의 귀족 가문에 태어난 J. 헥터 세인트 존 데 크레브쾨르(프랑스 이름은 Michel-Guillaume Hector St. John de Crèvecoeur이다)는 예수회 '콜레주 로얄 드 부르봉'에서 예수회 교육을 받았다. 그는 1754년에 영국의 친척을 방문하였고, 이곳에서 약혼을 했는데, 이 방문을 계기로 평생 영국의 문화와 정치에 대한 존경심을 품게 되었다. 약혼 후 얼마 지나지 않아 약혼녀의 죽음으로 인해 그는 프랑스-인디언 전쟁(1754~1763)에 참전한 캐나다의 프랑스 연대에 입대하였다. 크레브쾨르는 아브라함 평원 전투(1759)에서 부상을 당한 후, 펜실베이니아와 뉴욕을 여행하였다. 1765년에 크레브쾨르는 뉴욕의 공식 거주자가 되었고 영국인으로 귀화하여 J. Hector St. John이라는 이름으로 개명하였다. 이후 4년 동안 측량사와 무역상으로 일하면서 광범위하게 여행을 한 후 뉴욕 오렌지 카운티에서 농장을 매입하고 메히타벨 티펫과 결혼하였다. 크레브쾨르는 7년 동안 『미국 농부의 편지』(*Letters from an American Farmer*, 1782)를 써서 런던에서 간행하였다. 12편의 편지에는 전원생활의 목가적(牧歌的)인 설명이나 사람들의 풍속, 습관, 노예제 반대론, 자연 관찰 등의 내용이 포함되어 있다.

(1) 작품 – 『미국 농부의 편지』(*Letters from an American Farmer*, 1782)

미국이 평화, 부, 자부심 등의 기회를 제공한다는 인상적인 개념을 유럽인들에게 전했다. 미국인이나 농부도 아니었으며 혁명 전 뉴욕시 외곽에 대농장을 보유하고 있었던 프랑스 귀족 크레브쾨르는 식민지 이주민들의 근면성, 인내심, 점진적 번영 등을 12편의 편지로 쓰면서 열정적으로 칭찬하였다. 이 편지들은 미국을

농업의 천국으로 묘사했는데, 이러한 그의 시각은 훗날 토머스 제퍼슨과 랠프 월도 에머슨을 비롯한 수많은 작가들에게 영감을 주었다.

크레브쾨르는 미국과 미국의 새로운 특성에 대해 사려 깊은 관점을 피력한 최초의 유럽 인이었고, 그는 「*What is an American*」("미국인이란 무엇인가?", 1782)이라는 편지에 미국의 특징을 묘사하는 유명한 문구인 '용광로(melting-pot)' 이미지를 처음으로 사용하였다.

(2) 『미국 농부의 편지』의 주요 내용

① **편지 I** : "서론" – 미국 농부인 제임스의 허구적 페르소나 소개와 영국 신사인 'Mr FB'와의 서신 교환을 시작하는데, 그는 자신의 글쓰기 능력을 의심하며 아내와 지역 목사로부터 조언을 받는다.

② **편지 II** : "미국 농부의 상황, 감정, 즐거움에 관하여" – 제임스가 소유한 농장 안팎에서 사는 생물, 식물, 활동에 대한 설명이 있다. 미국 사회와 유럽 사회 간의 차이점에 대해 논평한다.

③ **편지 III** : "미국인이란 무엇인가?" – 자연 환경과 그로부터 생겨나는 사회를 비교한다. 새로운 미국 국가의 조건과 시민의 정체성을 구성하는 것이 무엇인지를 탐구한다.

④ **편지 IV-VIII** : "낸터킷 편지" – 이 편지는 낸터킷섬과 마서스 비니어드의 퀘이커 사회의 다양한 측면을 설명하고 있다.
  ㉠ 편지 IV : 낸터킷섬에 대한 설명 – 주민의 예의범절, 관습, 정책 및 무역
  ㉡ 편지 V : 낸터킷 주민의 관습적 교육 및 고용
  ㉢ 편지 VI : 마서스 비니어드섬과 고래 어업에 대한 설명
  ㉣ 편지 VII : 낸터킷의 예절과 관습
  ㉤ 편지 VIII : 낸터킷의 독특한 관습

⑤ **편지 IX** : "찰스 타운(현재 찰스턴)에 대한 설명" – 노예제도에 대한 생각을 담고 있다. 특히 마을과 미국 남부의 노예제도에 대한 설명이 주 내용이다.

⑥ **편지 X** : "뱀과 벌새에 관하여" – 뱀을 둘러싼 문화적 관습을 포함하여 다양한 뱀에 대한 광범위한 세부 정보를 쓰고 있다. 편지의 끝에서 제임스의 땅 주변에서 발견된 벌새와 그 습성 및 종류를 쓰고 있다.

⑦ **편지 XI** : "러시아 신사가 펜실베이니아의 유명한 식물학자 존 버트럼 씨를 방문한 일을 설명함" – 식물에 사용한 새로운 비료 및 관개 방법에 대해 이야기하고 있다.

⑧ **편지 XII** : "한 개척민의 곤경" – 임박한 미국 독립전쟁과 미국과 영국 간의 세력에 대한 혼란을 쓰면서 누구에게 충성해야 할지에 대한 불안을 묘사한다. 또한, 책의 마지막에서 제임스와 그의 가족이 함께 살아야 할 아메리카 원주민의 삶의 방식에 대해서도 고민한다.

5 필립 프레노(Philip Freneau, 1752~1832)

필립 프레노는 1752년 와인 상인이었던 피에르 프레노(Pierre Freneau)의 장남으로 태어났다. 뉴저지주에서 자랐고, 1771년 프린스턴 대학교를 졸업한 뒤 목사가 되기 위한 공부를 하다가 영국인과 토리 당원을 비꼬는 풍자시를 쓰기 시작했다. 프레노는 1778년 뉴저지주 민병대에 들어가 민간 무장선 선원의 자격으로 영국의 봉쇄를 뚫고 서인도제도로 들어간 일이 있는데, 이때 영국인에게 잡혀 투옥된 경험으로 쓴 시 「영국 감옥선」(The British Prison Ship, 1781)을 통해 영국군의 잔인함을 비난했다. 이에 더하여 「미국의 자유」(American Liberty), 「한밤중의 자문」(A Midnight Consultation), 「조지 3세의 독백」(George the Third Soliloquy) 등 미국 독립전쟁을 예찬하고 영국을 공격하는 풍자시를 많이 써서 '미국 혁명의 시인'으로 불리기도 했다. 또한 그는 서인도제도의 경험을 소재로 고딕 분위기의 「밤의 집」(The House of Night)을 썼는데, 고딕적인 공포 분위기를 풍기는 이 시는 미국 시에 최초로 낭만적 어조를 도입한 시이다. 자연의 변화에 대한 자각을 그린 「야생 인동덩굴」(The Wild Honey Suckle), 인생무상을 노래한 「버려진 농가」(The Deserted Farm House), 영혼 불멸에 대한 신념을 그린 「인디언 묘지」(The Indian Burying Ground) 등은 미국적인 정서와 자연, 낭만을 담으면서 미국 시의 새로운 전통을 수립하였다.

제 2 편 | 실전예상문제

01 공포스러운 내용으로 유명한 『분노한 신의 손에 놓인 죄인』(Sinners in the Hands of an Angry God)은 조나단 에드워즈의 작품이다. 조나단 에드워즈는 목사이자 신학자이며 '대각성운동'의 지도자이다.

01 작가와 작품의 연결이 바르지 않은 것은?
① 윌리엄 브래드퍼드 - 『플리머스 농장기』(History of Plymouth Plantation)
② 코튼 매더 - 『분노한 신의 손에 놓인 죄인』(Sinners in the Hands of an Angry God)
③ 에드워드 테일러 - 『신의 결정』(God's Determinations Touching His Elect)
④ 앤 브래드스트리트 - 『명상』(Contemplations)

02 성선설은 청교도의 교리가 아니다. 반대로, 청교도들은 인간의 운명과 행위는 신에 의해 예정되었으며, 원죄를 안고 태어나는 인간들은 신에 의해서 극소수만이 은총을 받는다고 믿었다.

02 다음 중 청교도의 교리가 아닌 것은?
① 원죄설
② 성선설
③ 예정설
④ 은총설

03 조나단 에드워즈는 자연과학자적인 입장에서 자연을 자세히 관찰하였다. 그의 자세한 관찰과 분석은 『결의』에서 자연과학적 합리성과 열성적인 신앙의 결합을 이끌었으며, 자연이 신의 섭리임을 증명하고 성서적 의미의 근본을 드러내는 가장 중요한 근거가 자연임을 주장하였다.

03 조나단 에드워즈에 대한 설명으로 가장 옳지 않은 것은?
① 성서적 의미의 근본이 인간임을 주장하였다.
② 대표작으로 Sinners in the Hands of an Angry God이 있다.
③ 예레미야식 설교를 하였다.
④ 종교와 신앙의 합리성을 주장하는 글을 쓰기도 하였다.

정답 01 ② 02 ② 03 ①

04 작가와 작품의 연결이 옳은 것은?

① 토머스 페인 – 『가난한 리처드의 달력』(Poor Richard's Almanack)
② 토머스 제퍼슨 – 『미국 농부의 편지』(Letters from an American Farmer)
③ J. 헥터 세인트 존 데 크레브쾨르 – 「인디언 묘지」(The Indian Burying Ground)
④ 필립 프레노 – 「영국 감옥선」(The British Prison Ship)

04 ① 『가난한 리처드의 달력』(Poor Richard's Almanack)은 벤자민 프랭클린의 작품이다.
② 『미국 농부의 편지』(Letters from an American Farmer)는 J. 헥터 세인트 존 데 크레브쾨르의 작품이다.
③ 「인디언 묘지」(The Indian Burying Ground)는 필립 프레노의 작품이다.

05 계몽주의 문학에 대한 설명으로 가장 옳지 않은 것은?

① 존 로크의 경험주의적 이성주의와 데카르트의 합리주의를 기반으로 하였다.
② 무지한 민중들을 일깨우려 했던 계몽주의 운동은 유럽에서부터 시작되었다.
③ 계몽주의자들은 인간의 자연적인 권리로 정의, 자유, 평등에 집중하였다.
④ 계몽사상은 전통과 종교 교리, 군주정치를 주장하였다.

05 18세기 미국의 계몽주의는 전통보다는 이성, 절대적인 종교 교리보다는 과학적인 탐구, 군주정치보다는 대의정치(代議政治)를 강조한 운동이었다.

정답 04 ④ 05 ④

06 『미국 농부의 편지』(Letters from an American Farmer, 1782)는 가상의 펜실베이니아 농부인 '제임스(James)'가 영국의 신사에게 미국의 생활과 사회에 대해 편지를 보내는 형식으로 구성되어 있다. 이 작품은 주로 유럽 독자들에게 당시 미국의 개척 시대 농업, 사회 관습, 교육, 그리고 노예제도의 현실 등을 생생하게 전달하고자 하였다. 특히, 자유롭고 독립적인 미국 농부의 삶을 이상화하며, 토지를 경작하면서 느끼는 만족감과 자립의 가치를 강조한다.

① 이 작품은 미국 독립전쟁 시기를 배경으로 하지만, 당대의 전쟁 상황을 기록하지 않는다. 주로 미국의 사회상과 일상생활에 초점을 맞추고 있다.
② 이 작품은 '제임스'라는 가상의 인물을 통해 미국 사회를 관찰하고 묘사하는 형식을 취하고 있으며 어린 시절부터의 성장과정을 담은 자전적 에세이와는 관련이 없다.
④ 노예제도의 현실을 일부 다루고 비판적인 시각을 드러내기도 하지만, 노예제도 폐지를 강력하게 주장하는 정치적 선언문과는 거리가 있다. 작품의 전반적인 내용은 미국 사회와 문화에 대한 설명에 집중되어 있다.

06 J. 헥터 세인트 존 데 크레브쾨르(J. Hector St. John de Crèvecoeur)의 저서 『미국 농부의 편지』(Letters from an American Farmer, 1782)에 대한 설명으로 가장 적절한 것은?

① 이 작품은 미국 독립전쟁의 주요 전투와 전략을 상세히 기록한 역사적 문헌이다.
② 작가가 자신의 어린 시절과 성장과정을 직접 서술한 자전적인 에세이집이다.
③ 가상의 미국 농부인 '제임스'가 쓰는 편지 형식의 글로, 유럽 독자에게 미국의 삶과 사회를 소개한다.
④ 미국 노예제도의 폐지를 강하게 주장하는 정치적 선언문으로, 당시 혁명가들에게 큰 영향을 미쳤다.

정답 06 ③

07 다음 내용과 가장 관련 깊은 작가는?

> 미국의 정치가이자 외교관, 과학자, 저술가이자 신문사의 경영자였다. 교육과 문화 활동에 참여했으며, 자연과학 분야에서도 활약이 컸다. 또한 정치와 외교적인 분야에서도 돋보이는 활약을 보여주었다. 그는 평생 자유를 사랑하고 과학을 존중하였으며 공리주의에 투철한 전형적인 미국인으로 평가받는다. 말년에는 정치가이자 외교관으로서 독립전쟁 당시 독립선언(United States Declaration of Independence, 1776)의 기초를 세우는 데 참여했고, 제헌의회(1785)에서 활약하기도 했다. 그는 50여 년이 넘는 기간 동안 미국의 정치에 참여하여 초기 미국의 국가적 기틀을 잡는 데 일조하였으며, 프랑스 대사를 역임하면서 미국인 최초로 국제적인 인물로 각광받기도 하였다.

① 벤자민 프랭클린
② 토머스 페인
③ 필립 프레노
④ 토머스 제퍼슨

08 다음 설명에 해당하는 작가는?

> 계몽사상과 인도주의로 대표되는 그는 법과 철학뿐만 아니라 종교와 건축 등 다양한 분야에 관심을 가졌던 다재다능한 사람이다. 건축가로서 자신의 저택인 몬티셀로, 버지니아의 수도, 버지니아 대학의 건물들을 직접 설계하였으며, 수천 에이커에 달하는 농장을 경영하기도 하였다. 그는 10,000여 권의 책을 소장한 개인 도서관을 가지고 있었는데 이는 훗날 미국 국회도서관의 시발점이 되었다. 또한 버지니아 식민지 의원, 제1·2차 대륙 회의 버지니아 대표, 독립선언문 기초위원, 버지니아 주지사, 초대 국무장관, 제3대 대통령직을 지냈다.

① 벤자민 프랭클린
② 토머스 제퍼슨
③ 필립 프레노
④ J. 헥터 세인트 존 데 크레브쾨르

---

07 제시된 내용은 벤자민 프랭클린에 대한 설명이다.
② 토머스 페인은 미국 독립전쟁과 프랑스혁명 때 활약한 작가로 『상식』(Common Sense, 1776)에서 미국이 공화국으로 독립해야 한다고 주장하였고, 미국 독립전쟁 때 『위기』(The Crisis, 1776~1783)를 간행하면서 시민의 전투의지를 끌어올린 인물이다. 『이성의 시대』(The Age of Reason) 제1부(1794)와 제2부(1796)의 내용으로 인하여 무신론자라는 비난을 받기도 하였다.
③ 필립 프레노는 혁명 시대 최고의 시인으로 평가받는데 그 역시 계몽주의 영향을 받은 작가로 매우 정치적이며 풍자적인 글을 썼다. 시인으로서의 능력이 최고조에 달했을 때 그는 자연에 대한 시를 쓰는 쪽으로 방향을 돌렸다. "The Wild Honeysuckle"(1786)과 같은 순수한 자연시 및 자유를 구가한 시를 썼다.
④ 토머스 제퍼슨은 계몽사상과 인도주의로 무장한 미국의 정신적 지주로 법과 철학은 물론 종교와 건축에 이르기까지 다양한 분야에 관심이 컸던 다재다능한 사람으로 제3대 대통령직을 지냈다.

08 제시된 내용은 토머스 제퍼슨에 대한 설명이다.
④ J. 헥터 세인트 존 데 크레브쾨르는 자신의 파인 힐 농장에서 농부로서의 경험을 바탕으로 쓴 Letters from an American Farmer(1782)를 통해 유럽과는 달리 귀족이나 사회계급보다 근면하고 성실한 삶이 더 중요한 역할을 한다는 아메리카라는 비옥한 새 땅의 이미지를 강조하고 독자적인 정체성을 갈망하는 식민지인들에게 자부심과 긍지를 심어주었다.

정답 07 ① 08 ②

09 다음 내용이 설명하는 사상은?

> 이성적 또는 합리주의적인 사상을 기본으로 하며 민주주의와 자유주의적인 이념 형성에 이론적인 기초를 제공하였다. 이러한 이념은 나아가 근대혁명정신의 도화선이 되어 미국의 독립전쟁과 프랑스혁명을 일으키는 데 큰 역할을 하였다. 이 사상을 처음으로 도입한 것은 벤자민 프랭클린이며, 이를 실천한 사람은 토머스 페인이다. 이 사상을 문학에 반영한 작가로는 토머스 제퍼슨과 필립 프레노 등이 있다.

① 낭만주의
② 사실주의
③ 청교도주의
④ 계몽주의

09
① 낭만주의는 고전의 엄격함과 규칙을 중시하여 표현하는 신고전주의적인 예술의 방법에 반발하여 등장한 사조로 이성과 지성보다는 개인의 감성과 주관을 중시하였다.
② 사실주의는 자연이나 인생 등 문학의 대상을 객관적 태도로써 현실을 있는 그대로 묘사하려 하였다.
③ 청교도주의는 인간의 운명과 행위는 신에 의해 예정되었으며 원죄를 안고 태어나는 인간들은 신에 의해서 극소수만이 은총을 받는다는 신앙사조이다.

10 미국의 독립선언문에 대한 설명으로 가장 옳지 않은 것은?

① 1776년에 발표되었다.
② 총 2권으로 구성되어 있다.
③ 인간의 평등과 기본권, 구성원의 동의에 의한 정부의 조직, 혁명권에 대한 내용을 담고 있다.
④ 근대 민주주의의 기본적 정치사상을 요약하였다.

10 미국의 독립선언문은 1776년 7월 4일에 채택되었다. 영국의 식민지 상태에 있던 미국이 독립을 선포한 것이다. 미국의 독립선언은 1776년 7월 4일 당시의 영국의 식민지 상태에 있던 13개의 주가 서로 모여 독립을 선언한 사건을 일컬으며, 이 사건은 독립선언문에 기록되어 있다. 미국의 독립선언이 있은 후 약 8년간에 걸친 싸움 끝에 1783년 9월 3일에 비로소 미국은 영국과 프랑스로부터 이른바 파리조약을 거쳐 완전한 독립국으로 인정받게 되었다. 1775년 제2차 대륙회의에서 벤자민 프랭클린, 존 애덤스(제2대 미국 대통령), 로저 셔먼, 로버트 리빙스턴, 토머스 제퍼슨(제3대 미국 대통령)의 다섯 사람이 미국 독립선언서의 기초 작업을 수행했다.

정답 09 ④ 10 ②

주관식 문제

01 윌리엄 브래드퍼드의 『플리머스 농장기』(History of Plymouth Plantation)에 대해서 설명하시오.

01 정답
윌리엄 브래드퍼드가 기록한 『플리머스 농장기』(History of Plymouth Plantation)는 식민지 초기 상황을 뛰어나게 그린 작품이다. 그는 그들의 모든 여정이 하나님의 영광을 드러내고 하나님의 섭리에 의한 것임을 거듭 강조하며 신에게 감사하는 열정적인 청교도인의 모습을 묘사했다. 총 2권으로 이루어져 있으며 제1권에서는 청교도의 박해와 이주, 그리고 플리머스 정착에 이르는 수난의 과정을 묘사하였다. 제2권에서는 정착 초기 기아와 질병으로 인한 죽음과 고통, 원주민과의 평화로운 관계를 위한 협약, 최초의 추수감사절에 관한 이야기 등을 자세히 기록하면서 1620~1647년까지의 모든 여정이 하나님의 영광을 드러내고 기독교 신앙을 발전시키려는 섭리에 의한 것임을 강조하는 청교도 원리를 강조하고 있다.

02 청교도 순례자들(Pilgrim Fathers)에 대하여 설명하시오.

02 정답
청교도 순례자들(Pilgrim Fathers)은 1620년 메이플라워호를 타고 매사추세츠 지역에 온 신교도들을 지칭하는 용어로서 플리머스 지역에 자리 잡은 초기 정착민들을 의미하는 넓은 의미로도 사용된다. 이들은 영국 성공회에서 주관하는 교구 제도와 종교의례를 거부했다. 원래 영국 스크루비 출신들로 네덜란드의 암스테르담으로 피신했다가 이들 중 약 절반이 미국으로 왔다.

03
정답
① 예형론(Typology)적 세계관은 현실에서 벌어지는 사건들을 성서에서 찾아내는 경우로 보는 것이다. 예를 들어, 출애굽기의 서사는 청교도들이 신대륙 이주의 정당성을 예시한다고 보았다.
② 예레미야식 설교는 잘못을 범한 선민들의 죄를 열거하여 공동체의 난관과 개인의 고통을 상기시키며 회개를 통해 애초의 사명을 이룩하도록 강요한다.
③ 간증 서사는 대체로 공동체의 삶에서 오는 회의감과 개인 내면의 갈등을 담고 있다. 인간적 회의가 은총의 체험을 통해 극복된다는 것이 간증 서사의 일반적 구조이다. 개인의 간증 경험을 중시하면서도 결국은 공동체를 통한 구원을 중시하는 의도를 가지고 있다.

03 청교도주의의 특성인 예형론적 세계관, 예레미야식 설교, 간증 서사에 대해 설명하시오.

04
정답
근대 과학의 발달로 기존의 신과 세상에 대하여 이성적이고 합리적인 판단이 불가피하게 되었다. 이러한 변화는 신앙에 대한 회의와 쇠퇴를 불러왔다. 그 결과로 종교계와 목사들이 주장한 것은 보수적인 종교관으로의 회귀였다. '대각성운동'은 18세기 중엽 영국과 아메리카에서 점차 형식화되어 가던 식민지 종교계에 일대 각성을 요구하는 수많은 신앙부흥운동을 말한다. 조나단 에드워즈는 『분노한 신의 손에 놓인 죄인』(*Sinners in the Hands of an Angry God*, 1741)을 통해 과학과 세속주의, 상업주의에 물든 세상 한가운데에서 순수하고 이상적인 청교도주의 신앙을 부흥시키기 위해서 혼신의 노력을 기울였다.

04 대각성운동의 의미를 서술하고 이 운동과 관련된 작가와 작품을 쓰시오.

제 3 편

19세기 전반기 문학

제1장	19세기 초의 미국문학
제2장	미국문학의 르네상스
제3장	미국문학의 확립
실전예상문제	

| 단원 개요 |

19세기 미국문학은 특히 미국적인 특성과 미국인의 정체성을 탐색하는 문제에 있어서 주목할 만한 사유의 발전을 보여준다. 이 단원에서는 당대의 이데올로기나 정치적 상황보다는 주요 작가들의 예술적 성취를 중심으로 미국문학을 개관한다.

| 출제 경향 및 수험 대책 |

초월주의를 창시한 에머슨, 자연 친화의 삶을 실현한 소로, 그로테스크한 요소로 가득한 포와 멜빌, 미국인의 정체를 묻는 호손은 이 시기의 핵심적인 작가들이다. 유럽의 정체성에서 벗어나 새로운 세계를 건설하려는 미국 작가들의 각 작품과 그 특성들을 자세히 분석할 필요가 있다.

보다 깊이 있는 학습을 원하는 수험생들을 위한
시대에듀의 동영상 강의가 준비되어 있습니다.
www.sdedu.co.kr ➔ 회원가입(로그인) ➔ 강의 살펴보기

제1장 19세기 초의 미국문학

제1절 19세기 시대적 배경

1 시대적 배경

미국은 독립혁명을 계기로 국민들의 민주적인 의식의 발전과 정치적·경제적 발전을 이룩하였다. 또한 문화적인 면에서도 성공적인 발전을 이뤄냈다. 19세기에는 청교도주의와 독립혁명을 거치면서 유럽과는 구별되는 미국만의 독자성을 갖게 되었다. 19세기에 들어서면서 미국은 점차 국토를 확장해 나갔고 국력이 크게 신장했으며, 새로운 미국의 정체성과 전통에 대한 시대정신을 통해 큰 발전을 이루었다. 그러나 이 발전은 사회에 내재해 있는 문제들을 본격적으로 드러내기 시작하였는데, 북부의 자본주의적 체제와 남부의 농업체제, 노예문제, 정치적·종교적·인종적 갈등이 폭발하면서 남북전쟁이 발발하게 되었다.

2 문학적 배경

19세기의 미국문학은 필립 프레노(Philip Freneau)와 같은 영국의 낭만주의 영향을 받은 작가도 있었으나 1830년대에 초월주의 운동을 기점으로 미국 특유의 문학적 특징이 형성되었다. 초월주의는 미국만의 독립적인 사상으로 개인 안에 내재하는 창조적 정신에 의해 인간과 세계와의 조화에 관심을 갖는 것을 특징으로 한다. 인간과 자연 속의 모든 곳에서 신을 발견할 수 있다고 보았다.

3 낭만주의 문학

미국은 영국의 문예사조의 영향을 받았는데, 필립 프레노와 같은 작가의 시의 경향이 영국의 낭만주의 문학의 모습을 띠었다. 19세기 중반 미국에서는 18세기 중반에 활약한 영국의 사무엘 리처드슨에 의해 감상주의 소설이 인기를 끌었다. 이 작품들은 신앙심, 도덕, 가족 간의 유대감과 같은 전통적인 가치관을 강조하면서 사회적으로나 정치적으로 격변기를 살아가는 사람들에게 큰 감동을 주었다.

제2절 19세기 초의 작가와 작품들

19세기 초, 당시 미국에서 가장 큰 도시였던 뉴욕은 자연스럽게 문학의 중심지가 되었다. 이 도시는 니커보커 작가들의 주 활동무대였는데, 니커보커 그룹은 뉴욕의 현재와 과거의 모습을 담은 어빙(Washington Irving)의 책 *Knickerbocker's History of New York*(1809)에서 그 명칭이 유래되었다. 이 그룹의 작가들을 하나의 유파로 보기에는 작가들이 서로 의식적으로 공유하고 있는 공통점이 그리 많지 않고 어떤 목적을 달성하기 위한 노력도 크지 않다. 따라서 이 작가들을 니커보커 작가들로 명명할 수 있는 근거는 뉴욕이라는 장소의 공통점에서 연유된 것이라고 볼 수 있다.

니커보커 그룹에 속한 작가들로 알려진 인물에는 시인 조지프 로드먼 드레이크(Joseph Rodman Drake), 피츠 그린 헬렉(Fitz-Greene Halleck), 조지 P. 모리스(George P. Morris), 극작가이자 시인인 존 하워드 페인(John Howard Payne), 소설가이자 시인인 사무엘 우드워스(Samuel Woodworth) 등이 있다. 니커보커 작가 그룹에서 가장 높게 평가받는 작가로는 워싱턴 어빙과 제임스 페니모어 쿠퍼, 윌리엄 컬렌 브라이언트 등을 들 수 있다.

1 워싱턴 어빙(Washington Irving, 1783~1859) 종요

(1) 작가 소개

위대한 수필가이자 소설가인 어빙은 해학과 풍자가 넘치고, 편안한 문체로 당대 대부분의 독자들 사이에서 큰 인기와 사랑을 얻었으며, 그의 작품은 현재에도 많은 사람들에 의해 사랑받는다. 그 이유는 무질서하고 비합리적인 삶 속에서 그의 작품이 유쾌하고 긍정적인 면을 찾아내려는 모습을 담고 있기 때문이다. 어빙이 미국문학사에서 갖는 의미는 여러 부분에 있어서 그가 개척자의 역할을 했다는 것이다. 그는 당대의 다른 문필가들과는 달리 순수한 문학(정치성이 없는 문학)을 추구하였다. 그는 즐거움을 주고 실생활에 적용이 될 만한 내용의 글을 썼고 이러한 특징은 당시에 큰 주목을 받았다.

어빙은 1809년 *A History of New York*을 출간하여, 위트 있는 풍자와 유머러스한 필체로 유명해졌다. 1819년부터 이듬해에 걸쳐 영국의 전통이나 미국의 전설을 그린 *The Sketch Book*(1819~1820)을 출판하였고, 미국 작가로서는 처음으로 국제적인 명성을 얻게 되었다. 1826년부터 3년 동안 스페인 마드리드의 미국 공사관에서 근무하면서 스페인의 문화를 연구하였고, *Tales of the Alhambra*(1832) 등을 썼다. 1842년부터 약 4년간 에스파냐 주재 미국 공사로 근무하였고, 말년에는 조지 워싱턴(George Washington)을 비롯한 전기 등을 집필하였다. 어빙은 유럽문화를 미국에 소개하여, 유럽에서 최초로 칭찬을 받은 문인이었고, 미국의 실용 문학으로부터 순수한 문학으로 옮겨가는 시대의 작가였다.

그의 이름을 드러나게 한 작품은 *The Sketch Book*(1819~1820)이다. 그는 이 작품에서 세밀하고 유창한 필체로 영국의 도시나 전원의 풍경, 영국 사람들에 대한 인상 등에 관한 32편의 Sketch를 수록하였다. 이 책에서 특히 유명한 것은 Rip의 이상한 체험을 그린 *Rip Van Winkle*과 허드슨(Hudson)강 골짜기에서 일어난 이야기인 *The Legend of Sleepy Hollow*이다. 이 두 이야기는 모두 네덜란드의 전설을 취재하여 미국적인 배경으로 옮긴 작품이다. 그의 소박하고 리듬감 있는 문체와 순수한 영어는 영국에서 더 인기를 얻었다. 또한 세련된 구성으로 신세계와 구세계의 설화와 전설을 융합하면서 그의 짧은 이야기들은 훗날 미국의 단편 소설과 수필 문학의 기틀을 확립하는 데 기여하였다. 주제 면에서는 영국의 낭만주의(Romanticism) 특히, 회고하는 방식을 이어받았고, 독일과 스페인 등의 민속 문학에서 소재를 구하였다. 이러한 점에서 본다면 어빙은 뛰어난 창작 능력으로 글을 쓰기보다는 기존의 이야기와 구성의 도움을 받았다고 볼 수 있다.

(2) 어빙의 낭만주의적 특징
① 초자연주의적(Supernaturalism) 성향의 작품을 썼다.
② 과거의 사건을 글의 소재로 사용하였다(회고적 방식).
③ 환상적인 사건을 연출하였고 그 세계로 들어가려는 경향이 있었다.
④ 소박한 삶에 대한 애정이 있었다.

(3) 작품 - *The Sketch Book*(1819~1820)
우아하고 품위 있는 필체로 영국의 도시와 전원의 풍습, 영국인들의 특징에 관한 인상을 쓴 수필집으로, 32편의 짧은 글을 모은 작품이다. 이 작품집("Rural Life in England", "The Broken Heart", "Roscoe", "Rip Van Winkle", "The Legend of Sleepy Hollow" 등 수록)은 미국과 영국 모두에서 좋은 평가를 받았다. 이 작품은 시간적·공간적 배경이 다소 먼 것을 동경한다는 점에 있어서 낭만주의의 영향이 보이며, 단편 소설의 선구라 할 수 있다.

① *The Legend of Sleepy Hollow*
허드슨강 골짜기에 '슬리피 할로우'라는 사람의 정신을 몽롱하게 하는 기운을 발산하는 외딴 마을이 있었는데, 이곳은 네덜란드 이주민들의 후예가 정착하는 곳이었다. 이곳에는 아이들을 잘 가르치는 이카보드 크레인(Ichabod Crane)이라는 사람이 살고 있었는데, 그는 폭넓은 학식을 갖춘 선생님으로 아이들을 열정적으로 가르치며, 마을 사람들의 신망을 받고 있다. 이 마을의 유력한 농가의 딸인 카트리나 반 타셀(Katrina Van Tassel)이라는 18세 소녀의 마음을 얻기 위해 이카보드 크레인과 이 마을에서 힘이 제일 센 브롬 반 브런트(Brom Van Brunt)가 서로 신경전을 벌인다. 어느 날, 반 타셀 가문에서 마을 오락회가 개최되고 그 자리에 온 여러 사람들이 자신의 모험담이나 무용담을 하나씩 들려주면서 이야기가 시작된다.

② *Rip Van Winkle*
독일의 우화 피터 클라우스(Peter Klaus)에서 소재를 가져와 각색한 작품으로, 미국 독립전쟁(1775년)이 일어나기 전 캐츠킬 산맥(Catskill Mountains) 주변 마을에 살던 게으른 남자 립 밴 윙클이 산에 올라가서 낯선 이를 만나 술을 얻어 마신 후 하룻밤 만에 20년이 흘렀다는 동화 같은 이야기이다. 이 이야기는 민간 설화로 자리 잡으면서 연극으로 각색되고 구전되는 전통으로 흡수되었을 뿐만 아니라 수세대를 걸치면서 미국인에게 미국의 진짜 전설인 것처럼 받아들여졌다.

2 제임스 페니모어 쿠퍼(James Fenimore Cooper, 1789~1851)

(1) 작가 소개

1789년 9월 15일, 제임스 페니모어 쿠퍼는 뉴저지주의 벌링턴에서 출생하였다. 그의 아버지는 1788년에 뉴욕시에서 약 150마일 떨어진 곳에 쿠퍼즈타운을 세웠고, 쿠퍼가 한 살 되던 해 가족과 함께 그곳에 정착했다. 덕분에 그곳에서 쿠퍼는 사라져 가는 변방의 원주민의 생활을 볼 수 있었다. 1803년 쿠퍼는 예일대학에 입학했으나, 2년 후에 퇴학당하고 상선의 선원, 해군 사관 등을 거쳐 30세 때부터 소설을 쓰기 시작하였다. 1820년에 첫 작품인 *Precaution*을 발표하고 이듬해 *The Spy*를 발표하면서 유명작가로 나아갈 수 있게 되었다.

쿠퍼는 가장 뛰어난 작품으로 꼽히는 *Leather-stocking Tales*를 발표하면서 낭만주의 소설가로서 자리매김하게 되었다. *Leather-stocking Tales*는 미국 프런티어 문학을 대표하는 쿠퍼의 5부작 소설로, 가죽 스타킹이라는 별명을 가진 주인공 내티 범포(Natty Bumppo)가 등장한다. 소설에 등장하는 주인공 내티 범포는 개척되지 않은 대자연 속에서 살아가는 야성의 힘을 가진 사나이다. 소설 속에서 그의 젊은 시절부터 노년에 이르기까지의 삶을 보여준다. 쿠퍼는 총 37편의 낭만주의적 작품을 발표하였으나 문체가 다소 조야하고 사건의 실마리가 부자연스러우며 성격묘사도 정확하지 못하다는 평가를 받았다. 그러나 그는 유럽문학의 전통과 외국의 속박을 버리고 자신이 직접 보고 아는 생활 속에서 미국문화의 원천을 구하였다. 즉, 독자적인 미국의 문화와 문학을 형성하는 데 그의 역할이 컸다.

(2) 작품 - 『가죽 스타킹 이야기』(Leather-stocking Tales)

쿠퍼의 대표작으로 내티 범포의 일생을 다룬 5권의 연작 소설이다.

① *The Pioneers*(1823)

연대순으로는 가장 먼저 쓰였으며, 내티 범포가 70대 노인으로 등장한다. 내티는 사회의 공동규율을 거부하면서 이상적인 곳으로서의 자연이 가진 속성에 대한 문명의 회의감을 버리지 못한다.

② *The Last of the Mohicans*(1826)

두 번째로 쓰였으며, 30대 중반의 나이로 등장하는 내티는 문명사회와 타협하기를 거부하고 고독한 방랑자로서 자신만의 자유로움을 찾기 위해 방랑길에 나선다. 작가는 작품의 마지막에서 과거 훌륭했던 인디언들이 모두 죽거나 살해된 것과 아름다운 자연이 포악한 인간들의 손에 의해 정복되었음을 탄식한다.

③ *The Prairie*(1827)

세 번째로 쓰였으며, 80대 노인으로 등장하는 내티는 중서부의 대평원에서 새와 다람쥐들을 사냥하며 고달프게 살아간다. 그는 인간의 문명이 닿지 않는 곳으로 도피하려 한다. 그러나 불행하게도 대초원이 변경지대와 붙어 있어서 도피하려고 해도 못하는 현실에 처하며, 결국 내티는 서부로 발길을 돌리게 된다.

④ *The Pathfinder*(1840)

네 번째로 쓰였으며, 30대 후반의 나이로 등장하는 내티는 울창한 개척지의 원시림을 찬양하며 낭만적인 분위기에 젖어든다. 내티는 캡(Cap)과 함께 문명사회에서 도피하려고 하며, 내티와 마찬가지로 캡도 개척민들의 생활태도에 거부감을 가지고 있다.

⑤ *The Deerslayer*(1841)

가장 나중에 쓰였으며, 내티가 20대의 나이로 등장한다. 즉, 마지막 작품이지만 내용 면에서 주인공 내티의 가장 젊은 시절에 해당한다. 내티는 쿠퍼가 제시한 원형적이고 이상적인 미국의 프런티어인이다. 작가는 주인공을 통해 미국의 대자연이 개척민들의 증가로 개간되어 사라져가고, 개척지의 자연이 계속해서 훼손되어가는 것에 대해 고민하며 서부 개척지의 아름다움과 신비로움에 대한 사랑, 애착의 마음을 드러낸다.

3 윌리엄 컬렌 브라이언트(William Cullen Bryant, 1794~1878)

(1) 작가 소개

1794년 매사추세츠주 커밍턴에서 태어났다. 어릴 적부터 자연을 사랑하고 시를 즐겨 읽었다. 브라이언트의 문학적 특징은 영국의 낭만주의 이상과 자신의 보수적인 뉴잉글랜드의 정치적·종교적 견해를 결합시켰다는 것이다. 그는 본래 문학적으로는 고전주의자였지만, 점차 낭만주의자 성향에 가까워졌으며, 그는 주로 죽음과 자연을 주제로 시를 썼다. 브라이언트는 17세에 쓴 죽음을 관조한 명상시 "Thanatopsis"(1817), 21세에 쓴 "To a Waterfowl"(1818)로 문단의 인정을 받았다. 브라이언트는 매사추세츠주에서의 변호사 생활을 청산하고, 1825년 뉴욕으로 옮겨 *New-York Review*를 편집하였다. 이듬해에는 *New-York Evening Post*의 편집에 관여하였고, 1829년에 주필이 되어 계속 언론 활동을 펼쳤다. 그는 '미국 시의 아버지'로 불린다.

(2) 브라이언트의 시학

① 시인은 가르치는 사람으로서 사명감을 지녀야 한다.
② 시의 목적은 삶을 모방하는 것이 아니라, 독자에게 상상력을 불러일으키는 것이다.
③ 시인은 독창성을 발휘하여 새로운 양식의 아름다움과 인간의 감정을 만들어내기 위해서 노력해야 한다.
④ 위대한 시의 원동력은 감정으로부터 나온다(낭만주의자인 브라이언트는 시가 인간의 지성이 아닌 감정에 호소해야 한다고 보았다).
⑤ 시의 문체는 명확하고 단순해야 한다.

(3) 작품

① "Thanatopsis"(1817)

죽음을 관조하는 명상시로, 시의 주제는 죽음이 불가피하다는 것과 관련된다. 따라서 죽음은 태연하게 종교적으로 수용되어야 하며, 공평한 자연은 모든 이에게 차별 없이 죽음을 가져다주므로 인간은 죽음을 받아들이고 그 속에 깃든 자연의 거대한 섭리를 생각해야 한다는 것이다.

② "To a Waterfowl"(1818)

미국의 자연을 소재로 한 교훈시이다. 이 시는 시의 소재를 자연에서 취할 뿐만 아니라 교훈적이기도 하다. 이러한 교훈적 어조는 그의 모든 시에서 공통적으로 표현된다.

제2장 미국문학의 르네상스

제1절 시대적 배경

19세기의 미국은 자연에 대한 찬미와 청교도주의에 대한 반대, 인간해방 정신, 자아존중, 인도주의 정신 등이 유럽에 비해 훨씬 강하게 나타났다. 1830년대와 1840년대의 미국 사회는 본격적인 서부로의 이동이 이루어졌고, 문학 작가들 역시 그곳에서 창작 활동을 펼쳤다. 미국의 젊은 지식인들은 애국심을 강조하는 전통과 고정관념에 불만을 품었고, 내면적 삶을 탐구하고자 하였다. 이러한 활동의 중심에는 초월주의자(Transcendentalist)들이 있었다.

1 유니테리언(Unitarian)

유니테리어니즘(Unitarianism)은 개인의 존엄성과 잠재 능력의 발휘를 중요시하면서 청교도들의 엄격한 칼뱅주의 신앙에 반발하여 1825년에 윌리엄 채닝(William Ellery Channing, 1780~1842)에 의해 형성되었다. 채닝은 칼뱅주의가 강조해 온 인간의 '원죄설'(Original Sin)을 부정하고 인간의 자유의지를 강조하였다. 그는 모든 개인이 자신을 초월하여 신과 하나가 될 수 있다고 얘기함으로써 '초월주의'(Transcendentalism) 철학에 이르는 길을 열었다. 유니테리언은 뉴잉글랜드의 보스턴을 중심으로 확산되었다. 유니테리언(Unitarian)이라고 불리는 이 종파는 삼위일체설과 예수의 신성을 부정하였다. 이들은 하나님이 삼위일체가 아닌 단일신론이라는 유일신 신앙을 주장하였다. 예수의 신성을 부정하고 하나님의 신성만을 인정하는 교파이다. 유니테리언 교도들이 중요하게 여긴 것은 아버지로서의 하나님과 한 형제로서의 인류, 지도자로서의 예수, 도덕적 품성에 의한 구원, 그리고 인류의 무궁한 발전이었다.

2 초월주의(Transcendentalism)

초월주의자들이 중요하게 여기던 것은 개인의 내면에 존재하는 신의 목소리를 직관적으로 깨닫는 것이었다. 초월주의는 직관이 감각과 논리의 한계를 뛰어넘어 좀 더 높은 진리와 위대한 지식에 직접 접할 수 있는 유일한 방법이라고 믿는다. 이들에게 인간은 하늘의 목소리를 가진 성스러운 존재였기 때문에 자기 자신에 대한 신뢰는 언제 어디서나 실천해야 할 절대적인 덕목이었다. 하나님과의 관계는 매우 개인적인 것으로 여겨져 교회의 중재에 의해서가 아니라 개인에 의해 직접 맺어진다고 생각하였다. 또한 이들은 자연에도 하나님이 계신다고 믿었으며 자연을 통해서도 하나님을 알 수 있다고 믿었다. 초월주의자들은 자연과 가까이에서 사는 삶의 방식을 선호하였으며 노동의 존엄성을 주장했다. 초월주의가 미국문학사에서 중요한 하나의 철학적 개념이자 운동으로 자리 잡게 된 것은 에머슨과 소로의 영향이 컸다.

제2절 주요 작가와 작품

1 랠프 월도 에머슨(Ralph Waldo Emerson, 1803~1882)

(1) 작가 소개

1803년 5월 25일, 에머슨은 유니테리언파인 보스턴 1교회 목사의 다섯 아들 중 둘째로 태어났다. 에머슨이 여덟 살 되던 해에 아버지가 세상을 떠났고 그의 가족은 경제적으로 어려움에 처하게 되는데, 에머슨은 고모의 집에 맡겨졌으며, 하숙집을 하던 고모는 열정과 정성으로 에머슨 형제를 모두 하버드 대학에 입학시켰다. 젊은 시절의 에머슨은 산문이나 영국 시인 알렉산더 포프(Alexander Pope)를 모방한 풍자시를 쓰기도 하였지만 큰 주목을 받지는 못했다. 훗날 그는 목사로 임명되어 일하다가 1832년에 목사직을 사임하였고, 이후 이탈리아와 영국을 여행하면서 S. T. 콜리지, 윌리엄 워즈워스, 토머스 칼라일 등을 만나 교류하였다. 이후 미국에 돌아와 1836년에 그의 대표작인 『자연』(*Nature*, 1836)을 출간하였다. 초월주의의 창시자인 에머슨은 독일의 관념론(칸트), 신플라톤주의, 동양 신비주의의 영향을 받았다. 물질보다 정신을 중시하며 직관의 소리를 들어 진리에 도달하고자 하는 이상주의자였다.

(2) 작품

① 『**자연**』(*Nature*, 1836)

미국 초월주의의 정수를 담은 작품이다. 에머슨은 '인간-자연'을 '소비-이용'의 관계로 여기는 물질주의를 비판하였다. 그는 모든 상처를 치유하는 자연은 인간에게 미래에 대한 희망을 제공하고 우리의 영혼을 드높여 모든 이기주의를 소멸하는데, 이때 개인은 '투명한 눈동자'가 되어 우주의 모든 생명과 영혼의 근원인 '우주적 존재'와 교감할 수 있다고 주장하였다. 그는 자연의 역할을 네 가지로 구분하였는데 '인간이 생존할 수 있도록 양식을 포함한 물질을 제공하는 역할'(Commodity), '아름다움을 사랑하는 욕구를 만족시켜 주는 역할'(Beauty), '언어를 제공해 주는 역할'(Language), '교육의 장(Discipline)으로서의 역할'이 그것이다.

② *English Traits* (1856)

영국인의 특성을 담고 있는 작품이다.

③ *Brahma* (1857)

동양 사상의 영향을 받은 작품이다.

(3) *Nature*의 일부

Nature

Introduction

OUR age is retrospective. It builds the sepulchres of the fathers. It writes biographies, histories, and criticism. The foregoing generations beheld God and nature face to face; we, through their eyes. Why should not we also enjoy an original relation to the universe? Why should not we have a poetry and philosophy of insight and not of tradition, and a religion by revelation to us, and not the history of theirs? Embosomed for a season in nature, whose floods of life stream around and through us, and invite us by the powers they supply, to action proportioned to nature, why should we grope among the dry bones of the past, or put the living generation into masquerade out of its faded wardrobe? The sun shines to-day also. There is more wool and flax in the fields. There are new lands, new men, new thoughts. Let us demand our own works and laws and worship.

Undoubtedly we have no questions to ask which are unanswerable. We must trust the perfection of the creation so far, as to believe that whatever curiosity the order of things has awakened in our minds, the order of things can satisfy. Every man's condition is a solution in hieroglyphic to those inquiries he would put. He acts it as life, before he apprehends it as truth. In like manner, nature is already, in its forms and tendencies, describing its own design. Let us interrogate the great apparition, that shines so peacefully around us. Let us inquire, to what end is nature?

All science has one aim, namely, to find a theory of nature. We have theories of races and of functions, but scarcely yet a remote approximation to an idea of creation. We are now so far from the road to truth, that religious teachers dispute and hate each other, and speculative men are esteemed unsound and frivolous. But to a sound judgment, the most abstract truth is the most practical. Whenever a true theory appears, it will be its own evidence. Its test is, that it will explain all phenomena. Now many are thought not only unexplained but inexplicable; as language, sleep, dreams, beasts, sex.

...

자연

서론

우리의 시대는 회고적이다. 우리의 시대는 조상의 묘비를 세운다. 우리의 시대는 전기와 역사와 비평을 쓴다. 이전 세대들은 하나님과 자연을 마주 보고, 우리는 그들의 눈을 통해 보았다. 왜 우리는 우주와의 독창적인 관계를 즐기지 말아야 하는가? 우리는 왜 전통적인 시와 철학이 아니라 우리 자신의 통찰을 담은 시와 철학을 가져서는 안 되는가? 우리는 왜 전시대 사람들의 종교와 역사가 아니라 우리에게 직접 계시되는 종교를 가지면 안 되는가? 자연 속에서 한 계절 동안 우리 주변과 우리를 통해 흐르는 생명의 흐름과 그들이 공급하는 힘으로 우리를 자연에 상응하는 행동으로 초대하는데, 왜 우리는 과거의 메마른 뼈 사이를 더듬어야 하는가, 아니면 살아있는 세대를 빛바랜 옷장에서 꾸며야 하는가? 오늘도 태양이 빛난다. 들판에는 털실과 아마가 더 많이 있다. 새로운 땅, 새로운 사람, 새로운 생각이 있다. 우리 자신의 일과 법, 예배를 요구하자.

> 의심할 여지없이 우리는 대답할 수 없는 질문을 할 수 없다. 우리는 사물의 질서가 우리 마음속에 어떤 호기심을 불러일으켰든 사물의 질서가 만족시킬 수 있다고 믿도록 지금까지의 창조의 완벽성을 믿어야 한다. 모든 사람의 상태는 그가 제기할 질문들에 대한 상형문자로 된 해결책이다. 인간은 그것을 진실로 이해하기 전에 그것을 삶처럼 행동한다. 이와 같은 방식으로, 자연은 이미 그 형태와 경향에서 자신의 모습을 설명하고 있다. 우리 주변에 평화롭게 빛나고 있는 위대한 환영(幻影)에 대해 질문해 보자. 자연은 어떤 목적으로 존재하는가?
> 모든 과학은 하나의 목표, 즉 자연의 이론을 찾는 것이다. 우리는 인종과 그들의 역할에 대한 이론을 가지고 있지만, 창조에 대한 생각에는 거의 가깝게 있지 않다. 우리는 현재 진리의 길에서 멀리 떨어져 있고, 종교인들은 서로 논쟁하고 미워하며, 투기꾼들은 불건전하고 경박하다고 여겨진다. 그러나 건전한 판단에 있어서는 가장 추상적인 진실이 가장 실용적이다. 진정한 이론이 등장할 때마다 그것은 그 자체의 증거가 될 것이다. 그것의 실험은 모든 현상을 설명한다는 것이다. 오늘날 많은 것들, 가령 언어, 잠, 꿈, 짐승, 성과 같은 것들이 설명되지 않은 상태이자 설명할 수 없는 것으로 여겨진다.
> …

2 헨리 데이비드 소로(Henry David Thoreau, 1817~1862) 중요

(1) 작가 소개

매사추세츠주의 콩코드(Concord)에서 출생한 소로는 하버드 대학 졸업 후에 토지측량을 하기도 하고 가업인 연필 제조 일을 돕다가, 1837년에 선배인 에머슨을 알게 되어 그의 집에서 3년간을 머물며 초월주의자 클럽(Transcendental Club)에 가입하였다. 에머슨이 초월주의의 창시자라면, 소로는 이를 실천하는 행동가라고 할 수 있다. 그의 글은 에머슨의 글보다 훨씬 생생한 문체를 가졌다. 에머슨은 자연에 대해 추상적으로 글을 썼지만 소로는 식물, 강, 야생의 삶에 관해 상세하게 기록했다. 그의 문체는 에머슨의 시처럼 완전하다고 할 수는 없지만 에머슨의 것을 그대로 따르지 않고 지방 방언을 사용하지 않는 독특한 음조를 사용했다. 소로는 불순응주의자로서 자신만의 원칙 속에서 살려고 노력한 인물이다. 그는 특히 사회문제에 민감한 반응을 보였다. 정치 강연을 하였고, 인두세 납부를 거절한 죄로 투옥되기도 하였다. 그는 은둔과 집중의 삶을 살았는데, 동양의 명상법과 일맥상통하며 힌두교와 불교의 영향도 받았다.

(2) 작품

① 『**시민불복종**』(*Civil Disobedience*, 1849)

멕시코 전쟁에 반대하고 인두세 납부를 거절한 죄로 투옥당한 경험을 쓴 책으로, 부당한 법에 대한 불복종이 도덕적으로 필요하다는 수동적 저항 이론을 담고 있다. 간디의 인도 독립 운동과 마틴 루터 킹의 흑인 인권운동에 영향을 주었다.

② Diary(일기)

자세한 자연 관찰을 보여준다.

③ 『월든』(*Walden, or Life in the Woods*, 1854)

소로의 대작인 『월든』(*Walden, or Life in the Woods*)은 소로가 에머슨이 가지고 있던 월든 호숫가 땅에 직접 오두막을 짓고 그곳에서 보낸 2년 2개월 2일 동안(1845~1847년)의 생활을 기록한 작품이다. 이 책은 시작 부분에서 단순히 세속적인 관심사를, 끝 부분에서 별에 대한 명상을 다루는 식으로 구성되어 있다. 소로는 그때까지 미국 책들이 접근한 적 없던 자기발견 분야를 개척하였다. 소로는 에머슨과 휘트먼처럼 힌두교나 불교 철학의 영향을 받았다. 또한, 그리스어나 라틴어로 된 고전 작품들을 작품에 넣기도 하고, 다양한 은유의 표현을 사용하였다.

(3) *Walden, or Life in the Woods*의 일부

Walden

Economy

When I wrote the following pages, or rather the bulk of them, I lived alone, in the woods, a mile from any neighbor, in a house which I had built myself, on the shore of Walden Pond, in Concord, Massachusetts, and earned my living by the labor of my hands only. I lived there two years and two months. At present I am a sojourner in civilized life again.

I should not obtrude my affairs so much on the notice of my readers if very particular inquiries had not been made by my townsmen concerning my mode of life, which some would call impertinent, though they do not appear to me at all impertinent, but, considering the circumstances, very natural and pertinent. Some have asked what I got to eat; if I did not feel lonesome; if I was not afraid; and the like. Others have been curious to learn what portion of my income I devoted to charitable purposes; and some, who have large families, how many poor children I maintained. I will therefore ask those of my readers who feel no particular interest in me to pardon me if I undertake to answer some of these questions in this book. In most books, the I, or first person, is omitted; in this it will be retained; that, in respect to egotism, is the main difference. We commonly do not remember that it is, after all, always the first person that is speaking. I should not talk so much about myself if there were anybody else whom I knew as well. Unfortunately, I am confined to this theme by the narrowness of my experience. Moreover, I, on my side, require of every writer, first or last, a simple and sincere account of his own life, and not merely what he has heard of other men's lives; some such account as he would send to his kindred from a distant land; for if he has lived sincerely, it must have been in a distant land to me. Perhaps these pages are more particularly addressed to poor students. As for the rest of my readers, they will accept such portions as apply to them. I trust that none will stretch the seams in putting on the coat, for it may do good service to him whom it fits.

> **월든**
>
> 경제관
>
> 제가 다음 페이지를 썼을 때, 혹은 대부분의 페이지를 썼을 때, 저는 혼자서, 이웃으로부터 1마일 떨어진 숲에서 살았습니다. 매사추세츠주 콩코드의 월든 호숫가에서 제가 직접 지은 집에서 말이지요. 그리고 제 손으로 일해서 생계를 꾸렸습니다. 저는 그곳에서 2년 2개월을 살았습니다. 현재 저는 다시 문명생활의 체류자로 있습니다.
>
> 저는 제 마을 사람들이 저의 삶의 방식에 대해 매우 구체적인 질문을 하지 않았다면, 독자들에게 알리지 않았을 겁니다. 어떤 사람들은 그러한 질문이 제게 무례하게 보인다고 하겠지만, 저는 상황을 고려할 때, 매우 자연스럽고 적절하다고 말할 것입니다. 어떤 사람들은 내가 무엇을 먹을 수 있는지, 외롭지 않은지, 두렵지 않은지 등을 물었습니다. 또 어떤 사람들은 제 수입의 어느 정도를 자선 목적으로 썼는지 궁금해 했습니다. 그리고 대가족을 둔 몇몇 사람들은 제가 얼마나 많은 가난한 아이들을 키웠는지 궁금해 했습니다. 그러므로 저는 이 책에서 이러한 질문들 중 일부에 대답할 것을 약속한다면 제게 특별한 관심을 느끼지 않는 독자들에게 저를 용서해 달라고 요청할 것입니다. 대부분의 책에서 I, 즉 1인칭은 생략됩니다. 그러나 이 책에서는 이것이 유지될 것입니다. 그것은 자기중심적이라는 것과 관련하여, 주요한 차이점입니다. 우리는 일반적으로 1인칭 I가 결국 항상 첫 번째로 말하는 사람이라는 것을 기억하지 못합니다. 만약 제가 아는 다른 사람이 있다면 저는 제 자신에 대해 너무 많이 말하지 말아야 합니다. 불행하게도, 저는 제 경험의 편협함 때문에 이 주제에 국한되어 있습니다. 게다가, 나는 모든 작가들에게, 처음이든 마지막이든, 그가 다른 사람의 삶에 대해서 들은 것뿐만 아니라, 그 자신의 삶에 대한 간단하고 진실한 설명을 요구합니다. 그가 먼 타국에서 그의 친척에게 보낼 만한 이야기 말입니다. 아마도 이 페이지들은 가난한 학생들을 위해 더 특별하게 쓰일 것입니다. 저의 나머지 독자들에 대해서는, 그들에게 적용되는 부분들을 받아들이면 될 것입니다. 나는 아무도 외투를 입을 때 옷의 솔기를 늘리면서까지 입지는 않을 것이라고 믿습니다. 그것은 코트가 어울리는 사람에게 도움이 될 것이기 때문입니다.

3 월트 휘트먼(Walt Whitman, 1819~1892)

(1) 작가 소개

뉴욕 롱아일랜드의 가난한 농가에서 태어나 인쇄소의 식자공, 학교 교사 등 다양한 직업을 전전하면서도 문학 서적을 읽었다. 그는 뉴욕과 브루클린의 여러 신문사를 옮겨 다니며 편집에 참여하였고, 민중의 대변가로도 불리며 자신의 작품에서 미국의 민주주의 정신을 마음껏 그려냈다. 그의 시는 생물이 신비롭고 존엄하다는 범신론적 사상에 바탕을 두었고, 평등주의, 민주주의 등이 그의 시의 큰 주제를 차지한다. 휘트먼의 시학의 주요 원리는 '공감'(Sympathy)이다. 그는 하나의 사물과 인간이 모두 하나의 세계와 하나의 우주를 가진 독립된 존재임을 주장하였다. 따라서 시인의 세계는 한정적인 공간에 묶여 있는 육체적 존재로서의 '나'보다는 '우주적 영혼'을 지닌 존재로서 무한히 확장되어 가는 새로운 몸체의 출현 과정이다. 다시 말하면, 공감의 원리는 자아와 세계가 하나의 영혼으로 만나며 인간을 포함한 이 세상의 무수한 타자들은 자아와 즉각적인 결합을 이루고, 이를 통해 자아와 타자 모두 새로운 존재로 변화하는 것이다. 모든 소외된 존재와 영혼을 나눌 수 있다고 보는 휘트먼의 공감은 그의 시를 자유롭게 만드는 밑바탕이다.

(2) 작품

① 『풀잎』(Leaves of Grass) 종요

휘트먼은 『풀잎』(Leaves of Grass) 시집 한 권을 평생 10회에 걸쳐 수정하고 증보하는 방식으로 출판하였다. 이 시집은 미국적 자아와 미국 시의 정체성을 확립한 기념비적 작품으로 평가받는다. 『풀잎』(Leaves of Grass) 초판의 맨 앞에 수록되어 있는 "Song of Myself"는 1855년 출판 당시에는 제목도 없고 길이도 짧았다. 하지만 『풀잎』(Leaves of Grass)의 개정 증보와 함께 계속 수정과 확대를 거듭하여 52부로 구성된 현재의 모습을 갖추게 되었다. 이 시는 한 개인이 자신을 정의하고 타인과 세계를 탐색하는 과정 속에서 인간과 자연, 세계의 대변자인 시인으로 거듭나는 모습을 자유롭고 솔직하게 표현하고 있다.

② "Out of the Cradle Endlessly Rocking"(1860)
삶과 죽음의 순환에 대한 깨달음을 노래한 시이다.

③ "When Lilacs Last in the Dooryard Bloom'd"(1865)
링컨 대통령의 죽음을 슬퍼하는 시이다.

(3) "Song of Myself"의 일부

Song of Myself

1

I celebrate myself, and sing myself,
And what I assume you shall assume,
For every atom belonging to me as good belongs to you.

I loafe and invite my soul,
I lean and loafe at my ease observing a spear of summer grass.

My tongue, every atom of my blood, form'd from this soil, this air,
Born here of parents born here from parents the same, and their parents the same,
I, now thirty-seven years old in perfect health begin,
Hoping to cease not till death.

Creeds and schools in abeyance,
Retiring back a while sufficed at what they are, but never forgotten,
I harbor for good or bad, I permit to speak at every hazard,
Nature without check with original energy.

나의 노래

1

나는 내 자신을 찬양하고, 내 자신을 노래한다,
내가 그러하듯 당신도 그러하겠지,
내게 속한 모든 원자 당신에게도 속할 테니까.
나는 빈둥거리면서 나의 영혼을 초대하고,
여름풀의 뾰쪽한 끝을 편하게 바라보며 몸을 기대고 빈둥거린다.

내 혀, 내 피 속의 모든 원자는 이 흙과 이 공기에서 형성되었다,
여기 부모에게서 태어났고, 부모도 마찬가지, 부모의 부모도 마찬가지로 그곳에서 태어났다,
나, 지금 완벽하게 건강한 나이인 서른일곱 살에 시작한다,
죽을 때까지 그치지 않기를 희망하면서.

신조와 배움은 잠시 유보해 두고,
그럭저럭 충분하다고 여겨 잠시 물러나지만 결코 잊지는 않으며,
나는 좋은 것이든 나쁜 것이든 다 품어나가며, 어떤 위기에도 말하도록 허용할 것이다,
어떤 절제도 없는 본성에서, 원초적인 에너지와 함께.

(4) "When I Heard the Learn'd Astronomer"

When I Heard the Learn'd Astronomer

When I heard the learn'd astronomer;
When the proofs, the figures, were ranged in columns before me;
When I was shown the charts and the diagrams, to add, divide, and measure them;
When I, sitting, heard the astronomer, where he lectured with much applause in the lecture-room,
How soon, unaccountable, I became tired and sick;
Till rising and gliding out, I wander'd off by myself,
In the mystical moist night-air, and from time to time,
Look'd up in perfect silence at the stars.

내가 그 박식한 천문학자의 말을 듣고 있노라면

내가 그 박식한 천문학자의 말을 듣고 있노라면
증거와 숫자들이 내 앞에 줄지어 나열되노라면
더하고, 나누고, 계량할 도표와 도식들이 내 앞에 제시되었노라면
강당 안에서 큰 박수를 받으며 강의하는 그 천문학자의 이야기를 들으며 앉아 있노라면
어쩐지 나는 금방 지루하고 지긋지긋해져서
자리에서 일어나 밖으로 빠져나온 뒤 홀로 밖을 거닐며 헤매네
촉촉이 젖어 있는 신비로운 밤공기 속에서, 이따금
말없이 하늘의 별들을 올려다보았다.

제 3 장 | 미국문학의 확립

제1절 배경

미국문학은 19세기에 월트 휘트먼(Walt Whitman), 나다니엘 호손(Nathaniel Hawthorne), 허먼 멜빌(Herman Melville), 에드거 앨런 포(Edgar Allan Poe), 에밀리 디킨슨(Emily Dickinson)과 같은 위대한 작가들의 활약으로 질적·양적으로 크게 성장하였다. 이 시대의 작가들은 풍부한 세부묘사를 통해 사실적인 인물을 등장시키기보다는 비현실적이고 환상적인 묘사를 통해 삶의 진실을 전하고자 했다. 호손의 『주홍글씨』(The Scarlet Letter)에 나오는 아서 딤스데일이나 헤스터 프린, 멜빌의 Moby-Dick에 나오는 에이하브, 포의 단편 소설에 등장하는 인물들은 소외되고 고뇌에 찬 인물들이다. 상징으로 가득한 플롯은 고통 받는 영혼을 드러냈다. 당시의 미국은 미개척의 땅이자 민주주의적 갈등과 남북전쟁, 전통적인 삶의 방식이 부재한 불안정한 환경 등으로 유럽의 문학적 흐름과 그 맥을 공유하기에는 한계가 있었으며, 이에 따라 미국의 소설가들은 자기 방식에 의존해야 했다. 따라서 당대의 작가들이 창조한 인물들은 신화적 의미를 지니고 과장된 인물이 많았고 고뇌에 차 있었다.

제2절 주요 작가와 작품

1 나다니엘 호손(Nathaniel Hawthorne, 1804~1864) 중요

(1) 작가 소개

호손은 매사추세츠주의 세일럼(Salem)에서 태어났다. 그의 선조인 William Hawthorne은 1630년에 미국에 이주하여 군인, 정치가, 법관, 그리고 교회의 지도자로서 엄격한 청교도로서의 영향력을 발휘했던 인물이다. 그의 아들 John은 악명 높은 세일럼 마녀재판을 주재한 세 명의 판사 중 한 사람으로 유명했다. 호손은 두 번째 장편 소설인 『일곱 박공의 집』(The House of the Seven Gables)에서 그의 집안의 마녀재판과 관련된 사건들을 소재로 사용하였다. 그는 자기 집안의 몰락이 바로 이 마녀재판의 저주의 탓이라고 생각했다. 호손은 주로 뉴잉글랜드 청교도를 바탕으로 작품을 썼다. 그는 죄의식과 고독에 빠진 인물들의 내면을 그리면서 도덕성과 종교, 심리상황의 세 측면에서 인물을 묘사하였다. 또한 소설에 상징을 다수 사용하여 철학과 종교, 심리적인 부분에 있어서 의미심장한 전개를 이끌었다.

> **더 알아두기**
>
> **로맨스**
> 호손은 소설과는 달리 로맨스가 그럴듯한 소재나 내용에만 한정되지 않는다고 생각했다. 로맨스는 인간 마음의 진실에 부합하면 기이한 것과 현실적인 것을 마음대로 혼합할 수 있다고 보았다. 따라서 그는 소설 전체의 내용이 모두 사실적일 필요가 없다고 여기면서 그의 소설에서는 비현실적이거나 신비롭고 모호한 측면들을 선보였다.
>
> **호손과 청교도주의**
> 호손이 작품에서 가장 중요하게 다루는 것은 엄격하고 비인간적인 청교도주의에 대한 비판이다. 그는 청교도들이 교조주의적인 태도로 타인을 단죄하고 마녀사냥을 행했던 것에 대하여 반발감이 컸다. 이러한 그의 태도는 *The Scarlet Letter*의 로저 칠링워스(Roger Chillingworth), *The Blithedale Romance*의 홀링스워스(Hollingsworth) 등을 통해 나타난다.

(2) 작품

① 『**주홍글씨**』(*The Scarlet Letter*, 1850)

이 작품은 도덕성과 성적인 억압, 죄의식 및 고백과 구원에 대한 엄격한 청교주의적 관습과 가치관을 다루고 있다. 작가는 뛰어난 구성과 아름다운 문체, 알레고리를 사용하여 작품의 과감하고 도발적인 소재와 주제를 돋보이게 하였다. 이 작품은 특히 19세기 미국 사회에서 회피하던 주제인 금지된 사랑과 성적인 자유, 민주주의적 경험 등을 다룬다. 주홍글자 'A'는 A로 시작하는 단어들의 의미를 담고 있다. 처음에는 **Adultery**(간통)의 의미로만 글이 전개되나 점차 **Able**(능력)과 **Angel**(천사) 등의 의미로 변화된다.

『주홍글씨』의 주요 등장인물은 목사인 딤스데일과 간통을 한 헤스터 프린, 복수심에 가득 찬 남편 로저 칠링워스, 간통의 상대자로 죄의식에 고민하다 결국 세상에 고백하고 마는 아서 딤스데일 목사, 그리고 사생아인 펄을 포함한 4명 등이며, 이 작품은 7년 동안에 걸친 종교적·도덕적·심리적 갈등과 간통에 대한 청교도 사회의 냉혹한 형벌을 다루고 있다. 『주홍글씨』에서는 가슴과 머리의 일치가 아니라 이 둘 간의 대립을 통해서 죄를 저지르고 그로 인해 겪는 정신적 갈등을 고백하고 구원받는 과정을 보여준다. 『주홍글씨』에서는 세 명의 주요 인물(헤스터, 딤스데일, 칠링워스)이 저지르는 각기 다른 죄의 형태를 다루고 있다.

헤스터는 충동적이고 정열적인 인물로 정열의 욕구로 인해 '간음의 죄'를 저지른다. 딤스데일은 자신이 저지른 죄를 숨기는 '숨겨진 죄'를 범한다. 칠링워스는 의사로 자신의 신분을 위장하고 정신적인 고통을 주는 방법으로 헤스터와 딤스데일에게 복수하는데, 인간애를 상실한 그의 차가운 모습과 사람의 마음을 해치는 칠링워스의 죄는 '용서받을 수 없는 죄'이다.

한편, 펄은 헤스터와 딤스데일 사이에서 태어난 딸이라는 점에서 헤스터와 딤스데일의 죄를 상징한다. 그러나 펄은 둘의 죄를 상징하는 것을 뛰어넘어 헤스터와 딤스데일을 구원의 길로 이끄는 상징적인 역할을 수행하기도 한다. 펄이라는 이름은 '진주'를 뜻한다. 성서에 나와 있는 진주는 "그는 좋은 진주를 찾아다녔고 아주 값비싼 귀한 진주 하나를 발견하자 가서 자기의 모든 소유를 팔아 그 진주를 샀느니라(마태 13장 46절)."로 묘사된다. 이 작품에서 펄은 자신의 부모를 구원하여 천국으로 연결시키는 인물로 제시된다. 즉, 펄은 평범한 어린아이가 아니라 어떤 사명을 부여받고 태어난 천상의 존재인 것이다.

② 『일곱 박공의 집』(The House of the Seven Gables, 1851)

뉴잉글랜드의 역사를 다루고 있는 소설이다. 유산으로 이어받은 집안의 저주를 사랑의 힘으로 해결하는 과정을 그린다. 이 소설의 주인공 홀그레이브는 자신의 가문에 대한 불신을 대변하는 인물이다.

③ 『대리석 목신상』(The Marble Faun, 1860)

로마를 배경으로 죄와 고립, 구원의 문제를 청교주의 관점에서 다루고 있다.

④ 여러 단편 소설

청교도적인 주제들과 청교도 식민지 시대의 뉴잉글랜드라는 호손 특유의 배경은 그의 유명한 단편에서 보여주는 큰 특징들이다. *My Kinsman, Major Molineux*(1832), *Young Goodman Brown*(1835), *The Minister's Black Veil*(1836) 등이 대표적인 단편 소설이다.

(3) *The Scarlet Letter*의 일부

The Scarlet Letter

I. THE PRISON-DOOR

A throng of bearded men, in sad-coloured garments and grey steeple-crowned hats, inter-mixed with women, some wearing hoods, and others bareheaded, was assembled in front of a wooden edifice, the door of which was heavily timbered with oak, and studded with iron spikes.

The founders of a new colony, whatever Utopia of human virtue and happiness they might originally project, have invariably recognised it among their earliest practical necessities to allot a portion of the virgin soil as a cemetery, and another portion as the site of a prison. In accordance with this rule it may safely be assumed that the forefathers of Boston had built the first prison-house somewhere in the Vicinity of Cornhill, almost as seasonably as they marked out the first burial-ground, on Isaac Johnson's lot, and round about his grave, which subsequently became the nucleus of all the congregated sepulchres in the old churchyard of King's Chapel. Certain it is that, some fifteen or twenty years after the settlement of the town, the wooden jail was already marked with weather-stains and other indications of age, which gave a yet darker aspect to its beetle-browed and gloomy front. The rust on the ponderous iron-work of its oaken door looked more antique than anything else in the New World. Like all that pertains to crime, it seemed never to have known a youthful era. Before this ugly edifice, and between it and the wheel-track of the street, was a grass-plot, much overgrown with burdock, pig-weed, apple-pern, and such unsightly vegetation, which evidently found something congenial in the soil that had so early borne the black flower of civilised society, a prison. But on one side of the portal, and rooted almost at the threshold, was a wild rose-bush, covered, in this month of June, with its delicate gems, which might be imagined to offer their fragrance and fragile beauty to the prisoner as he went in, and to the condemned criminal as he came forth to his doom, in token that the deep heart of Nature could pity and be kind to him.

This rose-bush, by a strange chance, has been kept alive in history; but whether it had merely survived out of the stern old wilderness, so long after the fall of the gigantic pines and oaks that originally overshadowed it, or whether, as there is far authority for believing, it had sprung up under the footsteps of the sainted Ann Hutchinson as she entered the prison-door, we shall not take upon us to determine. Finding it so directly on the threshold of our narrative, which is now about to issue from that inauspicious portal, we could hardly do otherwise than pluck one of its flowers, and present it to the reader. It may serve, let us hope, to symbolise some sweet moral blossom that may be found along the track, or relieve the darkening close of a tale of human frailty and sorrow.

주홍글씨

Ⅰ. 감옥문

덥수룩한 턱수염을 가진, 우중충한 잿빛 옷에 끝이 뾰족한 회색 모자를 쓴 남자들이 어떤 목조 건물 앞에 모여 있었다. 그곳에는 두건을 쓰거나 혹은 아무것도 쓰지 않은 여자들도 함께 있었다. 참나무로 된 튼튼한 문에는 커다란 쇠못이 줄줄이 박혀 있었다.

새 식민지 개척자들은 자신들의 나라가 인간적인 미덕과 행복이 넘치는 유토피아가 되길 바랐다. 그러나 야생의 처녀지에 새로운 나라를 건립하면서, 처녀지의 일부를 공동묘지와 감옥으로 정하는 일은, 무엇보다 가장 먼저 해야 할 실제적이면서도 필요한 일들 중의 하나라고 생각했다. 이런 관례에 따라 보스턴의 조상들도 아이작 존슨의 땅에 그의 묘를 중심으로 맨 처음 공동묘지를 만든 것에 때맞춰 콘힐 가까이에 처음 감옥을 세웠다. 이후 존슨의 묘는 그 뒤 킹스 채플의 옛 교회 마당에 있는 수많은 무덤들의 중심이 되었다. 마을이 자리를 잡은 지 15년 혹은 20년이 지나자, 목조 건물로 된 감옥은 이미 비바람에 낡아 세월의 흔적을 뚜렷이 보여주고, 안 그래도 잔뜩 찌푸린 듯 음산해 보이는 건물 정면은 더욱 어두운 모습을 띠게 되었다. 또한 참나무로 만든 문의 육중한 쇠붙이에 슨 녹은 신세계의 그 무엇보다도 가장 오래된 것처럼 보였다. 범죄와 관련된 모든 것이 그러하듯, 이 문도 청춘이라고는 전혀 모르고 지낸 것 같았다. 이 추한 건물 앞에서 바퀴 자국이 난 거리 사이에는 풀이 우거져 있었는데, 우엉, 명아주, 나팔꽃, 그 밖에도 보기 안 좋은 것들뿐이었다. 이 풀들은 일찍부터 감옥이라는 문명사회의 검은 꽃을 피운 토양과 뭔가 통하는 데가 있는 듯했다. 그러나 지금 6월에 감옥문 한쪽 문지방 바로 옆에서 자라고 있는 한 그루의 야생 장미 덩굴에 피어 있는 섬세한 꽃들은 감옥으로 들어가는 죄수나 형 집행을 받으러 가는 사형수에게 동정과 자비를 베푸는 대자연의 깊은 마음의 표시로서 향기와 가냘픈 아름다움을 건네고 있는 것이다.

이 장미 덩굴은 이상한 우연으로 역사상 살아남게 되었다. 그러나 과연 이 장미 덩굴이 본디 그 위에 그림자를 드리워 주던 거대한 소나무와 참나무가 쓰러진 후 훨씬 오랫동안 이 황량한 옛 들판에서 살아남은 것에 불과한 것인지, 아니면 성자라고 칭송되던 앤 허치슨이 이 감옥에 들어갈 때 발자국을 따라 피어난 것인지는 (그렇게 믿을 만한 근거는 충분하다 하더라도) 여기서 논하지 않겠다. 어쨌든 그 불길한 감옥문을 통해 이제 막 나오려고 하는 우리 이야기의 첫머리에서 이 장미꽃을 발견하여, 기껏해야 그 장미꽃 한 송이를 꺾어서 독자에게 바치는 정도밖에 할 도리가 없다. 그것이 길을 따라 발견될 수 있는 어떤 달콤한 도덕적 꽃을 상징하거나 인간의 나약함과 슬픔에 대한 이야기의 어두워지는 마무리를 완화시키는 데 도움이 될 수 있기를 바란다.

2 에드거 앨런 포(Edgar Allan Poe, 1809~1849)

(1) 작가 소개

심리학과 인간 본성의 어두운 면에 관심을 가졌던 포는 낭만주의 작가에 속하며, 그의 문학 세계는 남부 전통에 속한다. 그는 어두운 형이상학적 비전을 리얼리즘, 패러디, 희극적 요소들과 결합했다는 점에서 허먼 멜빌과 통한다. 또한 단편 소설 장르를 세련되게 만들었고, 탐정 소설을 개발하였다. 그의 단편 소설들은 오늘날 공상 과학 소설, 공포 소설, 판타지 장르의 초석이 되었다.

포의 단편 소설과 시들은 이국적인 분위기를 배경으로 비극적 운명의 내성적인 인물이 등장한다. 이러한 인물들은 사교적 활동을 하는 대신 괴이한 융단이나 천으로 상징되는 어둡고 허물어지는 성 안에 머물고 있다. 성 안의 방들에는 오래된 책들이나 기이한 예술 작품, 다양한 동양 물건 등이 있다.

포의 작품 속 등장인물들은 죽음에 대해 숙고한다. 삶 속 죽음(death-in-life), 특히 등장인물이 무덤에서 다시 살아나는 것과 같은 작품의 소재는 『때 이른 매장』(The Premature Burial), 『리지아』(Ligeia), 『아몬틸라도의 술통』(The Cask of Amontillado), 『어셔 가의 몰락』(The Fall of the House of Usher) 등과 같은 소설에서 볼 수 있다. 삶과 죽음의 중간 영역에 대한 화려하고 고딕적인 배경은 단순히 장식적인 것만은 아니다. 이러한 배경은 심리적으로 불안한 등장인물의 의식 세계를 반영하며 이는 무의식 세계를 상징적으로 표현하는 포 작품 세계의 큰 특징이다. 가장 널리 알려진 포의 시는 「갈가마귀」(The Raven, 1845)이다. 이 시는 삶 속의 죽음을 보여주는 정지된 장면에서 끝맺어진다. 『황금 풍뎅이』(The Gold Bug), 『도난당한 편지』(The Purloined Letter)는 추리 소설에 가깝다.

포가 작품에서 그리는 심오한 심리적 통찰은 단편 소설에서 두드러진다. 이상한 심리 상태를 탐구하기 위해 포는 광기와 극단적인 감정으로 이야기에 깊이 파고들었다. 정교한 그의 문체 스타일과 상세한 설명은 사건들을 더더욱 생생하게 만들고 무서운 느낌을 배가시킨다. 또한 포는 자수성가라는 아메리칸 드림의 또 다른 면을 정확하게 표현했으며 물질주의나 과도한 경쟁 사회에서 겪는 외로움, 소외, 삶 속의 죽음의 이미지를 보여주었다. 그는 비평론을 써서 미국 예술비평의 기초를 확립하기도 하였다.

(2) Poe의 문학 세계

포는 문학의 목적이 진리가 아닌 즐거움이라고 하였다. 시와 단편은 짧아야 하며 통일성을 가져야 한다고 주장하였는데, 시는 고차원의 아름다움을 율동적으로 창조하고 영혼을 고양시켜야 한다고 하였다. 산문은 총체적인 단일 효과가 있어야 한다고 보았는데, 이러한 효과를 나타내는 것에는 공포심, 전율, 혹은 격정 등이 있다고 하였다. 또한 소설은 첫 문장부터 효과가 시작되어야 하며 끝맺음이 느슨하지 않아야 하고 결말은 개연성이 있어야 한다고 주장했다.

(3) 작품

① *Tamerlane and Other Poems*(1827)
  18세 때 익명으로 출판한 시집으로 어떠한 평가도 받지 못했다.
② 『어셔 가의 몰락』(*The Fall of the House of Usher*, 1839)
  괴기 단편 소설이다.

③ 『모르그 가의 살인사건』(The Murders in the Rue Morgue, 1841)
　　3만 7천 부라는 판매량을 기록하였으며 탐정 소설의 원조가 되었다.
④ 『검은 고양이』(The Black Cat, 1843)
　　폭력성과 광기, 죄의식의 인간심리를 표현한다.
⑤ "The Raven"(1845)
　　죽은 연인에 대한 끝없는 연민을 노래한 시이다.
⑥ "Annabel Lee"(1849)
　　낭만주의적인 연애시이다.

(4) Bryant와 Poe의 비교

브라이언트는 시는 교훈적이어야 한다고 주장했으나, 포는 비교훈적이어야 한다고 주장하였다. 브라이언트의 시의 문체는 단순하고 명확하나, 포는 시에서 리듬을 중시하였다. 그러나 이 두 작가 모두 시는 아름다움과 숭고미를 창조해야 한다고 생각한다는 점에서는 공통점을 지닌다.

(5) "Annabel Lee"

Annabel Lee

It was many and many a year ago,
In a kingdom by the sea,
That a maiden there lived whom you may know
By the name of Annabel Lee;
And this maiden she lived with no other thought
Than to love and be loved by me.

I was a child and she was a child,
In this kingdom by the sea,
But we loved with a love that was more than love —
I and my Annabel Lee —
With a love that the winged seraphs of Heaven
Coveted her and me.

And this was the reason that, long ago,
In this kingdom by the sea,
A wind blew out of a cloud, chilling
My beautiful Annabel Lee;
So that her highborn kinsmen came

And bore her away from me,
To shut her up in a sepulchre
In this kingdom by the sea.

The angels, not half so happy in Heaven,
Went envying her and me —
Yes! — that was the reason (as all men know,
In this kingdom by the sea)
That the wind came out of the cloud, by night,
Chilling and killing my Annabel Lee.

But our love it was stronger by far than the love
Of those who were older than we —
Of many far wiser than we —
And neither the angels in Heaven above,
Nor the demons down under the sea,
Can ever dissever my soul from the soul
Of the beautiful Annabel Lee: —

For the moon never beams without bringing me dreams
Of the beautiful Annabel Lee;
And the stars never rise but I feel the bright eyes
Of the beautiful Annabel Lee;
And so, all the night-tide, I lie down by the side
Of my darling — my darling — my life and my bride,
In her sepulchre there by the sea —
In her tomb by the sounding sea.

애너벨 리

아주 오래 전 옛날,
바닷가 그 어느 왕국에
애너벨 리라고 불리는
혹시 당신도 알지 모를
한 처녀가 살았다네.
그녀는 나를 사랑하고 내게 사랑받는 것 외에는
아무것도 생각하지 않는 소녀였다네.

바닷가 이 왕국에선
나도 어렸고 그녀도 어렸지만
그러나 나와 애너벨 리는
사랑 이상의 사랑으로 사랑했다네.
천국의 날개 돋친 천사까지도
탐내던 사랑을.

분명 그것 때문이었지, 오래 전 그날
바닷가 이 왕국에
한 조각 구름에서 불어온 바람이
내 아름다운 애너벨 리를 싸늘히 얼어붙게 한 것은
그리하여 고귀한 그녀 집안의 사람들이 와서
나로부터 그녀를 데려가,
바닷가 이 왕국의
어떤 무덤 속에 가두어 버렸다네.

우리 행복의 반도 가지지 못한
천국의 천사들이 끝내 샘을 냈다네.
그렇다네! 분명 그 때문이라네.
(바닷가 왕국에선 누구나 다 알다시피)
밤새 구름이 와서 바람이 일어나
내 애너벨 리를 얼려버린 것은 그 때문이라네.

우리들의 사랑은 훨씬 강한 것
우리보다 나이 먹은 사람들의 사랑보다도
우리보다 현명한 사람들의 사랑보다도
그래서 하늘의 천사들도,
바다 밑 악마들까지도
아름다운 애너벨 리의 영혼으로부터
나의 영혼을 갈라놓지는 못했다네.

달빛이 비칠 때에는
아름다운 애너벨 리의 꿈이 내게 찾아오고
별들이 떠오르면
아름다운 애너벨 리의 빛나는 눈동자를 나는 느낀다네.
그리하여 나는 이 밤
나의 사랑, 나의 사랑, 나의 생명, 나의 신부 곁에 눕는다네.
거기 바닷가 그녀의 무덤 속
파도소리 우렁찬 바닷가 내 님의 무덤 속에.

(6) *The Black Cat*의 일부

The Black Cat

FOR the most wild, yet most homely narrative which I am about to pen, I neither expect nor solicit belief. Mad indeed would I be to expect it, in a case where my very senses reject their own evidence. Yet, mad am I not — and very surely do I not dream. But to-morrow I die, and to-day I would unburden my soul. My immediate purpose is to place before the world, plainly, succinctly, and without comment, a series of mere household events. In their consequences, these events have terrified — have tortured — have destroyed me. Yet I will not attempt to expound them. To me, they have presented little but Horror — to many they will seem less terrible than baroques. Hereafter, perhaps, some intellect may be found which will reduce my phantasm to the commonplace — some intellect more calm, more logical, and far less excitable than my own, which will perceive, in the circumstances I detail with awe, nothing more than an ordinary succession of very natural causes and effects.

From my infancy I was noted for the docility and humanity of my disposition. My tenderness of heart was even so conspicuous as to make me the jest of my companions. I was especially fond of animals, and was indulged by my parents with a great variety of pets. With these I spent most of my time, and never was so happy as when feeding and caressing them. This peculiar of character grew with my growth, and, in my manhood, I derived from it one of my principal sources of pleasure. To those who have cherished an affection for a faithful and sagacious dog, I need hardly be at the trouble of explaining the nature or the intensity of the gratification thus derivable. There is something in the unselfish and self-sacrificing love of a brute, which goes directly to the heart of him who has had frequent occasion to test the paltry friendship and gossamer fidelity of mere Man.

I married early, and was happy to find in my wife a disposition not uncongenial with my own. Observing my partiality for domestic pets, she lost no opportunity of procuring those of the most agreeable kind. We had birds, gold-fish, a fine dog, rabbits, a small monkey, and a cat.

This latter was a remarkably large and beautiful animal, entirely black, and sagacious to an astonishing degree. In speaking of his intelligence, my wife, who at heart was not a little tinctured with superstition, made frequent allusion to the ancient popular notion, which regarded all black cats as witches in disguise. Not that she was ever serious upon this point — and I mention the matter at all for no better reason than that it happens, just now, to be remembered.

Pluto — this was the cat's name — was my favorite pet and playmate. I alone fed him, and he attended me wherever I went about the house. It was even with difficulty that I could prevent him from following me through the streets.

Our friendship lasted, in this manner, for several years, during which my general temperament and character — through the instrumentality of the Fiend Intemperance — had (I blush to confess it) experienced a radical alteration for the worse. I grew, day by day, more moody, more irritable, more regardless of the feelings of others. I suffered myself to use intemperate language to my wife. At length, I even offered her personal violence. My pets, of course, were made to feel the change in my disposition. I not only neglected, but ill-used them. For Pluto, however, I still retained sufficient regard to restrain me from maltreating him, as I made no scruple of maltreating the rabbits, the monkey, or even the dog, when by, accident, or through affection, they came in my way. But my disease grew upon me — for what disease is like Alcohol! — and at length even Pluto, who was now becoming old, and consequently somewhat peevish — even Pluto began to experience the effects of my ill temper.

One night, returning home, much intoxicated, from one of my haunts about town, I fancied that the cat avoided my presence. I seized him; when, in his fright at my violence, he inflicted a slight wound upon my hand with his teeth. The fury of a demon instantly possessed me. I knew myself no longer. My original soul seemed, at once, to take its flight from my body; and a more than fiendish malevolence, gin-nurtured, thrilled every fibre of my frame. I took from my waistcoat-pocket a penknife, opened it, grasped the poor beast by the throat, and deliberately cut one of its eyes from the socket! I blush, I burn, I shudder, while I pen the damnable atrocity.

When reason returned with the morning — when I had slept off the fumes of the night's debauch — I experienced a sentiment half of horror, half of remorse, for the crime of which I had been guilty; but it was, at best, a feeble and equivocal feeling, and the soul remained untouched. I again plunged into excess, and soon drowned in wine all memory of the deed.

...

검은 고양이

지금부터 내가 쓰려고 하는 가장 거칠고도 괴기스러운 이야기에 대해 누군가 그대로 믿어주기를 기대하거나 바라는 것은 아니다. 사실 나 자신이 직접 보고 듣고도 믿기 어려운 일을 남들에게 믿어달라고 기대한다면 그것도 우스운 일이다. 이 글을 읽는 이들에게 이것은 미치광이의 잠꼬대로 여겨질 것이다. 하지만 나는 지금 미친 것도 아니고, 꿈을 꾸는 것도 아니다. 그렇지만 내일이면 나는 죽게 된다. 그래서 오늘 중으로 마음의 무거운 짐을 내려놓고 싶다. 나는 지금부터 내 가정에서 발생한 일련의 사건들을 분명하고 간결하게, 아무런 설명도 덧붙이지 않고 세상 사람들에게 드러내려고 한다. 그 사건들은 결과적으로는 나를 공포에 떨게 하였고, 고문하게 했으며 파멸시키고야 말았다. 하지만 나는 그 사건을 설명하려고 하지는 않겠다. 그 사건은 나에게는 공포 이외에는 거의 아무것도 준 것이 없다. 대부분의 세상 사람들에게 그 사건은 소름끼치기보다는 오히려 기괴하게 보일 것이다. 어쩌면 머지않은 미래에 나의 환상을 보잘것없는 평범한 사실로 간주해 버리고 말 어떤 지성인이 나타날지도 모른다. 어쩌면 나보다 더 냉정하고 논리적이며 좀처럼 흥분하지 않는 그런 지성인이 나타나서, 내가 공포에 떨며 엮어나가는 이 사건의 전후 배경을 살펴보고는 이것은 지극히 자연스러운 인과관계에 불과하다고 여기고 말지도 모른다.

어릴 때 나는 온순하고 무척 동정심이 많은 아이였다. 나의 성품이 얼마나 온순했던지 친구들의 놀림감이 될 정도였다. 내가 유난히 동물을 좋아해서 부모님은 나에게 수많은 애완동물을 사주셨다. 그 동물들과 함께 나는 거의 대부분의 시간을 보냈는데, 그들에게 먹이를 주거나 그들을 어루만져 주는 것처럼 행복한 일은 없었다. 그러한 성품은 내가 성장해서도 계속 갖게 되어 어른이 된 뒤에도 나의 가장 큰 쾌락의 요소가 되었다. 충실하고 영리한 개에게 애정을 가진 일이 있던 사람들에게는 그러한 애정에서 파생될 수 있는 즐거움이 과연 어떤 것인가, 얼마나 강렬한 것인가를 굳이 설명할 필요는 없을 것이다. 이러한 짐승들의 이기적이지 않고 자기희생적인 애정은 단지 사람이라는 한낱 이름뿐인 존재들의 하찮은 우정과 얄팍한 믿음을 자주 겪어본 사람에게 마음을 뭉클하게 하는 무언가가 있는 것이다.

나는 일찍 결혼했다. 다행스럽게도 아내 역시 나와 성품이 비슷했다. 내가 애완동물을 아주 좋아하는 것을 보고, 아내는 기회가 있을 때마다 귀여운 동물을 사들였다. 우리는 새, 금붕어, 멋진 개, 토끼, 작은 원숭이, 그리고 한 마리의 고양이를 길렀다.

이 고양이는 유난히 크고 아름다웠으며, 온몸이 새까맸고 놀라울 정도로 영리했다. 그 영리함에 대해 이야기라도 하게 되면, 마음속으로는 적잖이 미신에 빠져 있는 아내는 으레 검은 고양이는 모두 변장을 한 마녀라는 옛 전설을 들춰냈다. 그녀가 이 점에 대해 심각했다고 해서가 아니라 단지 지금 우연히 떠올라서 이 문제를 언급하는 것이다.

플루토 ― 이것은 그 고양이의 이름이었다 ― 는 내가 가장 좋아하는 동물이었고 또한 놀이 친구였다. 이 고양이에게 먹이를 주는 일은 늘 내가 도맡았으며, 그는 집안 어디든지 내가 가는 곳이면 따라다녔다. 외출을 할 때도 뒤따라오려고 하는 그를 말리는 데에 진땀을 빼야 했다.

이런 방식으로 우리들의 우정은 여러 해 동안 지속되었으나, 그 사이에 내 기질과 성격은 무절제라고 하는 악마 때문에(입에 담기 수치스러운 일이긴 하지만) 매우 급격히 악화되어 버렸다. 날이 갈수록 나의 성격은 변덕이 심해지고, 짜증을 더 잘 냈으며, 발끈하는 성미 때문에 남의 감정에 대해서는 무관심하게 되었다. 아내에 대해서도 입에 올리지 못할 욕설을 거리낌 없이 퍼부었다. 끝내 나는 아내에게 폭력까지 휘두르게 되었다. 물론 내가 아끼던 동물들에게도 그런 나의 기질의 변화가 미치지 않을 리 없었다. 나는 동물들을 돌보는 것을 소홀히 할 뿐만 아니라 학대를 하게 되었다. 토끼, 원숭이, 혹은 개가 무심히 또는 귀여움을 받으려고 내게 가까이 오기만 하면 호되게 학대하기를 조금도 주저하지 않았다. 그러나 플루토에게만은 아직 학대를 하지 않을 만큼 여전히 큰 호감을 가지고 있었다. 하지만 병은 점점 더 심해져갔다. 도대체 알코올 중독에 비길만한 병이 또 어디 있으랴! 마침내 이제는 나이가 들어서 공연히 아무것도 아닌 것을 가지고 앙탈을 부리는 플루토, 이 플루토까지도 나의 고약한 성미의 피해자가 되기 시작했다.

어느 날 밤, 내가 늘 다니던 술집에서 잔뜩 취해가지고 집에 들어오니 고양이가 어쩐지 나를 피하는 것 같은 느낌을 받았다. 나는 고양이를 꽉 붙잡았다. 그러자 고양이는 나의 난폭한 행동에 놀라서 이빨로 내 손에 경미한 상처를 냈다. 그 순간 나는 악마와도 같은 분노에 사로잡혔고, 제정신을 잃었다. 단숨에 나의 원래의 영혼이 내 몸으로부터 빠져나가고 그 대신 술에 젖은 잔인한 악마가 내 육신의 구석구석까지 번졌다. 나는 조끼 주머니에서 주머니칼을 꺼내어 편 후, 가엾은 동물의 모가지를 움켜쥐고, 한쪽 눈알을 눈자위로부터 잔인하게 도려냈다. 이런 저주스러운 잔혹 행위를 글로 쓰고 있노라니 내 얼굴은 붉어지고 몸이 화끈거리며 몸서리가 쳐진다.

다음 날 아침, 제정신으로 돌아왔을 때, 한밤을 자고 전날 밤의 한바탕의 난봉이 싹 가셨을 때, 내가 저지른 죄에 대하여 나는 공포와 후회가 뒤섞인 감정을 느끼게 되었다. 그러나 그것은 기껏해야 미약하고 일시적인 감정이었을 뿐 내 영혼을 깨우지는 못했다. 나는 여전히 폭음으로 지새면서 내 잔인한 행동에 대한 기억을 술 속에 완전히 파묻어 버렸다.

…

3 허먼 멜빌(Herman Melville, 1819~1891) 중요

(1) 작가 소개

허먼 멜빌은 뉴욕에서 부유한 집안에 태어났으나 아버지의 파산과 사망 후 어렵게 성장기를 보냈다. 그는 귀족적인 배경과 자부심 강한 가족 전통을 지니고 있었지만, 가난에서 벗어날 수 없었고 대학 교육도 받지 못했다. 멜빌은 20세에 선원이 되어 다양한 해양 생활의 경험을 얻었다. 그의 소설에 등장하는 해양 생활은 그의 경험에서 자연스럽게 우러나온 것이다.

이와 같은 경험을 기초로 그는 많은 소설을 썼으나 당시에는 큰 주목을 받지 못하였다. 그의 첫 번째 작품인 *Typee*(1846)는 포경선에서 탈출하여 남태평양 마르키즈제도의 식인종 타이피 족과 함께 보낸 경험을 바탕으로 쓴 소설이다. 이 책은 섬사람들의 자연스럽고 조화로운 생활을 찬미하는 반면에 기독교 선교사들을 비판한다. 그는 이 작품에서 행복이 도덕성과 연관이 있는지에 대한 질문을 던지고 있다.

멜빌의 대작 *Moby-Dick*은 포경선 피쿼드(Pequod)와 선장 에이하브(Ahab)에 대한 내용으로, 에이하브의 흰 고래에 대한 집착이 선원들과 배를 파멸에 이끌게 되는 이야기이다. 고래와 포경업에 대한 멜빌의 사실주의적인 묘사와 나열은 상징적인 의미를 내포하고 있다. 화자는 15장 '큰 고래의 머리'에서 큰 고래가 스토아학파의 특성을 가졌고 향유고래는 플라톤적이라고 표현하면서 고대 철학의 두 학파를 고래에 비교한다. 에이하브 선장은 불행한 운명을 타고났으며 마지막에는 저주와 같은 결말을 맞이한다. 자연의 거대함과 낯섦, 위험성을 담고 있는 이 작품은 인간이 자연을 이해할 수 있다는 에머슨의 낙관적인 사상에 도전장을 던진다. 이 작품에 등장하는 거대한 흰 고래인 모비 딕은 파악하기 힘든 우주와 같은 존재이다.

구약성서의 왕의 이름인 에이하브는 개인으로서 자신의 위엄을 주장하면서 냉혹한 외부의 압력에 과감히 저항하는 개인주의자이다. 피쿼드호의 선원들은 다양한 인종과 종교를 대표한다. 배가 가라앉자 이스마엘은 문신을 한 작살잡이이자 폴리네시아의 왕자인 퀴퀘그(Queequeg)가 만들고 장식한 관을 잡고 목숨을 건진다.

(2) 작품

① *Typee*(1846)
  멜빌의 첫 소설로, 그가 포경선에서 탈출한 후 식인마을에 살았던 기구한 경험을 그린 소설이다.

② *Omoo*(1847)
  *Typee*의 속편이다. 이 소설 역시 문명과 원시적 삶을 대조적으로 보여준다.

③ *Mardi*(1849)
  문명에 대한 비평과 사회풍자를 담고 있다.

④ *White-Jacket*(1850)
  저자의 자전적 소설이며 군대 내의 가혹행위를 폭로하고 있다.

⑤ *Moby-Dick*(1851)
  에이하브(Ahab) 선장이 거대한 흰 고래에 대한 집착으로 선원들과 배를 파멸로 이끄는 내용이다. 이교적 분위기와 자유의지에 대한 철학적 고찰이 드러나며 글쓰기의 과정에 대한 멜빌의 의견이 소설에 종종 나온다. 이는 매우 현대적인 방식의 글쓰기라고 볼 수 있다.
  모비 딕은 19세기를 대표하는 미국 소설로, 24만 단어와 전체 135장의 매우 긴 구성으로 되어 있다. **미국 낭만주의와 상징주의 문학의 대표작이며 산문의 깊이와 아름다움, 다양한 구성으로 이루어진 철학적·종교적·비극적인 대서사시이다.** 이 작품에는 작가의 높은 철학적 사고와 문학, 신앙 및 자연관 그리고 고래에 대한 해박한 지식과 인문·사회적 통찰의 휴머니즘이 담겨 있다. 고래의 종류와 생태, 서식 환경, 해부학적·고생물학적·발생학적 특징, 포경의 역사와 기술, 포경 방법과 장비 등과 관련된 모든 정보가 이야기 사이사이에서 자세하게 다루어진다. 꼼꼼하고 섬세한 이 기록들은 멜빌이 도서관의 책들을 통해 얻어낸 것이며, 그는 심혈을 기울여 완성한 자신의 이 소설을 '도서관을 누비고 대양을 편력한' 결과의 소산이라고 말했다.

⑥ *Billy budd, Sailor*(1924)

멜빌의 사망(1891) 후 1924년에 출간된 소설이다.

(3) *Moby-Dick*의 줄거리

소설은 "나를 이스마엘이라 부르라."로 시작하는데, 꽤 유명한 문장이다. 기독교권에서 이스마엘이라는 이름은 '추방자, 쫓겨난 자'를 의미하는데, 이스마엘은 구약성서에 나오는 아브라함의 아들이다. 아브라함은 그의 아내 사라와의 사이에서 오랫동안 자식이 태어나지 않았다. 그의 아내는 여종 하갈을 아브라함의 첩으로 들이라고 권했고, 하갈은 아브라함의 아들 이스마엘을 낳았다. 그러나 그 후 사라가 아들 이삭을 낳았다. 사라는 자신의 아들인 이삭이 위협을 당할 수 있다고 생각하고 하갈과 이스마엘을 쫓아냈다. 사막을 헤매는 하갈과 이스마엘을 가엾게 여긴 하나님은 하갈의 눈을 밝혀 샘을 찾게 하였다. 이 내용이 이삭의 자손인 유대인과 이스마엘의 자손인 아랍인의 기원이다.

모비 딕은 소설의 화자인 이스마엘이 포경선에 올라 대서양에서 희망봉을 돌아 태평양까지의 항해, 그리고 모비 딕과의 결투와 피쿼드호의 침몰을 그린다. 이스마엘은 에이하브 선장이 이끄는 포경선 피쿼드호에 승선하여 흰 고래 모비 딕을 쫓는 항해를 처음부터 끝까지 지켜본다. 그는 피쿼드호에서 유일하게 살아남은 인물이 되어 그의 경험을 세상에 전한다.

이스마엘의 눈에 비친 에이하브 선장은 자신의 다리를 앗아간 모비 딕에 대한 복수의 일념에 사로잡혀 판단력이 와해되었으며 이스마엘을 비롯한 선원 모두에게 모비 딕보다 더한 두려움과 공포의 대상이었다. 선장의 분노는 결국 파멸을 초래한다. 이스마엘은 에이하브 선장과 모비 딕의 대결을 지켜본다. 거기에는 삶의 한가운데로 쳐들어와 만사를 부질없는 것으로 만들어 버리는 싸늘한 침묵(죽음), 그리고 어떠한 기록도 허락하지 않는 바다의 무자비함이 있을 뿐이었다. 바다는 한순간에 피쿼드호를 거대한 동심원의 소용돌이 속으로 끌어당겨 흔적도 없이 삼켜 버린다.

본 작품은 고래에 대한 복수심으로 불타는 에이하브 선장이 피쿼드호를 이끌고 모비 딕을 뒤쫓는 내용이다. 마지막 싸움에서 에이하브 선장은 모비 딕에게 던진 작살의 밧줄이 자신의 목에 감기면서 끌려가고, 성난 모비 딕은 피쿼드호를 들이받아 박살낸다. 결국 화자이자 주인공 이스마엘만 살아남는다. 이스마엘은 퀴퀘그의 관에 매달려 간신히 살아나는데, 이 관은 항해 도중 열병에 걸렸던 퀴퀘그가 죽을 때 사용하려던 관이었으나 의지의 힘으로 퀴퀘그가 살아나면서 더 이상 관이 아니게 되었다. 소설은 이스마엘이 레이첼호라는 배에게 구조되는 것으로 끝난다.

(4) *Moby-Dick*의 주제와 작품성

모비 딕에 대해서는 실존주의적·현상학적·신비평적·마르크스주의적·(신)역사주의적·해체주의적 비평 등의 다양한 해석이 존재해 왔다. 그러나 이 작품에 대한 해석은 대체적으로 이스마엘(Ishmael)을 중심으로 보는 시각과 에이하브(Ahab)를 중심으로 보는 시각으로 양분된다. 작품의 1/3 정도만이 에이하브가 모비 딕이라는 흰 고래를 추적하는 이야기이며, 나머지는 1인칭 화자인 이스마엘의 사색과 진술을 다루고 있기에 이스마엘을 중심으로 해석하려는 시도가 있는 것은 당연하다. 하지만 이는 단순히 이스마엘의 사색이 차지하는 분량 때문만은 아니다. 이스마엘을 중심으로 작품을 해석한다는 관점의 근거는 다음과 같다.

① 모비 딕 추격이라는 목적을 위해 선원들을 이용하는 독단적이고 독재적인 에이하브에 대한 대안으로 이스마엘이 제시된다. 에이하브와 달리 이스마엘은 자신의 관점을 타인에게 강요하기보다 타인에 대해 개방적이다. 퀴퀘그(Queequeg) 같은 야만인과 우정을 나누고 그의 미신적 종교 행위에 동참하는 모습에서 이를 알 수 있다. 또한 이스마엘은 선원들로부터 철저히 고립되어 있는 에이하브와 달리 동료와 화합하는 인간적 면모를 보인다. 이는 향유고래의 기름을 짜면서 동료 선원의 손을 기름덩어리와 혼동해 주무르는 장면에서 포착할 수 있다.

② 이스마엘이 화자로서 가진 특징이 이스마엘을 중심으로 이 작품을 해석하려는 두 번째 이유이다. 이 소설은 이스마엘의 발언으로 시작해서 그의 에필로그로 끝맺는다. 그는 자신의 이야기를 일방적으로 전하는 것이 아니라 서술, 질문, 충고 등 다양한 방식으로 독자들의 관심을 끌면서 독자들의 참여를 유도한다. 즉, 이스마엘의 이런 서술 행위는 선원들을 자신의 목적으로 끌어들이는 독단적이고 일방적인 에이하브에 대한 대안으로 볼 수 있다.

③ 마지막으로 이스마엘이 에이하브에 대한 대안이 될 수 있는 가장 큰 이유는 그의 상징주의적이고 개방적인 시각 때문이다. 에이하브는 모비 딕을 악의 화신으로 규정하듯 사물의 다양한 상징적 의미를 단일한 의미로 환언한다. 이와 반대로 이스마엘은 사물의 상징적 다양성과 의미의 불확정성을 받아들인다. 고래의 머리에서 꼬리, 그리고 분수에 이르기까지 고래의 모든 면에 대한 관찰과 사색을 하지만 항상 최종적인 의미에 도달할 수 없다는 결론을 내림으로써 의미의 다양성을 수용한다.

더 알아두기

향토색 소설(Local color stories)과 지역 소설(Regional stories)
브렛 하트, 마크 트웨인, 윌리엄 딘 하웰스와 같은 작가들은 미국의 지역적 특성에 대한 사실주의적 묘사와 위트 등을 작품에 담아서 대중으로부터 환영을 받았다. 이처럼 지역적 배경이 두드러지는 소설을 향토색 소설(Local color stories), 지역 소설(Regional stories)이라고 한다. 이들 문학가들은 각 지역의 일상적인 생활이나 방언을 사실적으로 묘사하고 교훈적인 요소를 강조하거나 도덕적 이상에 따라 인물을 설정한다.

제 3 편 | 실전예상문제

01
① *The American*은 헨리 제임스의 작품이다.
② "Annabel Lee"는 에드거 앨런 포의 작품이다.
④ *A Tour on the Prairies*는 워싱턴 어빙의 작품이다.

02 윌리엄 컬렌 브라이언트는 주로 죽음에 관한 명상시를 썼다.

03 『주홍글씨』에서는 가슴과 머리의 일치가 아니라 이 둘 간의 대립을 통해서 죄를 저지르고 그로 인해 겪는 정신적 갈등을 고백하고 구원받는 과정을 다룬다.

---

01 작가와 작품의 연결이 바른 것은?
① Nathaniel Hawthorne – *The American*
② Walt Whitman – "Annabel Lee"
③ Herman Melville – *Moby-Dick*
④ Edgar Allan Poe – *A Tour on the Prairies*

02 윌리엄 컬렌 브라이언트에 대한 설명으로 옳지 <u>않은</u> 것은?
① 사랑과 연애에 대한 시를 썼다.
② 시가 인간의 지성이 아닌 감정에 호소해야 한다고 보았다.
③ 주로 죽음과 자연을 주제로 시를 썼다.
④ 문학적으로는 고전주의자였지만, 점차 낭만주의자 성향에 가까워졌다.

03 다음 중 『주홍글씨』의 주제와 가장 거리가 <u>먼</u> 것은?
① 개인과 사회 간의 갈등
② 죄와 복수의 문제
③ 인간의 나약함과 슬픔
④ 가슴(열정)과 머리(이성)의 일치

정답 01 ③ 02 ① 03 ④

04 다음 중 미국문학의 르네상스 시기에 해당하지 <u>않는</u> 작가는?
① 워싱턴 어빙
② 랠프 월도 에머슨
③ 월트 휘트먼
④ 헨리 데이비드 소로

04 워싱턴 어빙은 19세기 초에 활동한 작가로 미국문학의 르네상스 시기 이전에 활동한 작가이다.

05 19세기 미국문학 형성기에 대한 설명으로 옳지 <u>않은</u> 것은?
① 미국 독립혁명을 계기로 민주적인 의식의 발전과 정치적·경제적 발전을 이룩하였다.
② 청교도주의와 독립혁명을 거치면서 유럽과는 구별되는 미국만의 독자성을 갖게 되었다.
③ 필립 프레노(Philip Freneau)는 미국의 독자성을 드러낸 작가이다.
④ 초월주의 운동을 기점으로 미국 특유의 문학적 특징이 형성되었다.

05 필립 프레노(Philip Freneau)는 영국의 낭만주의 영향을 받은 작가이다.

06 지역적 특성에 대한 사실주의적 묘사와 위트 등을 작품에 구사한 브렛 하트, 마크 트웨인, 윌리엄 딘 하월스 등은 그들의 작품에 미국적인 것을 담았고 이들의 작품은 독자들의 환영을 받았다. 이처럼 미국의 지역적 특성을 반영하는 소설을 지칭하는 것은?
① 향토색 소설, 지역 소설
② 로맨스, 지역 소설
③ 고딕 소설, 로맨스
④ 역사 소설, 지역 소설

06 브렛 하트, 마크 트웨인, 윌리엄 딘 하월스와 같은 작가들은 미국의 지역적 특성에 대한 사실주의적 묘사와 위트 등을 작품에 담아서 대중으로부터 환영을 받았다. 이처럼 지역적 배경이 두드러지는 소설을 향토색 소설(Local color stories), 지역 소설(Regional stories)이라고 한다. 이들 문학가들은 각 지역의 일상적인 생활이나 방언을 사실적으로 묘사하고 교훈적인 요소를 강조하거나 도덕적 이상에 따라 인물을 설정한다.

정답 04 ① 05 ③ 06 ①

07 제시된 내용은 워싱턴 어빙에 대한 설명이다.

07 다음 설명에 해당하는 작가는?

> 그의 이름을 드러나게 한 작품은 *The Sketch Book*(1819~1820)이다. 그는 이 작품에서 세밀하고 유창한 필체로 영국의 도시나 전원의 풍경, 영국 사람들에 대한 인상 등에 관한 32편의 Sketch를 수록하였다. 이 책에서 특히 유명한 것은 Rip의 이상한 체험을 그린 *Rip Van Winkle*과 허드슨(Hudson)강 골짜기에서 일어난 이야기인 *The Legend of Sleepy Hollow*이다. 이 두 이야기는 모두 네덜란드의 전설을 취재하여 미국적인 배경으로 옮긴 작품이다.

① 헨리 제임스
② 워싱턴 어빙
③ 나다니엘 호손
④ 마크 트웨인

08 『가죽 스타킹 이야기』(Leather-stocking Tales)는 제임스 페니모어 쿠퍼(James Fenimore Cooper)의 대표작으로 주인공 내티 범포(Natty Bumppo)의 일생을 다룬 5권의 연작 소설이다. *The Spy*는 작가로 인정받게 된 쿠퍼의 역사 소설이다.

08 다음 설명에 해당하는 작가와 작품은?

> 미국 프런티어 문학을 대표하는 5부작 소설로, 주인공 내티 범포(Natty Bumppo)가 등장한다. 소설에 등장하는 내티 범포는 개척되지 않은 대자연 속에서 살아가는 야성의 힘을 가진 사나이이다. 소설 속에서 그의 젊은 시절부터 노년에 이르기까지의 삶을 보여준다.

① Washington Irving – *Rip Van Winkle*
② Edgar Allan Poe – *The Fall of the House of Usher*
③ James Fenimore Cooper – *The Spy*
④ James Fenimore Cooper – *Leather-stocking Tales*

정답 07 ② 08 ④

09 다음 중 에드거 앨런 포에 대한 설명으로 옳은 것은?
① 포는 문학의 목적이 진리가 아닌 즐거움이라고 하였다.
② 『어셔 가의 몰락』(The Fall of the House of Usher)은 그의 대표적인 장편 소설이다.
③ "Annabel Lee"는 그의 대표적인 단편 소설이다.
④ 낭만적이고 활기찬 인간의 모습을 주로 그렸다.

09 에드거 앨런 포는 심리학과 인간 본성의 어두운 면에 관심을 가졌다. 그는 문학의 목적이 진리가 아닌 즐거움이라고 하였다. 그의 단편 소설과 시들에서는 비극적이고 내성적인 인물들이 등장한다.
② 『어셔 가의 몰락』(The Fall of the House of Usher, 1839)은 괴기 단편 소설이다.
③ "Annabel Lee"(1849)는 낭만주의적인 연애시이다.

10 다음 중 나다니엘 호손의 『주홍글씨』에 대한 설명으로 옳지 않은 것은?
① 작가는 뛰어난 구성과 아름다운 문체, 알레고리를 사용하였다.
② 펄은 헤스터와 딤스데일 사이에서 태어난 딸이다.
③ 집안의 저주를 사랑의 힘으로 해결하는 과정을 그린다.
④ 간통에 대한 청교도 사회의 냉혹한 형벌을 다루고 있다.

10 나다니엘 호손의 『일곱 박공의 집』에 대한 설명이다.

11 다음 설명에 해당하는 작가는?

> 가난한 집안에서 태어난 그는 평생 동안 극도로 검소하게 지냈으며 아주 적은 돈으로도 독립성을 유지했다. 그는 항상 자신의 엄격한 원칙에 따라 살려고 노력했는데, 이것이 그의 글 다수의 주제였다. Walden, or Life in the Woods(1854)는 월든 호숫가 땅에 직접 오두막을 짓고 그곳에서 보낸 2년 2개월 2일 동안(1845~1847년)의 생활을 기록한 작품이다. 이 책은 시작 부분에서 단순히 세속적인 관심사(그는 '경제'라는 장에서 오두막을 짓는 데 든 경비를 서술한다)를, 끝 부분에서 별에 대한 명상을 다루는 식으로 구성되어 있다.

① 월트 휘트먼
② 랠프 월도 에머슨
③ 헨리 데이비드 소로
④ 허먼 멜빌

11 헨리 데이비드 소로에 대한 설명이다. 소로의 Walden, or Life in the Woods는 그때까지 미국 책들이 접근한 적 없던 자기발견이라는 내적인 분야를 파헤친 작품이다. 소로의 금욕적인 생활처럼 매우 소박한 이 작품은 좋은 삶이라는 이상을 달성하기 위한 지침서라고 볼 수 있다.

정답 09 ① 10 ③ 11 ③

12 이 소설의 화자는 이스마엘이다.

12 허먼 멜빌의 대작 *Moby-Dick*에 대한 설명으로 가장 옳지 <u>않</u>은 것은?

① 철학적이며 비극적인 내용을 담고 있는 상징적 소설이다.
② 포경선 피쿼드와 선장 에이하브에 대한 서사적 이야기이다.
③ 흰 고래 모비 딕에 대한 에이하브의 집착 때문에 배와 선원들은 파멸을 맞이한다.
④ 화자는 에이하브 선장이다.

13 *Billy budd, Sailor*는 허먼 멜빌의 작품이다.

13 작가와 작품이 바르게 연결되지 <u>않은</u> 것은?

① 에드거 앨런 포 – "Annabel Lee"
② 나다니엘 호손 – *Billy budd, Sailor*
③ 월트 휘트먼 – "Song of Myself"
④ 허먼 멜빌 – *Moby-Dick*

14 휘트먼은 *Leaves of Grass*에서 기존의 시 형식에서 벗어나 자유로이 쓰면서 미국을 찬미했다.

14 월트 휘트먼에 대한 설명으로 옳지 <u>않은</u> 것은?

① 범신론적 사상에 바탕을 두고, 평등주의 주제를 다루었다.
② 민주주의 정신을 표현하였다.
③ *Leaves of Grass*(1855)에서 미국을 개탄했다.
④ 정신적 자아가 무한히 확장되어 변화한다고 보았다.

정답 12 ④ 13 ② 14 ③

15 다음 중 워싱턴 어빙의 작품이 아닌 것은?

① The Sketch Book
② Tales of the Alhambra
③ The Legend of Sleepy Hollow
④ The House of the Seven Gables

15 『일곱 박공의 집』(The House of the Seven Gables, 1851)은 나다니엘 호손의 작품으로 뉴잉글랜드의 역사를 다루고 있는 소설이다. 유산으로 이어받은 집안의 저주를 사랑의 힘으로 해결하는 과정을 그린다.

주관식 문제

01 The Scarlet Letter에 나타나는 세 가지 형태의 죄를 쓰고 각각의 죄에 대해 간단한 설명을 쓰시오.

01 정답
『주홍글씨』(The Scarlet Letter)에서는 세 명의 주요 인물(헤스터, 딤스데일, 칠링워스)이 저지르는 각기 다른 죄의 형태를 보여주고 있다. 헤스터는 충동적이고 정열적인 인물로 정열의 욕구로 인해 '간음의 죄'를 저지른다. 딤스데일은 자신이 저지른 죄를 숨기는 '숨겨진 죄'를 범한다. 칠링워스는 정신적인 고통을 주는 방법으로 헤스터와 딤스데일에게 복수하는데, 인간애를 상실한 그의 차가운 모습과 사람의 마음을 해치는 칠링워스의 죄는 '용서받을 수 없는 죄'이다.

02 The Scarlet Letter에서 'A'가 상징하는 것을 3가지 이상 쓰시오.

02 정답
간통을 의미하는 Adultery, 성스럽게 변모한 헤스터를 의미하는 Angel, 헤스터의 능력을 함축하는 Able 등

정답 15 ④

03 호손이 명명한 '로맨스'의 특징을 서술하시오.

03 정답

호손은 소설과는 달리 로맨스가 그럴듯한 소재나 내용에만 한정되지 않는다고 생각했다. 로맨스는 인간 마음의 진실에 부합하면 기이한 것과 현실적인 것을 마음대로 혼합할 수 있다고 보았다. 따라서 그는 소설 전체의 내용이 모두 사실적일 필요가 없다고 여기면서 그의 소설에서는 비현실적이거나 신비롭고 모호한 측면들을 선보였다.

04 초월주의를 간략히 설명하시오.

04 정답

초월주의는 직관이 감각과 논리를 뛰어넘어 좀 더 높은 진리에 접할 수 있는 유일한 방법이라고 믿는다. 이들에게 인간은 하늘의 목소리를 가진 성스러운 존재였기 때문에 자기 자신에 대한 신뢰는 절대적인 덕목이었다. 하나님과의 관계는 매우 개인적인 것으로, 개인에 의해 직접 맺어진다고 생각하였다. 또한 이들은 자연에도 하나님이 계신다고 믿었으며 자연을 통해서도 하나님을 알 수 있다고 믿었다. 초월주의자들은 자연과 가까이에서 사는 삶의 방식을 선호하였으며 노동의 존엄성을 주장했다. 대표 작가로는 Ralph Waldo Emerson, Margaret Fuller, Henry David Thoreau 등이 있다.

05 다음 작품을 쓴 저자와 작품명을 쓰시오.

> I married early, and was happy to find in my wife a disposition not uncongenial with my own. Observing my partiality for domestic pets, she lost no opportunity of procuring those of the most agreeable kind. We had birds, gold-fish, a fine dog, rabbits, a small monkey, and a cat.
> This latter was a remarkably large and beautiful animal, entirely black, and sagacious to an astonishing degree. In speaking of his intelligence, my wife, who at heart was not a little tinctured with superstition, made frequent allusion to the ancient popular notion, which regarded all black cats as witches in disguise. Not that she was ever serious upon this point — and I mention the matter at all for no better reason than that it happens, just now, to be remembered.

05 **정답**
Edgar Allan Poe의 *The Black Cat*

교육은 우리 자신의 무지를 점차 발견해 가는 과정이다.

– 윌 듀란트 –

제 4 편

19세기 후반기 문학 (남북전쟁 이후 시대)

제1장 사실주의
제2장 주요 작가와 작품
실전예상문제

| 단원 개요 |

남북전쟁 이후 급속도로 산업화가 진전됨에 따라 미국은 최강의 산업국가로 성장하였다. 이러한 발전은 국가적 자긍심을 고취시키기도 하였으나 급속도로 진행된 산업화는 도덕적 타락과 물질주의 문제를 발생시켰다. 이러한 시대적 배경의 변화가 미국문학에 반영되었다.

| 출제 경향 및 수험 대책 |

남북전쟁의 경험은 미국문학이 사실주의적 양식으로 변화하는 계기가 되었다. 이 시기의 미국문학은 현실에 기반을 둔 일상적이고 본질적인 것을 중시한다. 이러한 흐름을 잘 반영하고 있는 작가들인 마크 트웨인과 헨리 제임스를 중심으로 작품 세계를 분석하고 시대적 배경의 특징을 아는 것이 중요하다.

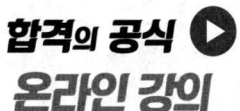

보다 깊이 있는 학습을 원하는 수험생들을 위한
시대에듀의 동영상 강의가 준비되어 있습니다.
www.sdedu.co.kr ➜ 회원가입(로그인) ➜ 강의 살펴보기

제 1 장 　 사실주의

제1절　시대적 배경

1 남북전쟁(1861~1865)

산업과 공업 위주의 경제 체계를 가진 북부와 농업과 노예제도가 발달한 남부 간의 전쟁이다. 남부는 방대하고 비옥한 토지와 온화한 기후 조건을 바탕으로 대규모 농업이 발달하였다. 이러한 대규모 농업은 많은 노동력을 요구하였고 이 노동력 문제의 해결방안은 노예제도였다. 남부의 노예제도를 비판하고 폐지를 주장한 링컨이 대통령으로 당선되자 남부의 여러 주들은 미국 연방정부로부터의 분리를 주장하였다. 1861년부터 1865년까지 4년여에 걸친 남북전쟁은 총 60만 명에 이르는 희생자를 낳았다. 특히 남부는 패배의 충격으로 깊은 침체에 빠졌는데, 남부의 패배로 인해 그동안 노예제도를 하나님의 섭리라고 설명해 온 남부의 교회는 권위를 잃었고, 경제의 근간인 노예제도와 신앙의 토대를 잃었다.

2 남북전쟁 이후의 변화

종전 후 산업이 번창하게 되었고, 많은 이주민이 도시로 몰려들어 값싼 노동력이 제공되었다. 군수품 생산이 북부의 산업을 한 단계 끌어올리면서 북부에 강한 경제력을 가져다주었고 정치적 영향력을 행사하게 되었다. 그러나 그 이면에는 열악한 노동환경과 빈부격차 등 사회문제의 발생이 있었다. 미국 대륙의 방대한 천연자원 역시 산업 발달에 큰 역할을 하였다. 산업이 발달할수록 소외계층 또한 증가하게 되었고, 이러한 사회적 병폐는 이상적 낭만주의 경향에서 사실주의로 옮겨가는 계기가 되었다.

3 사실주의(Realism) 중요

19세기의 미국문학의 양상이 상징과 알레고리, 로맨스와 신화였다면 남북전쟁은 현실적 삶에 더 가까이 접근하는 사실주의적 양식으로 진입하게 된 계기였다. 남북전쟁과 전쟁 이후 전개된 급속한 산업화와 도시화는 작가들로 하여금 사회적 변화의 환경에서 사실주의의 작품 세계를 열게 하였다. 미국문학은 현실에 기반을 둔 일상적이고 본질적인 것을 중시하는 사실주의로 옮겨갔다.

이 시대의 사실주의를 대표하는 작가는 마크 트웨인, 윌리엄 딘 하웰스, 헨리 제임스 등이다. 마크 트웨인은 문학 작품에서 비속어와 방언 등을 사용하면서 구어체의 미국영어를 작품에 담아 서부 개척지의 유머와 지방주의적인 분위기의 사실주의를 선보였다. 윌리엄 딘 하웰스는 사랑이나 야망에 휩쓸리는 인물을 등장시켜 자본주의 사회에서 타락하는 인물의 모습을 선보였다. 헨리 제임스는 심리적 사실주의(Psychological Realism)를 작품에 담아 현대 소설의 문을 열었다.

제 2 장 │ 주요 작가와 작품

1 마크 트웨인(Mark Twain, 1835~1910)

(1) 작가 소개

본명은 사무엘 클레멘스(Samuel Clemens)이나 필명 마크 트웨인(Mark Twain)으로 더 유명하다. 그는 미주리주 미시시피강의 변방에서 가난한 개척민의 아들로 태어나 12세 때 아버지를 여의었다. 그 후 인쇄소의 견습공으로 일을 배우고 각지를 전전했다. 광산 기사와 신문 기자로 일하면서 출판한 『캘러베러스군(郡)의 명물 뛰어오르는 개구리』(*The Celebrated Jumping Frog of Calaveras County*, 1865)에서 그의 대범한 유머로 명성을 얻었다. 모든 미국문학은 트웨인의 『허클베리 핀의 모험』(*The Adventures of Huckleberry Finn*)에서 나왔다는 헤밍웨이의 말은 미국문학 전통에서 트웨인이 차지하는 위치를 대변한다. 사실적이며 힘 있는 구어적인 그의 문체는 다른 작가들에게 미국적 목소리의 방향을 제시했다. 그는 반사회적인 경향을 지닌 리얼리즘 기법을 사용하여, 억압적인 형식과 구습을 파괴하고 해방시키고 진실을 이야기했다.

그의 소설에서 가장 잘 알려진 사실주의적 인물은 허클베리 핀(Huckleberry Finn)이다. 트웨인의 대작 『허클베리 핀의 모험』은 1884년에 출간되었으며 미시시피강 가에 있는 마을 세인트 피터스버그가 배경이다. 이 작품은 『톰 소여의 모험』(1876) 이후 연결되는 작품이라고 할 수도 있지만 두 작품의 분위기는 매우 다르다. 『허클베리 핀의 모험』의 대략적인 내용은 다음과 같다. 알코올 중독자이자 부랑자 아버지를 둔 헉(Huck)은 더글러스(Douglas) 부인의 양자가 된다. 그는 예절을 익히고 글을 배우는 것에 지루함을 느끼며 생활하던 중 술 취한 아버지로부터 살해 위협을 받는다. 그는 생명의 위협을 느끼고 죽음을 가장한 채 집을 떠나는데, 그는 추방된 노예 짐(Jim)과 함께 도망친다. 헉과 짐은 뗏목을 타고 미시시피강을 따라 흘러가는데 증기선에 의해 뗏목이 부서지는 바람에 서로 헤어졌다가 다시 만나기도 한다. 그러면서 이 둘은 사회의 다양성과 관대함, 잔인함을 경험한다. 마침내 짐이 노예에서 해방된 것이 알려지고, 헉은 좋은 집안에 입양된다. 그러나 그는 교양 및 예절을 요구하며 문명화된 사회를 참지 못하고 인디언의 땅으로 도망칠 것을 계획한다. 소설의 마지막에서는 인간을 도덕적으로 타락시키는 문명의 영향에서 나와 원시적인 황야로 나아가는 장면을 보여준다. 이 작품에서 주인공 헉은 이상적이고 무한한 발전의 가능성을 지닌 미국인이자 자연의 아이를 상징한다.

> **더 알아두기**
>
> **악한 소설(Picaresque Novel)**
> 악한 소설이나 건달 소설이라고도 하는 피카레스크 소설(스페인어로 '악당'을 뜻하는 단어인 pícaro에서 유래됨)은 16세기~17세기 초반까지 스페인에서 유행한 문학 양식의 하나이다. 소설의 주인공은 악한(악독한 짓을 하는 사람, 피카로)이며, 가난하게 태어난 후 의지할 곳이나 사람도 없이 사회 및 가정을 떠나 여행하는 주인공을 중심으로 소설이 전개된다. 주인공을 중심으로 많은 사건이 연속적으로 발생하며 마지막에는 대부분 주인공의 뉘우침으로 마무리된다.

> 피카레스크 소설은 주로 1인칭 서술자 시점으로 주인공이 고백을 하는 형식이다. 여행을 하면서 사회의 부조리나 부패를 보고 사회를 비판하기도 한다. 주인공은 이런 여행을 통해 정신적으로 성장을 하게 된다.

(2) 작품 세계

마크 트웨인의 초기 작품은 낙천주의와 유머가 넘치고, 일상생활의 경험 등을 묘사한다. 그의 첫 작품인 『캘러베러스군(都)의 명물 뛰어오르는 개구리』(*The Celebrated Jumping Frog of Calaveras County*, 1865)는 유머러스한 소설로 명성을 얻었다. 그는 1869년에 유럽과 팔레스타인 등지를 유람하면서 쓴 여행기 『철부지의 해외여행기』(*The Innocents Abroad*, 1869)를 출판하였다. 이것은 기존의 미국인의 여행기와는 다르게 신대륙 사람의 눈으로 전통적 문화를 선입견 없이 관찰하고 비판하며 유머러스하게 쓴 여행기이다. 이후 트웨인은 다양한 작품들을 통하여 다채로운 작품 세계를 보여주었다. 1873년 Charles Dudley Warner(1829~1900)와 합작으로 『도금의 시대』(*The Gilded Age*, 1873)를 발표하여 전후 미국의 실업계와 정치의 부패, 인간의 위선과 부패를 거침없이 표현했다. 이 작품에서 그는 초기의 유머러스한 분위기에서 벗어나 사회를 비판하는 풍자의 태도를 보여주었다. 이후 그는 청소년기의 생활에 기반을 둔 작품들을 발표하였다. 『톰 소여의 모험』(*The Adventures of Tom Sawyer*, 1876), *Life on the Mississippi*(1883), 그리고 『허클베리 핀의 모험』(*The Adventures of Huckleberry Finn*, 1884) 등인데, 특히 이 작품은 미국문학에 있어서 최고의 작품 중 하나라고 할 수 있다.

(3) 작품

① 『캘러베러스군(都)의 명물 뛰어오르는 개구리』(*The Celebrated Jumping Frog of Calaveras County*, 1865)
내기를 좋아하는 인물을 풍자적으로 표현하였다.

② 『철부지의 해외여행기』(*The Innocents Abroad*, 1869)
유럽에서 쓴 풍자적인 여행 기록 모음집이다.

③ 『도금의 시대』(*The Gilded Age*, 1873)
Charles Dudley Warner와 Mark Twain의 공저이다. Grant 대통령 시대의 부패와 투기에 대한 미국사회의 풍자 소설로서 대부분 실제 사건과 인물에 기초를 두고 있다.

④ 『톰 소여의 모험』(*The Adventures of Tom Sawyer*, 1876)
미주리주에 있는 평화롭고 아늑한 가공의 마을인 세인트 피터스버그(St. Petersburg)를 배경으로 하는 소설이다.

⑤ *The Prince and the Pauper*(1881)
권력에 대한 풍자 소설로 『왕자와 거지』로 알려져 있다.

⑥ *Life on the Mississippi*(1883)
The Adventures of Tom Sawyer, *The Adventures of Huckleberry Finn*과 함께 미시시피 3부작으로 불린다.

⑦ 『허클베리 핀의 모험』(*The Adventures of Huckleberry Finn*, 1884)
트웨인의 대작으로 문명으로부터 벗어나 원시의 길로 나아가는 것을 제시하면서 고전적인 미국 성공신화의 또 다른 모습을 보여준다.

(4) *The Adventures of Huckleberry Finn*의 일부

The Adventures of Huckleberry Finn

Chapter 12

Better Let Blame Well Alone

IT must a been close on to one o'clock when we got below the island at last, and the raft did seem to go mighty slow. If a boat was to come along we was going to take to the canoe and break for the Illinois shore; and it was well a boat didn't come, for we hadn't ever thought to put the gun in the canoe, or a fishing-line, or anything to eat. We was in ruther too much of a sweat to think of so many things. It warn't good judgment to put EVERYTHING on the raft.

If the men went to the island I just expect they found the camp fire I built, and watched it all night for Jim to come. Anyways, they stayed away from us, and if my building the fire never fooled them it warn't no fault of mine. I played it as low down on them as I could.

When the first streak of day began to show we tied up to a tow-head in a big bend on the Illinois side, and hacked off cottonwood branches with the hatchet, and covered up the raft with them so she looked like there had been a cave-in in the bank there. A tow-head is a sandbar that has cottonwoods on it as thick as harrow-teeth.

We had mountains on the Missouri shore and heavy timber on the Illinois side, and the channel was down the Missouri shore at that place, so we warn't afraid of anybody running across us. We laid there all day, and watched the rafts and steamboats spin down the Missouri shore, and up-bound steamboats fight the big river in the middle. I told Jim all about the time I had jabbering with that woman; and Jim said she was a smart one, and if she was to start after us herself she wouldn't set down and watch a camp fire — no, sir, she'd fetch a dog. Well, then, I said, why couldn't she tell her husband to fetch a dog? Jim said he bet she did think of it by the time the men was ready to start, and he believed they must a gone up-town to get a dog and so they lost all that time, or else we wouldn't be here on a tow-head sixteen or seventeen mile below the village — no, indeedy, we would be in that same old town again. So I said I didn't care what was the reason they didn't get us as long as they didn't.

When it was beginning to come on dark we poked our heads out of the cottonwood thicket, and looked up and down and across; nothing in sight; so Jim took up some of the top planks of the raft and built a snug wigwam to get under in blazing weather and rainy, and to keep the things dry. Jim made a floor for the wigwam, and raised it a foot or more above the level of the raft, so now the blankets and all the traps was out of reach of steamboat waves. Right in the middle of the wigwam we made a layer of dirt about five or six inches deep with a frame around it for to hold it to its place; this was to build a fire on in sloppy weather or chilly; the wigwam would keep it from being seen. We made an extra steering-oar, too, because one of the others might get broke on a snag or something. We fixed up a short forked stick to hang the old lantern on, because we must always light the lantern whenever we see a steamboat coming down-stream, to keep from getting run over; but we wouldn't have to light it for up-stream boats unless we see we was in what they call a "crossing"; for the river was pretty high yet, very low banks being still a little under water; so up-bound boats didn't always run the channel, but hunted easy water.

This second night we run between seven and eight hours, with a current that was making over four mile an hour. We catched fish and talked, and we took a swim now and then to keep off sleepiness. It was kind of solemn, drifting down the big, still river, laying on our backs looking up at the stars, and we didn't ever feel like talking loud, and it weren't often that we laughed—only a little kind of a low chuckle. We had mighty good weather as a general thing, and nothing ever happened to us at all—that night, nor the next, nor the next.

Every night we passed towns, some of them away up on black hillsides, nothing but just a shiny bed of lights; not a house could you see. The fifth night we passed St. Louis, and it was like the whole world lit up. In St. Petersburg they used to say there was twenty or thirty thousand people in St. Louis, but I never believed it till I see that wonderful spread of lights at two o'clock that still night. There warn't a sound there; everybody was asleep.

Every night now I used to slip ashore towards ten o'clock at some little village, and buy ten or fifteen cents' worth of meal or bacon or other stuff to eat; and sometimes I lifted a chicken that warn't roosting comfortable, and took him along. Pap always said, take a chicken when you get a chance, because if you don't want him yourself you can easy find somebody that does, and a good deed ain't ever forgot. I never see pap when he didn't want the chicken himself, but that is what he used to say, anyway.

...

허클베리 핀의 모험

12장

좋은 일은 그대로 두는 것이 좋다.

우리가 마침내 섬 아래에 도착했을 때는 1시가 가까웠다. 뗏목은 매우 느리게 가는 것처럼 보였다. 만약 배가 온다면 우리는 카누로 옮겨 타고 일리노이주의 강기슭으로 도망가려고 했지만 배는 오지 않았다. 우리는 카누에 엽총이나 낚싯줄, 먹을 것을 실을 생각을 하지 못했다. 너무 불안한 나머지 많은 일들을 생각할 겨를이 없었다. 뗏목에 모든 것을 싣는다는 것은 그리 좋은 판단이 아니었다.

나는 만일 그 사람들이 섬에 가면 그들이 내가 피워 놓은 모닥불을 발견하고 밤새 짐이 오기를 기다렸을 것이라고 예상했다. 그러나 그들은 우리와 멀리 떨어져 있었고, 내가 불을 피워서 그들을 속이지 못했다고 하더라도 내 잘못은 아니었다. 나는 그들에게 가능한 한 비열한 수작을 해놓았다.

첫 햇살이 비추기 시작했을 때 우리는 일리노이 쪽으로 크게 구부러져 있는 토우 헤드(모래톱)에 정박했고 도끼로 양버들나무 가지를 잘라내어 강둑이 움푹 파인 것처럼 보이게 하려고 그 가지들로 뗏목을 덮었다. 토우 헤드는 화살촉만큼 두꺼운 목화나무가 있는 모래톱이다.

미주리 쪽 연안에는 산이, 일리노이 쪽 연안에는 울창한 산림이 있었다. 그리고 그 지점에서 수로는 미주리주 연안 쪽으로 있다. 그래서 누군가 우리와 우연히 만나게 될 걱정은 없었다. 우리는 하루 종일 숨어서 뗏목과 기선이 미주리주 연안으로 신속하게 지나가고, 기선이 커다란 강물과 겨루며 상류로 거슬러 올라가는 것을 지켜봤다. 나는 짐에게 그 여자와 재잘거리며 나눴던 모든 내용을 얘기했다. 짐은 내 말을 다 듣고, '똑똑한 여자다, 만일 그 여자가 우리 뒤를 쫓을 생각이었다면 그 여자는 모닥불이나 지켜보며 가만히 앉아 있지 않았을 것이다. 개를 데리고 왔을 것이다.'라고 말했다. 그러면 왜 그녀가 자기 남편에게 개를 데리고 오라고 말하지 않았을까? 하고 내가 얘기했다. 그러자 짐은 두 사람이 막 떠나려고 할 때쯤에 그 여자는 그것에 생각이 미쳤음에 틀림없다, 개를 데리러 마을로 올라가는 데에 시간을 허비했을지도 모른다고 말했다. 그게 아니라면 우리가 마을로부터 아래쪽으로 16, 17마일이나 떨어진 여기에 있을 수 없을 거야. 아니지, 우리는 잡혀서 다시 옛 마을에 있을 거야. 그래서 나는 그들이 우리를 찾지 못하는 한, 못 찾는 이유가 무엇이든 간에 신경 쓰지 않는다고 말했다.

어두워지기 시작하자 우리는 양버들나무 숲 밖으로 머리를 쑥 내밀어 강의 상류와 하류, 그리고 건너편을 바라보았지만 아무것도 보이지 않았다. 그래서 짐은 뗏목의 윗판자 몇 장을 뜯어내 타는 듯이 더운 날씨나 궂은 날씨에 은신해 있고 물건들을 젖지 않게 할 아늑한 오두막집을 지었다. 짐은 오두막에 마루를 깔고, 그것을 뗏목의 평면보다 1피트 이상 높였다. 그래서 담요나 그 밖의 물건들이 기선이 일으키는 파도에 젖지 않도록 신경을 썼다. 그리고 우리는 흙더미를 제자리에 고정시키기 위해 오두막 한가운데에 둘레에 테를 두른 높이 5, 6인치 정도의 흙더미를 만들었다. 이것은 궂은 날에나 추울 때에 불을 피우기 위한 것이었다. 오두막은 불이 보이는 것을 막아줄 것이다. 우리는 여분의 노도 만들어 두었는데, 그 이유는 물속에 잠긴 암초 같은 것에 부딪혀 노가 부러질 수도 있기 때문이었다. 우리는 오래된 랜턴을 걸어두려고 짧고 끝이 갈라진 나무막대기를 고정시켜 두었다. 왜냐하면 강 아래쪽으로 내려오는 기선을 볼 때마다 항상 불을 켜 충돌하는 것을 피해야 하기 때문이다. 그러나 우리가 이른바 "교차점"에 있는 것을 확인한 경우가 아니라면, 위로 거슬러 올라가는 기선이 있을 경우에는 랜턴을 켤 필요가 없었다. 왜냐하면 아직도 강의 수위가 꽤 높고, 아주 얕은 둑도 여전히 약간은 물에 잠겨 있으므로 위로 거슬러 올라가는 배가 항상 수로를 따라 운항하는 것이 아니라, 쉬운 수로를 따라다녔기 때문이다.

둘째 날 밤, 우리는 시속 4마일 이상의 강의 흐름을 따라 7~8시간을 떠내려갔다. 우리는 물고기도 잡고, 얘기도 하고, 때때로 졸음을 물리치기 위해 수영도 했다. 반듯이 드러누워 하늘의 별을 올려다보며 크고 고요한 강을 흘러내려가는 것은 장엄한 느낌마저 들었다. 그리고 우리는 큰 소리로 얘기하고 싶은 생각이 들지 않았고 대체로 낮은 목소리로 낄낄 웃은 것 말고는 큰 소리로 웃는 일도 별로 없었다. 대체로 날씨가 좋았고, 그날 밤, 그 다음 날 밤, 또 그 다음 날 밤에도 우리들에게 아무 일도 생기지 않았다.

매일 밤 우리는 마을을 지났고, 그곳들 중 일부는 멀리 어두운 언덕비탈에 있었는데, 오직 빛나는 불빛의 화단뿐 집 한 채도 볼 수 없었다. 닷새째 되는 날 밤에 우리는 세인트 루이스를 지났는데, 온 세상이 불을 밝히고 있는 것 같았다. 세인트 피터스버그 사람들은 세인트 루이스의 인구가 2, 3만이나 된다고들 했는데, 2시의 그 고요한 밤에 불빛이 멋지게 펼쳐져 있는 것을 보기 전까지 나는 그 말을 결코 믿지 않았다. 그곳에서는 소리 하나 들리지 않았고, 모든 사람들이 잠들어 있었다.

나는 매일 밤 10시쯤 뭍으로 내려가 어느 작은 마을에 가서 10~15센트 정도의 식료품이나 베이컨, 그 밖의 다른 먹을 것을 사곤 했다. 그리고 가끔은 편안히 보금자리에 들지 않은 닭을 들어 올려서 데리고 가곤 했다. 아버지는 항상 말했다, 기회가 있으면 닭을 훔쳐도 된다고. 왜냐하면 만약에 네가 닭을 원하지 않더라도 누군가 다른 사람이 그 닭을 들고 가는 것을 쉽게 볼 수 있고, 선행은 결코 잊혀지지 않을 것이기 때문이다. 나는 아버지가 닭을 원하지 않은 적을 본 적이 없었다. 어쨌든 아버지는 늘 그렇게 말씀하시곤 했다.

…

> **더 알아두기**
>
> **마크 트웨인과 지역주의**
>
> 마크 트웨인은 과장된 방식을 바탕으로 지방색이 드러나는 생활 방식과 언어적 특징을 자세히 묘사하고 풍자하는 유머 작가로 성공하였다. 그의 이러한 특징이 잘 나타난 『허클베리 핀의 모험』(*The Adventures of Huckleberry Finn*, 1884)은 가장 미국적인 작품으로 알려져 있다. 이 소설은 교육받지 못하고 가난한 남부 소년의 사투리를 문학 작품에 사용했는데 이러한 점은 당시에 매우 파격적이었다. 트웨인은 문학의 소재로 인정되지 않았던 남서부 지방의 사투리와 흑인 노예의 말투, 거침없는 비속어를 그대로 작품에 반영하여 생명력 있는 미국 고유의 가치로 승화시켰다. 트웨인은 지방색 문학 양식과 리얼리즘 양식의 경계에 있다고 할 수 있는데, 사실적인 경향의 지역(regional) 문학은 미국 낭만주의와 리얼리즘을 잇는 과도기적 문학이다.

2 윌리엄 딘 하월스(William Dean Howells, 1837~1920)

(1) 작가 소개

윌리엄 딘 하월스 역시 지방색 짙은 리얼리즘 작품들을 출판했다. *The Atlantic Monthly*의 편집자였던 그는 20세기 초 미국문학의 자연주의의 길을 여는 데 공헌한 작가이다. 하월스의 작품 속 등장인물들은 사랑과 야망, 이상 등에 이끌리며 도덕적으로 타락하는 인물들이다. 하월스는 1870년대 당대의 사업가들이 도덕적으로 타락하였음을 인식하면서 작품에 이러한 인물들을 담았다. 생애 말기에 그는 정치적 문제에 대해 적극적인 입장을 취하며 노동조합원들의 권리를 옹호하고 미국의 필리핀 식민지화를 비판하였다.

(2) 작품

① *A Modern Instance*(1882)

등장인물인 바틀리(Bartley Hubbard)와 마사(Marcia Gaylord)의 사랑이 자본주의적 탐욕으로 인하여 변질되는 과정을 다루고 있다. 이들은 한때 행복했던 결혼 생활을 했으나 점점 악화되는 상황에 이른다.

② *The Rise of Silas Lapham*(1885)

사일러스 라팜은 옛 사업 파트너를 속인 후 출세하게 되고 한동안은 자신이 옳지 않은 행동을 했다는 걸 깨닫지 못한다. 그러나 그의 부도덕한 행동이 그의 삶을 뒤흔들게 되고, 마지막에 라팜은 부도덕한 성공 대신 파산을 선택하면서 속죄한다.

3 헨리 제임스(Henry James, 1843~1916) 중요

(1) 작가 소개
뉴욕에서 출생한 헨리 제임스는 죽기 일 년 전인 1915년에 영국으로 귀화하였다. 가장 위대한 미국 소설가의 한 사람으로서 심리학적 사실주의의 창시자이자 현대 소설의 선구자라고 할 수 있다. 그의 소설과 비평은 심리적 내면의식에 집중하고 정교하며 또 난해하다. 제임스의 지속적인 관심은 '인식'(perception)에 있으며 그의 소설은 외부 사건보다는 내면의 심리에 집중하였다. 제임스는 순진한 미국인과 국제적 사고를 지닌 유럽인 간의 복잡한 관계를 그린 국제적인 주제를 작품에서 다루었다. 그의 작품 세계는 활동 시기에 따라 크게 3기로 구분된다.

(2) 작품 세계
① 제1기 – 국제적인 주제(비극)
이 시기의 작품은 미국과 유럽의 대조 및 비교를 주제로 하고 있다. 미국의 조각가가 미술을 연구하러 로마(Rome)로 간 이야기인 『로데릭 허드슨』(Roderick Hudson, 1876), 프랑스 후작과의 약혼이 깨어지고 마는 미국인을 그린 『미국인』(The American, 1877), 뉴잉글랜드와 유럽을 비교한 『유럽인』(The Europeans, 1878), 순박한 미국 소녀가 유럽의 풍습을 도외시하면서 비극에 빠지는 『데이지 밀러』(Daisy Miller, 1879) 등이 있다. 그리고 『여인의 초상』(The Portrait of a Lady, 1881)은 활달한 미국 소녀가 유럽의 인습을 받아들이는 과정을 그린 소설이다.

② 제2기 – 실험적인 주제와 기법의 발전
이 시기는 영국인의 생활에 대한 관찰이 작품의 중심내용을 이룬다. 『포인턴 가의 전리품』(The Spoils of Poynton, 1897), 『메이지가 아는 것』(What Maisie Knew, 1897), 『사춘기』(The Awkward Age, 1899) 등이 있다. 이 시기 작품들의 특징은 묘사 기법이 자세하다는 것이다. 헨리 제임스의 소설은 대체로 미세한 관찰을 암시적으로 표현한다는 특색을 지니는데, 이것은 제3기의 작품에서 더욱 두드러진다.

③ 제3기 – 초기의 국제적인 주제로 회귀, 형이상학적 심리 소설 기법의 발전
헨리 제임스는 다시 국제적인 주제로 되돌아간다. 『비둘기 날개』(The Wings of the Dove, 1902)는 자신의 사촌누이 동생이 24~25세의 젊은 나이로 요절하였지만 매우 품위 있고 소박한 여성이었던 것을 모티브로 한 작품이며, 『대사들』(The Ambassadors)(The Wings of the Dove보다 이전 작품이나 출판은 1903년이다.)은 뉴잉글랜드의 부호의 아들이 파리의 사교계를 즐긴다는 내용이다. 『황금 술잔』(The Golden Bowl, 1904)은 미국의 부자와 이탈리아의 가난한 공작, 미국 여인 간의 삼각관계를 그린 작품이다.

(3) 작품

① 『**미국인**』(*The American*, 1877)
크리스토퍼 뉴먼(Christopher Newman)은 자수성가한 백만장자로, 신붓감을 찾아 유럽으로 떠난다. 한 여성의 가족이 그가 귀족적인 배경을 지니고 있지 않다는 이유로 그를 거절하고 그는 복수할 기회를 얻게 되나, 복수하지 않기로 결심하면서 자신의 도덕적 우월성을 입증한다.

② 『**워싱턴 스퀘어**』(*Washington Square*, 1880)
오스틴 슬로퍼(Dr. Austin Sloper)는 의사로서의 전문 지식뿐만 아니라 예술적 심미안과 교양을 지닌 인물이지만 평범하고 둔한 자신의 딸 캐서린 슬로퍼(Catherine Sloper)를 인정하지 못하는 편협한 인물이다. 캐서린에게 접근하는 모리스 타운샌드(Morris Townsend)는 자유분방하고 매력적인 젊은이지만 타인을 전혀 이해하려 하지 않는다.

③ 『**여인의 초상**』(*The Portrait of a Lady*, 1881)
'영어로 쓴 가장 뛰어난 소설'로 평가받는다. 주인공 이사벨 아처(Isabel Archer)는 제임스의 소설에 빈번히 등장하는 여주인공들과 같은 아메리칸 이브(American Eve)이다. 순진한 이브인 그녀는 수입원이 불투명하고 취미생활에만 열중하는 중년의 홀아비 오스먼드(Gilbert Osmond)와 결혼하였는데, 이것은 인생 경험이 부족한 그녀의 시행착오였다. 그녀는 자신의 결혼이 실패했음을 깨닫지만 그것을 수용하고 오스먼드에게 돌아가 자신의 선택에 대한 책임을 다한다. 즉, 그녀는 자신의 운명을 받아들이기로 결정한다. 이러한 결심은 어찌 보면 평범하고 상식적인 결말이지만 자신의 삶의 실체를 완벽하게 파악한 것이라고 할 수 있다.

④ 『**카사미아 공작부인**』(*The Princess Casamassima*, 1885)
정치적인 음모를 소재로 한다.

⑤ 『**보스턴 사람들**』(*The Bostonians*, 1886)
페미니즘과 사회개혁을 주제로 한 소설이다.

⑥ 『**나사의 회전**』(*The Turn of the Screw*, 1898)
한 여인의 극단적인 심리 상태와 순진무구한 아이들의 관계에 중심을 둔 뛰어난 심리 소설이자, '유령'이라는 초자연적인 현상을 직접 다루었다는 점에서 현대적 고딕 장르의 계보에 속하는 작품이다.

⑦ 『**대사들**』(*The Ambassadors*, 1903)
헨리 제임스 스스로 자신의 최고의 작품이라고 말한 소설이다. 주인공 스트레더(Lewis Lambert Strether)는 뉴섬 부인(Mrs. Newsome)으로부터 임무를 받는다. 3년 동안 파리에 살며 미국으로 오지 않는 그녀의 아들 채드윅(Chadwick Newsome)을 데려오라는 것이다. 소설은 그가 대사 자격으로 파리에 가서 경험하는 각성과 의식의 성장을 그린다. 스트레더는 대사의 임무를 수행하면서 자신의 잃어버린 과거에 대해 다시 생각하게 된다. 또한, 현재 자신의 편협하고 경직된 삶에 대해 각성하면서 의식의 변화를 보여준다.

⑧ 『**황금 술잔**』(*The Golden Bowl*, 1904)
간통에 대한 내용이다. 인간의 사생활과 자유, 도덕적 통제의 인식을 다룬다.

> **더 알아두기**
>
> **의식의 흐름(Stream of consciousness)** 종요
>
> 심리학에서는 윌리엄 제임스가 처음 사용한 용어로 처음에는 '사고의 흐름'(Stream of thought)이라 하였고(1884), 후에 '의식의 흐름'(Stream of consciousness)이라고 하였다(1892). 이 기법은 프로이트의 정신 분석에서 큰 영향을 받았다. 어느 한때 개인의 의식에서 감각이나 상념, 기억과 연상 등이 계속적으로 흐르는 것을 의미하며, 주인공의 성격 전체를 보일 수 있도록 기분이나 감정이 리듬이나 패턴을 수반하여 표현되어 있다. 미국의 작가 존 더스 패서스, 어니스트 헤밍웨이, 윌리엄 포크너 등도 이 방법을 활용하였다. 시인 중에서는 T. S. 엘리엇을 비롯하여 거트루드 스타인, 윌리엄스 등의 작품에서, 연극에서는 유진 오닐과 아서 밀러 등의 작품에서 부분적으로 응용되었다. 주로 모더니즘 소설가들이 소외된 현대인들의 복잡하고 무질서한 의식의 한 단면을 보여주는 기법으로 이용하였다.

(4) *The Portrait of a Lady*의 일부

THE PORTRAIT OF A LADY

CHAPTER I

Under certain circumstances there are few hours in life more agreeable than the hour dedicated to the ceremony known as afternoon tea. There are circumstances in which, whether you partake of the tea or not—some people of course never do,—the situation is in itself delightful. Those that I have in mind in beginning to unfold this simple history offered an admirable setting to an innocent pastime. The implements of the little feast had been disposed upon the lawn of an old English country-house, in what I should call the perfect middle of a splendid summer afternoon. Part of the afternoon had waned, but much of it was left, and what was left was of the finest and rarest quality. Real dusk would not arrive for many hours; but the flood of summer light had begun to ebb, the air had grown mellow, the shadows were long upon the smooth, dense turf. They lengthened slowly, however, and the scene expressed that sense of leisure still to come which is perhaps the chief source of one's enjoyment of such a scene at such an hour. From five o'clock to eight is on certain occasions a little eternity; but on such an occasion as this the interval could be only an eternity of pleasure. The persons concerned in it were taking their pleasure quietly, and they were not of the sex which is supposed to furnish the regular votaries of the ceremony I have mentioned. The shadows on the perfect lawn were straight and angular; they were the shadows of an old man sitting in a deep wicker-chair near the low table on which the tea had been served, and of two younger men strolling to and fro, in desultory talk, in front of him. The old man had his cup in his hand; it was an unusually large cup, of a different pattern from

the rest of the set and painted in brilliant colours. He disposed of its contents with much circumspection, holding it for a long time close to his chin, with his face turned to the house. His companions had either finished their tea or were indifferent to their privilege; they smoked cigarettes as they continued to stroll. One of them, from time to time, as he passed, looked with a certain attention at the elder man, who, unconscious of observation, rested his eyes upon the rich red front of his dwelling. The house that rose beyond the lawn was a structure to repay such consideration and was the most characteristic object in the peculiarly English picture I have attempted to sketch.
…

여인의 초상

제1장

어떤 상황에서는 오후의 다과회라고 알려진 의식에 바쳐진 시간보다 더 기분 좋은 시간이 인생에서 거의 없다. 당신이 차를 마시든 아니든 간에—물론 절대 마시지 않는 사람도 있지만—마시는 그 상황 자체가 즐겁다. 이 단순한 이야기를 펼쳐나가기 시작하면서 내가 염두에 둔 것은 그런 순수한 취미생활에 감탄스러운 배경을 이루는 것이다. 멋진 여름날, 오후의 한 가운데라고 할 때에 영국 시골 저택의 잔디밭 위에 작은 잔치를 벌일 도구들이 놓여져 있었다. 오후 해가 좀 약해지기는 했으나 아직 많이 남아 있고, 남은 햇살은 더없이 섬세하고 화사하게 빛이 났다. 몇 시간이 지나야 땅거미가 내릴 것이다. 하지만 찬란히 쏟아지던 여름 햇살은 사그라지기 시작했고 공기는 부드럽게 무르익어 갔으며, 부드럽고 촘촘하게 펼쳐진 잔디밭 위로 그림자가 길게 드리워졌다. 그래도 그림자들은 서서히 길어지고, 그 정경은 앞으로 다가오게 될 한가로운 시간을 암시했다. 아마도 이 시간에 그런 정경에서 누리는 즐거움은 대개 그 한가로움에서 연유하는 것이리라. 5시부터 8시까지의 시간이 어떤 경우에는 영원한 것으로 여겨지기도 한다. 이런 경우에 그 사이의 시간은 즐겁기만 한 영겁의 시간이 될 수 있다. 다과회에 모인 사람들은 조용히 즐거움을 누리고 있었다. 그들은 흔히 다과회라는 의식의 애호가로 여겨지곤 하는 성(性)이 아니었다. 완벽한 잔디밭에 드리워진 그들의 그림자는 곧게 뻗어 있고 각이 져 있었다. 다과가 차려진 낮은 탁자 옆 깊숙한 고리버들 의자에 앉아 있는 노인과 그의 앞에서 어슬렁대며 두서없는 이야기를 나누는 두 젊은 남자의 그림자였다. 노인은 손에 찻잔을 들고 있었다. 그 찻잔은 남달리 컸고, 다기 세트의 나머지 찻잔들과 달리 찬란한 색깔로 칠해져 있었다. 노인은 매우 조심스럽게 차를 들이켰고 얼굴을 저택 쪽으로 향한 채 한참 동안 찻잔을 그의 턱 가까이 들고 있었다. 함께 있는 젊은이들은 이미 차를 마신 것인지, 그 특권에 무관심한 채 계속 서성이며 담배를 피웠다. 그들 중 한 명은 노인을 지나갈 때 때때로 특별한 관심을 갖고 노인을 바라보았고, 노인은 관찰하는 시선을 의식하지 않고 자기 집의 붉고 호화로운 모습에 시선을 고정시키고 있었다. 잔디밭 너머로 솟은 집은 그러한 감상에 보답할 만한 구조였고, 내가 그려 내리는 영국 특유의 풍경을 가장 두드러지게 보여주었다.
…

4 에밀리 디킨슨(Emily Dickinson, 1830~1886)

(1) 작가 소개

단순하면서도 강한 이미지를 지닌 시어의 사용과 아이러니, 정제된 언어 사용과 구어체적인 문체가 그녀의 독특한 시 스타일이다. 극단적인 비유와 양극적인 이미지 구성은 해석의 난해함을 낳기도 한다. 디킨슨은 매사추세츠주의 애머스트에서 태어나 평생 그곳에서 지냈다. 집안에만 머물며 흰색 옷만 입고 외부인들과의 만남을 거부하는 그녀의 은둔의 삶은 당시에도 사람들의 화젯거리였다. 디킨슨은 죽음과 사랑, 종교, 자연과 영원성 등을 소재로 1800여 편에 달하는 시를 썼다. 그러나 그녀는 자신의 시가 출판되기를 원하지 않았다. 그녀의 사후에 여동생에 의하여 시의 묶음이 발견되었고 그 시들은 먼 훗날 출판되었다(1955). 그녀의 시는 제목이 없으며 *Collected Poems*에 수록된 시 각각에 번호를 정하여 시의 출판이 이루어졌다. 20세기에 이르러 그녀만의 독특한 시학과 상상력의 세계가 비평가들의 흥미를 이끌었고, 현재에도 꾸준히 사랑받는 대표적인 미국 여성 시인이다.

(2) 작품 세계

디킨슨은 영국적 시 전통에서 벗어나 생략과 휴지(pause), 방점(punctuation), 대시(dash)를 글쓰기에 활용하여 시적 혁신성을 추구하였다. 그녀는 여성적 글쓰기를 통해 당대의 가부장적인 사회풍토 및 남성 중심의 문학적 가치관에 여성 시인의 목소리를 냈다.

디킨슨은 시를 통하여 사랑과 죽음, 불멸성에 대한 진지한 탐색을 하였다. 그녀는 놀라운 통찰력을 압축과 생략의 방식으로 시어에 응축해 놓았다. 그녀의 글쓰기가 가진 특성인 해석의 난해함과 비문법적인(ungrammatical) 시어, 모호성, 열린 결말, 단일한 해석의 거부로 많은 학자들은 그녀의 시에 대한 다양하고도 대립적인 비평을 하였다. 그녀의 시는 현재도 많은 학자들에 의하여 연구가 진행되고 있다.

(3) 대표적인 시 작품

① "I taste a liquor never brewed"
② "Success is counted sweetest"
③ "Because I could not stop for Death"
④ "I'm Nobody! Who are you?"
⑤ "I felt a Funeral in my Brain"
⑥ "My Life had stood—a Loaded Gun"

(4) *CP*(Collected Poems) 712

> Because I could not stop for Death —
> He kindly stopped for me —
> The Carriage held but just Ourselves —
> And Immortality.

We slowly drove — He knew no haste
And I had put away
My labor and my leisure too,
For His Civility —

We passed the School, where Children strove
At Recess — in the Ring —
We passed the Fields of Gazing Grain —
We passed the Setting Sun —

Or rather — He passed Us —
The Dews drew quivering and chill —
For only Gossamer, my Gown —
My Tippet — only Tulle —

We paused before a House that seemed
A Swelling of the Ground —
The Roof was scarcely visible —
The Cornice — in the Ground —

Since then — 'tis Centuries — and yet
Feels shorter than the Day
I first surmised the Horses' Heads
Were toward Eternity —

CP 712

내가 죽음을 멈출 수 없었기에 —
그가 친절하게 나를 위해 멈추었지 —
마차에는 단지 우리 둘 —
그리고 불멸이 함께 있었지.

우리는 천천히 마차를 몰았고 —
그는 전혀 서두르지 않아
나도 그에 대한 예의로
내 일과 여가마저 미루었지 —

우리는 아이들이 쉬는 시간에 둥글게 무리 지어
분주히 뛰노는 학교를 지났고 —
익어가는 곡식이 풍성한 들판을 지났고 —
저무는 해도 지났지 —

> 아니 오히려―지는 해가 우리를 지나갔을까―
> 이슬이 내려 쌀쌀하고 떨렸지―
> 나에겐 오직 거미줄처럼 가벼운 가운과―
> 얇은 비단 가운밖에 없었으니까―
>
> 우리는 땅위로 부풀어 오른 듯 보이는
> 어느 집 앞에 멈추었지―
> 지붕은 거의 보이지 않았고―
> 처마는―땅속에 묻혀 있었지―
>
> 그때 이후―수세기가 흘렀지만―
> 말의 머리들이 영원을 향한다고
> 처음으로 추측했던 그 하루보다
> 더 짧게 느껴지네.

5 케이트 쇼팽(Kate Chopin, 1850~1904)

(1) 작가 소개

케이트 쇼팽은 1850년 2월 8일 미국 남부 미주리주 세인트루이스에서 태어났다. 아버지는 아일랜드 이민자였고, 어머니는 프랑스 혈통이었다. 그녀는 6세 때 아버지가 돌아가신 후 외증조할머니, 외할머니, 그리고 어머니와 함께 살면서 여성 중심의 가정에서 성장하였다. 외증조할머니는 선적 사업을 하면서 강인하고 독립적인 삶을 살았고, 외할머니는 8명의 자녀를 혼자서 길렀으며, 어머니는 아버지의 사망 후 재혼하지 않고 아이들을 양육했다. 이렇게 쇼팽은 가정과 학교에서 독립적이고 지적인 여성에 둘러싸여 성장하면서 여성의 독립심과 지적 능력, 용기를 신뢰하고 존경하게 되었다. 1868년 학교를 졸업한 뒤 당시의 상류층 여성들에게 정해진 관습대로 사교계에 데뷔하였으나, 의례적인 파티와 만남으로 인해 독서와 글쓰기 시간을 뺏긴다고 불평하기도 했다. 1870년에 루이지애나의 프랑스계 가톨릭교도이자 면화를 재배하는 부유한 가문 출신인 Oscar Chopin과 결혼하였다. 그는 아내의 의무를 강요하기보다는 그녀의 개성을 존중해 주었다. 결혼 후 이들은 뉴올리언스에 정착하였는데, 이곳에 있는 8년 동안 그녀는 가정에 몰두하였고, 중상류층 여성의 특권으로 집안일로부터 자유로웠던 그녀는 산책을 하거나 전차를 타고 다니면서 도시의 사람들과 생활을 관찰하였다. 그러나 사람들은 그녀의 화려한 옷차림이나, 담배를 피우고 승마를 즐기며 다른 여성의 남편과 친하게 지내는 자유분방한 모습을 좋아하지 않았다고 한다. 1882년에 그녀의 남편은 6명의 자녀를 남긴 채 말라리아에 걸려 갑작스럽게 사망하게 되었다. 이때부터 그녀는 남편의 사업을 인수해서 잡화점과 농장을 운영하였다. 이 시기에 이웃 농장주인 유부남 Albert Sampite와 연인 관계였을 것으로 추정되는데, 『각성』(The Awakening, 1899)에서 바람둥이인 Alcée Arobin이라는 인물에 Albert가 투영되었을 것으로 보고 있다. 1884년에 세인트루이스로 이사한 그녀는 자유로운 사고를 지닌 지식인이나 예술인들과 교류했다. 1889년 39세라는 늦은 나이에 첫 작품 활동을 시작하였고, 알코올중독에 걸린 여성이나 이혼이라는 소재로 작품을 집필했다. 비평가들은 이러한 그녀의 작품 소재가 탐탁지 않았지만, 그녀의 세밀한 표현과 능숙한 인물 묘사를 인정했다. 그녀는 두 편의 소설과 백여 편에 달하는 단편 소설을 썼는데 성병이나 결혼에 대한 부정적 태도, 타인종과의 결혼 등 그 당시에 많은 쟁점을 일으켰던 소재를 활용하여 에세이나 잡지에 기고하였다. 47세 때는 문학적 성공과 사회적 명성을 얻으면서 작가와 저널리스트, 편집자들이 교류하는 세인트루이스 최초의 문학예술 살롱을 만들어 중심적인 역할을 했다. 1899년에 그녀는 『각성』(*The Awakening*)을 출판하였는데, 당시의 비평가들은 작품에 묘사된 여주인공의 비도덕성과 이러한 여주인공을 비판하지 않는다는 점을 비난했다. 이후 그녀는 몇 편의 동화와 단편을 발표하다가 1902년부터 건강이 악화되었고, 1904년 8월에 뇌출혈로 사망하였다.

(2) 작품 세계

쇼팽의 작품은 주로 미국 남부의 루이지애나가 배경인데 당시 그곳에는 여러 인종이 뒤섞여 살고 있었다. 교육받은 크레올(Creole, 미국 식민지에 거주하던 스페인인들과 아메리카 원주민들 간의 혼혈 또는 유럽인의 혈통으로 식민지에서 태어난 사람)이 교양 있는 지주나 상인 계급을 형성하면서 불어를 사용하고 유럽문화를 보전하려고 했다. 반면에 교육을 받지 못한 가난한 케이준(Cajun, 18세기 말 캐나다 노바스코샤의 아카디 지방에서 영국인들에 의해 추방된 프랑스계 캐나다 이주민)은 어업이나 농업에 종사하거나 부유한 크레올에게 고용되어 어렵게 생계를 이어 나갔다. 이러한 환경을 목격한 그녀는 자신의 작품에 미국 남부 사회의 현실과 인종, 성담론의 관점을 다양한 각도로 담는다. 쇼팽은 남북전쟁 후의 혼란스러운 상황에서 좋은 결혼 상대자를 만나려는 젊은 남녀의 노력, 해방 노예들의 생존을 위한 노력, 남부 귀부인의 이상과 현실, 억압되어 있던 내면의 자아에 눈을 떠가는 여성들을 공통으로 다룬다. 그녀가 다루었던 여성 문제는 『각성』(*The Awakening*, 1899)에서 한층 강도 높게 다루어진다.

(3) 작품

① 『바요 마을 사람들』(*Bayou Folk*, 1894)
  첫 단편집으로, 결혼을 통해 보다 나은 삶을 추구하는 젊은이들의 모습을 그린다. 특히 이 단편집에는 혼혈 여성을 통해 미국 남부 사회의 인종적, 성적 모순을 드러내는 단편들이 있으며, 남부 사회에서 본받아야 할 기준으로 제시한 미국 남부의 귀부인에 대한 허구성을 제시한다.

② 『아카디아의 이야기들』(*A Night in Acadie*, 1897)
  *Bayou Folk*보다 이야기 구성의 균형이 더욱 잘 잡혀 있는 작품이다. 이 단편집은 백인 여성의 성적인 깨달음을 보여주는 작품들을 포함하고 있다. 결혼에 대한 문제점을 정면으로 다루는 동시에 흑인에 대한 작가의 태도가 더욱 구체적으로 드러난다. 특히 쇼팽은 당대의 남부 작가들과 달리 흑인을 자긍심과 주체성을 지닌 개인으로 묘사하면서 동시대 작가들과 차별화된 관점을 보여준다.

③ 『각성』(*The Awakening*, 1899)
  백인 여성의 자아 찾기를 정면으로 다룬 작품으로, 1960년대 페미니스트 비평가들에게 재평가되면서 그 가치를 인정받게 된 작품이다.

(4) *The Awakening*의 일부

> **The Awakening**
>
> I
>
> A GREEN AND YELLOW PARROT, which hung in a cage outside the door, kept repeating over and over:
>
> "Allez vous-en! Allez vous-en! Sapristi! That's all right!"[1]
>
> He could speak a little Spanish, and also a language which nobody understood, unless it was the mocking-bird[2] that hung on the other side of the door, whistling his fluty notes out upon the breeze with maddening persistence.
>
> Mr. Pontellier, unable to read his newspaper with any degree of comfort, arose with an expression and an exclamation[3] of disgust.
>
> He walked down the gallery and across the narrow "bridges" which connected the Lebrun cottages one with the other. He had been seated before the door of the main house. The parrot and the mockingbird were the property of Madame Lebrun, and they had the right to make all the noise they wished. Mr. Pontellier had the privilege of quitting their society when they ceased to be entertaining. He stopped before the door of his own cottage, which was the fourth one from the main building and next to the last. Seating himself in a wicker rocker which was there, he once more applied himself to the task of reading the newspaper. The day was Sunday; the paper was a day old. The Sunday papers had not yet reached Grand Isle.[4] He was already acquainted with the market reports, and he glanced restlessly over the editorials and bits of news which he had not had time to read before quitting New Orleans the day before.
>
> Mr. Pontellier wore eye-glasses. He was a man of forty, of medium height and rather slender build; he stooped a little. His hair was brown and straight, parted on one side. His beard was neatly and closely trimmed.
>
> Once in a while he withdrew his glance from the newspaper and looked about him. There was more noise than ever over at the house. The main building was called "the house," to distinguish it from the cottages. The chattering and whistling birds were still at it. Two young girls, the Farival twins, were playing a duet from "Zampa"[5] upon the piano. Madame Lebrun was bustling in and out, giving orders in a high key to a yard-boy whenever she got inside the house, and directions in an equally high voice to a dining-room servant whenever she got outside. She was a fresh, pretty woman, clad

---

1) 가버려! 가버려! 이제 괜찮아!
2) mocking-bird : 흉내지빠귀
3) exclamation : 외침, 절규
4) Grand Isle : 뉴올리언즈에서 남쪽으로 80킬로미터 떨어져 있는 섬
5) 프랑스 작곡가 루이 조제프 페르디낭 에롤드의 낭만적인 오페라. 연인이 익사하는 장면이 들어있다.

always in white with elbow sleeves. Her starched[6] skirts crinkled[7] as she came and went. Farther down, before one of the cottages, a lady in black was walking demurely up and down, telling her beads. A good many persons of the pension had gone over to the Cheniere Caminada in Beaudelet's lugger to hear mass. Some young people were out under the wateroaks playing croquet. Mr. Pontellier's two children were there sturdy little fellows of four and five. A quadroon[8] nurse followed them about with a faraway, meditative air.

Mr. Pontellier finally lit a cigar and began to smoke, letting the paper drag idly from his hand. He fixed his gaze upon a white sunshade that was advancing at snail's pace from the beach. He could see it plainly between the gaunt trunks of the water-oaks and across the stretch of yellow camomile. The gulf looked far away, melting hazily into the blue of the horizon. The sunshade continued to approach slowly. Beneath its pink-lined shelter were his wife, Mrs. Pontellier, and young Robert Lebrun. When they reached the cottage, the two seated themselves with some appearance of fatigue upon the upper step of the porch, facing each other, each leaning against a supporting post.

"What folly! to bathe at such an hour in such heat!" exclaimed Mr. Pontellier. He himself had taken a plunge at daylight. That was why the morning seemed long to him.

"You are burnt beyond recognition,"[9] he added, looking at his wife as one looks at a valuable piece of personal property which has suffered some damage. She held up her hands, strong, shapely hands, and surveyed them critically, drawing up her fawn sleeves above the wrists. Looking at them reminded her of her rings, which she had given to her husband before leaving for the beach. She silently reached out to him, and he, understanding, took the rings from his vest pocket and dropped them into her open palm. She slipped them upon her fingers; then clasping her knees, she looked across at Robert and began to laugh. The rings sparkled upon her fingers. He sent back an answering smile.

"What is it?" asked Pontellier, looking lazily and amused from one to the other. It was some utter nonsense; some adventure out there in the water, and they both tried to relate it at once. It did not seem half so amusing when told. They realized this, and so did Mr. Pontellier. He yawned and stretched himself. Then he got up, saying he had half a mind to go over to Klein's hotel and play a game of billiards.

"Come go along, Lebrun," he proposed to Robert. But Robert admitted quite frankly that he preferred to stay where he was and talk to Mrs. Pontellier.

"Well, send him about his business when he bores you, Edna,"[10] instructed her husband as he prepared to leave.

"Here, take the umbrella," she exclaimed, holding it out to him. He accepted the sunshade, and lifting it over his head descended the steps and walked away.

---

6) starched : 풀먹인
7) crinkle : 물결치(게 하)다; 파동치다; 주름잡(히)다; 주춤하다
8) quadroon : 백인과 반백인과의 혼혈아; 4분의 1 흑인
9) You are burnt beyond recognition : 알아볼 수도 없이 까맣게 탔군
10) send him about his business when he bores you, Edna : 에드나, 로베르가 재미없게 하면 가차없이 보내요

"Coming back to dinner?" his wife called after him. He halted a moment and shrugged his shoulders. He felt in his vest pocket; there was a ten-dollar bill there. He did not know; perhaps he would return for the early dinner and perhaps he would not. It all depended upon the company which he found over at Klein's and the size of "the game." He did not say this, but she understood it, and laughed, nodding good-by to him.

Both children wanted to follow their father when they saw him starting out. He kissed them and promised to bring them back bonbons and peanuts.

각성
I

문 밖에 걸린 새장 속의 초록빛과 노란빛 앵무새는 끊임없이 같은 말을 되뇌었다:
"저리 가! 저리 가! 맙소사! 괜찮아!"
앵무새는 약간의 스페인어를 구사할 줄 알았으며, 문 반대편에 걸려 미칠 듯한 끈기로 피리 소리를 바람에 실어 보내는 흉내지빠귀 외에는 아무도 알아듣지 못하는 언어도 사용하였다.
퐁텔리에 씨는 도저히 편안히 신문을 읽을 수 없자, 혐오스러운 표정과 함께 한탄하며 일어섰다. 그는 회랑을 따라 내려가 르브룅 가의 오두막들을 서로 잇는 좁은 "다리"들을 건넜다. 그는 본채 문 앞에 앉아 있었다. 앵무새와 흉내지빠귀는 르브룅 부인의 소유였으며, 그들은 원하는 만큼 소음을 낼 권리가 있었다. 퐁텔리에 씨에게는 그들이 더 이상 흥미롭지 않을 때 그들과의 동석을 그만둘 특권이 있었다. 그는 본관에서 네 번째이자 마지막 오두막 바로 옆에 위치한 자신의 오두막 문 앞에 멈추어 섰다. 그곳에 놓인 등나무 흔들의자에 몸을 앉히고, 그는 다시금 신문 읽기에 몰두하였다. 그날은 일요일이었고, 신문은 하루가 지난 것이었다. 일요판 신문은 아직 그랑아일에 도착하지 않은 터였다. 그는 이미 시장 보고서에 대해서는 알고 있었기에, 전날 뉴올리언스를 떠나기 전 미처 읽지 못했던 사설과 짧은 뉴스 기사들을 초조하게 훑었다.
퐁텔리에 씨는 안경을 착용하고 있었다. 그는 40세로, 중간 키에 다소 마른 체격이었으며, 허리가 약간 굽어 있었다. 그의 머리카락은 갈색의 직모였고 한쪽으로 가르마를 탔다. 수염은 깔끔하고 단정하게 잘 다듬어져 있었다.
이따금 그는 신문에서 시선을 거두고 주위를 둘러보았다. 본채 쪽에서는 그 어느 때보다 더 시끄러웠다. 다른 오두막들과 구분하기 위해 본채는 단순히 '집'이라 불렸다. 지저귀고 휘파람 부는 새들은 여전히 그곳에 있었다. 파리발 쌍둥이라는 두 어린 소녀는 피아노로 '잠파' 듀엣곡을 연주하고 있었다. 르브룅 부인은 분주하게 안팎을 오가며, 집 안에 들어갈 때마다 정원사에게는 높은 음조로 지시를 내렸고, 밖에 있을 때마다 식당 하인에게는 똑같이 높은 목소리로 지시를 내렸다. 그녀는 늘 팔꿈치 소매의 흰 옷을 입고 있는 생기 넘치고 예쁜 여인이었다. 풀 먹인 그녀의 치마는 오갈 때마다 바스락거렸다. 더 아래쪽, 오두막 중 한 채 앞에서는 검은 옷을 입은 여인이 조용히 오가며 묵주를 세고 있었다. 하숙생들 중 상당수는 미사에 참석하기 위해 보들레의 배를 타고 셰니어 카미나다로 향했다. 몇몇 젊은이들은 물 참나무 아래에서 크로케를 즐기고 있었다. 퐁텔리에 씨의 두 아들인 네다섯 살배기 건장한 아이들도 그곳에 있었다. 혼혈인 유모가 멍한 채 사색적인 표정으로 그들 뒤를 따랐다.
퐁텔리에 씨는 마침내 시가를 피우기 시작했고, 신문은 그의 손에서 무기력하게 늘어져 있었다. 그는 해변에서 달팽이처럼 느리게 다가오는 하얀 양산에 시선을 고정했다. 앙상한 물참나무 줄기 사이로, 그리고 노란 카모마일 꽃밭을 가로질러 양산을 또렷하게 볼 수 있었다. 만은 아득히 멀리 떨어져 있었고, 수평선의 푸른색 속으로 흐릿하게 녹아들었다. 양산은 천천히 계속 다가왔다. 분홍색 안감을 댄 양산 아래에는 그의 아내, 퐁텔리에 부인(에드나)과 젊은 로버트 르브룅이 있었다. 그들이 오두막에 도착했을 때, 두 사람은 다소 피로한 기색을 보이며 현관의 가장 높은 계단에 서로 마주 보고 앉아 지지 기둥에 기대었다.
"이런 더위에 이런 시간에 목욕이라니! 어리석기 짝이 없군!" 퐁텔리에 씨가 외쳤다. 그는 이미 새벽에 물에 뛰어들었었다. 그래서 아침이 유독 길게 느껴졌던 것이다. "알아볼 수 없을 정도로 탔군." 그가 아내를 바라보며 덧붙였다. 마치 귀중한 개인 소유물이 약간 손상된 것을 바라보는 듯한 시선이었다. 아내는 굳세고 아름다운 손을 들어 올리며 팔목 위로 옅은 갈색 소매를 걷어 올린 채 비판적으로 살폈다. 손을 보면서 그녀는 반지들을 떠올렸다. 해변으로 떠나기 전 남편에게 맡겨두었던 반지들이었다. 그녀는 말없이 그에게 손을 내밀었고, 그는 이해했는지 조끼 주머니에서 반지를 꺼내 그녀의 펼쳐진 손바닥에 놓아주었다. 그녀는 반지들을 손가락에 끼웠다. 그러고는 무릎을 감싸 안고 로버트 쪽을 바라보며 웃기 시작했다. 반지들이 그녀의 손가락 위에서 반짝였다. 로버트 또한 이에 화답하는 미소를 보냈다.
"대체 무엇인가?" 퐁텔리에 씨가 나른해 보이지만 흥미로운 시선으로 번갈아 보며 물었다. 그것은 아주 어처구니없는 이야기였다. 물속에서의 어떤 모험이었는데, 두 사람 모두 동시에 이야기하려 했다. 막상 이야기해 보니 그렇게 재미있지는 않은 듯했다. 그들도, 그리고 퐁텔리에 씨도 이를 깨달았다. 그는 하품을 하고 몸을 쭉 폈다. 그러고는 일어나 클라인 호텔에 가서 당구나 한 게임 칠까 한다고 말했다. "함께 가자, 르브룅." 그가 로버트에게 제안했다. 하지만 로버트는 지금 있는 곳에 머물며 퐁텔리에 부인과 이야기하고 싶다고 아주 솔직하게 인정했다. "음, 에드나, 그가 지루하게 할 때쯤에는 그를 돌려보내." 남편은 떠날 채비를 하며 아내에게 지시했다.
"여기, 양산을 받으세요." 그녀는 외치며 그에게 내밀었다. 그는 양산을 받아들고 머리 위로 들어 올린 채 계단을 내려와 걸어갔다.
"저녁 식사에 돌아오시는지요?" 그의 아내가 그에게 외쳤다. 그는 잠시 멈춰 서서 어깨를 으쓱였다. 조끼 주머니를 더듬으니 십 달러 지폐가 만져졌다. 그는 알 수 없었다; 어쩌면 이른 저녁 식사를 위해 돌아올지도, 어쩌면 아닐지도 몰랐다. 그것은 클라인 호텔에서 만날 사람들과 "그 게임"의 규모에 전적으로 달려 있었다. 그는 이 말을 하지 않았으나, 그녀는 그것을 이해하고 웃으며 그에게 작별의 고개를 끄덕였다.
두 아이는 그가 나서는 것을 보고 아버지를 따라가고 싶어 했다. 그는 아이들에게 입 맞추고는 봉봉 사탕과 땅콩을 사 오겠다고 약속하였다.

6 스티븐 크레인(Stephen Crane, 1871~1900)

(1) 작가 소개

미국 뉴저지(New Jersey)의 뉴어크(Newwark)에서 한 목사의 14번째 아이이자 막내아들로 태어났다. 아버지인 Jonathan Townley Crane은 감리교 목사였고, 어머니인 Mary Helen Crane은 당시 기독교 여성 금주 연합에서 활약하며 자식들에게 기독교인으로서 청교도적인 청빈함과 경건함을 항상 강조했다. 1880년, 아버지의 사망 후에도 Crane의 어머니는 미국 감리교 전통의 엄숙한 분위기가 감도는 애즈베리파크(Asbery Park)로 이사했다. Crane은 어렸을 때부터 종교적인 분위기 속에 자랐지만 이러한 분위기에 답답함을 느끼고 반항하게 된다. 기존 교육제도에 반발하여 독서를 하면서 문학적인 소양을 스스로 길렀다. 그는 14세 때부터 여러 학교를 다녔지만 정식 교육과정에 관심이 없었으며 문학 과목과 야구경기에만 관심을 쏟았고, 일반 교과과목 공부에는 소홀했다. 대학 시절부터 신문사를 운영하던 형의 도움으로 여러 신문사의 통신원으로 일할 수 있었고, 그곳에서 소설가로서의 글쓰기 훈련을 할 수 있었다. 그는 당시 뉴욕 주변의 빈민들에게 관심을 가졌고, 그들의 열악한 생활을 지속적으로 기사화했다. 시러큐스 대학교(Syracuse University) 재학 시절에 발표한 『거리의 소녀 매기』(*Maggie: A Girl of the Streets*, 1893)는 이러한 그의 청년 시절 작가로서의 훈련과 관심의 결과이다. 2년 뒤 출판한 『붉은 무공훈장』(*The Red badge of the Courage*, 1895)은 엄청난 성공을 거두었다. 크레인은 뉴욕에서 하층민들과 긴 시간을 함께하려고 노력했다. 구속받는 것을 싫어하여 스스로 어디에 얽매이지 않고 자유롭게 생활했다. 그러다 종군기자가 되기 위해 미국에서 쿠바로 떠나는 배를 타게 되었는데, 이 배가 쿠바로 가는 도중에 험난한 파도를 만나 난파되었고, 이틀 동안 조난 당했다가 구사일생으로 구출된다. 그는 이때의 생생한 경험이 후에 생사를 넘나드는 난파선에서 형제애의 중요성을 강조한 『난파선』(*The Open Boat*, 1898)의 바탕이 된다. 그는 황량하고 위험한 미국 서부를 신문기자로서 여행하기도 하였고, 종군기자로서 그리스 터키 전쟁에 참전하기도 하였다. 종군기자의 임무가 끝난 후 주로 영국에 머물면서 유럽의 문인들과 친분을 쌓았다. 선천적으로 약한 체질에다 젊었을 때부터 몸을 돌보지 않은 탓에 극도로 쇠약해진 크레인은 독일의 바덴일더에 있는 요양소에서 쉬기도 하였지만 1900년 6월 29세의 젊은 나이에 사망하였다.

(2) 작품

① 『거리의 소녀 매기』(Maggie: A Girl on the Streets, 1893)
크레인의 첫 번째 걸작이다. Johnston Smith라는 가명을 사용하여 자비로 출판할 정도로 이 작품에 대한 인정을 받지는 못했다.

② 『붉은 무공훈장』(The Red Badge of Courage, 1895)
이 작품은 출판한 지 1년만에 미국과 영국에서 9판까지 출판될 정도로 큰 성공을 거두었다. 일반 독자들의 예상과는 다르게 이 작품을 집필할 당시의 크레인은 전쟁에 대한 경험이 거의 없었다. 이 소설은 다른 과거의 전쟁 소설과는 달리 전투상황이 전혀 밝혀지지 않은 남북전쟁의 작은 전투에서, 싸움보다는 도망갈 궁리나 하고 심적인 두려움에 떨고 있는 군인들의 내적 심리 상태의 묘사에 집중하였다. 이러한 작품의 특징은 인간의 불안한 내부 심리에 관심을 갖기 시작한 세기말 독자들을 매료시켰다.

③ 『난파선』(The Open Boat, 1898)
뉴욕에서 한 창녀를 도와주려다가 경찰과 갈등을 겪은 크레인은 어려움을 피하기 위하여 잠시 플로리다로 이동하고 여기서 죽을 때까지 생을 함께한 Cora Taylor를 만나게 된다. 안정된 삶을 거부하고, 새롭고 어려운 곳을 찾아다니며 어려운 사람들의 삶에 뛰어들기 좋아했던 크레인은 종군기자가 되기 위하여 미국에서 쿠바로 떠나는 Commodore라는 배에 탑승했으나 쿠바로 가는 도중 험한 파도를 만나 난파하고, 거의 이틀 동안 조난 당했다가 구사일생으로 구출된다. 이때의 생생한 경험이 훗날 생사를 넘나드는 난파선에서 형제애의 중요성을 강조한 『난파선』(The Open Boat)의 바탕이 된다.

(3) 『붉은 무공훈장』(The Red Badge of Courage, 1895)의 줄거리

Jim Conklin과 Wilson은 군부대가 이동할 것이라는 소문을 놓고 격렬하게 논쟁을 벌인다. 계속되는 훈련에 지쳐 실제 전투를 간절히 원하는 Henry Fleming은 Jim Conklin과 Wilson의 논쟁을 경청하면서 막상 전투가 시작되면 자신은 놀라서 도망치지나 않을까 하는 생각을 한다. Wilson과 Conklin은 다 같이 싸운다면 꿋꿋이 버티며 싸울 것이라고 말하고 이들의 대답에 안심한다. Fleming은 농촌 출신의 청년으로 '그리스 시대의 전투'(Greeklike struggle) 장면을 꿈꾸며 군대 생활을 동경했다. 어머니는 그의 참전을 말렸지만, 농촌 생활에 싫증을 내며 결국 남북전쟁의 북군(the Union)에 합류하였고, 이에 옷가지를 꾸려주며 잘 처신하라는 충고의 말을 전했다.

어느 흐린 날 아침, 부대가 이동할 예정이라는 소식에 Fleming은 지루하고 의미 없는 행군보다 죽는 것이 더 좋겠다고 생각한다. 그리고 장군들이 바보가 아닐까라는 생각도 하였다. 갑자기 전투가 시작되지만 하는 일은 다른 동료들과 함께 땅바닥에 엎드려 적의 동정을 살피기만 하기 때문이었다. Fleming은 주변의 몇몇 동료가 부상을 당하지만, 무엇이 진행되는지, 전투의 목표가 무엇인지를 알지 못한채, 적군의 공격이 시작되면 계속해서 소총만 쏘아댔다. 공격이 끝나고 총소리가 멈춘 후에도 머리 위의 하늘이 여전히 푸르른 것이

Fleming에게는 이상하게 느껴진다. 병사들이 정신을 차리고 상처에 붕대를 감고 장비를 정리할 때 다시 적군의 공격이 시작된다. 아직 준비도 안 된 상황에서 첫 전투로 인해 탈진한 동료 병사들은 공포에 질려 퇴각하고 Fleming도 공포에 사로잡혀 같이 뛴다. 공포에 질린 퇴각이 끝났을 때 도주하던 병사들은 아군이 이기고 적군이 패배했다는 것을 알게 된다. 이에 Fleming은 죄책감을 느껴 자기 중대와 합류하기가 두려워 숲속으로 도망치는데, 그곳에서 다람쥐 한 마리가 그를 보고 놀라서 도망친다. 도망치는 다람쥐를 보면서 겁쟁이가 도망치는 것을 보여주는 것처럼 느끼는데, 자연이 창조한 피조물들은 위험에서 도망치고, 자신도 그 자연의 섭리에 따라 행동했다고 생각하였다.

숲속에서 개미 떼가 꼬인 시체를 목격한 Fleming은 서둘러 후퇴하는 부상병 대열에 끼어든다. 사상자를 비롯한 부상자들은 발을 끌면서 걷거나 들것에 실려 운반되지만, 그는 부상당한 적이 없기 때문에 자신이 이 대열에 속하지 않는다고 느낀다. 이 와중에 먼지와 피로 범벅이 된 한 병사가 Jim Conklin임을 목격한 Fleming은 자신이 도망간 사실이 발각될까봐 겁에 질린다. 그럼에도 그를 부축해 주려고 했지만 Jim은 발작을 하더니 곧 쓰러져 죽고 만다. 양심의 가책을 느낀 Fleming은 도주해서 자기 연대로 돌아가려고 하지만, 동료 병사들이 그를 도망자라고 비난할 것이 두려웠다. 스스로를 겁쟁이라고 느낀 그는 오히려 죽어 누워 있는 영웅 같은 시체들을 부러워한다. 앞쪽에서 포탄이 꽝음을 내며 터지는 소리가 들리고, Fleming은 자기 연대의 대열에 가까이 가지만 서둘러 후퇴하는 병사 중 한 명이 소총의 개머리판으로 Fleming의 머리를 가격해 상처가 난다. 이후 Fleming은 다른 연대에 합류하여 그곳에서 자신이 죽을 때를 대비해 편지를 맡겼던 Wilson을 만났는데, Fleming은 '전쟁의 상처'(red badge of courage)로 간주되는 자신의 머리 상처 때문에 Wilson보다 우월한 위치에 서게 된다. 다시 전투가 시작되고, Fleming은 마치 짐승처럼 미친 듯이 계속 총을 쐈는데 사격 중지 명령이 내려서야 자신의 눈앞에 적군이 하나도 없다는 것을 목격한다. 연대 중위는 공개적으로 그를 칭찬하며 앞으로의 모든 전투에 Fleming과 Wilson을 포함한 그의 부대를 참여시키려 하였다. 다음 전투에서 기수가 사망하자 Fleming과 Wilson이 대신 깃발을 집어 들었고, 전투에서 승리는 못했지만 지휘관은 Fleming의 용맹함을 칭찬한다. 그의 부대는 또 한번 적과의 전투를 벌이고, Fleming은 이렇게 베테랑 병사가 되어 승승장구하며 진군을 계속한다.

(4) *The Red Badge of Courage*의 일부

The Red Badge of Courage

Chapter I

The cold passed reluctantly from the earth, and the retiring fogs revealed an army stretched out[11] on the hills, resting. As the landscape changed from brown to green, the army awakened, and began to tremble with eagerness at the noise of rumors. It cast its eyes upon the roads, which were growing from long troughs of liquid mud to proper thoroughfares. A river, amber-tinted[12] in the shadow of its banks, purled at the army's feet; and at night, when the stream had become of a sorrowful blackness, one could see across it the red, eye-like gleam of hostile camp-fires set in the low brows of distant hills.

---

11) stretched out : 뻗어 있는, 펼쳐진
12) amber-tinted : 호박색으로 물든

Once a certain tall soldier developed virtues[13] and went resolutely to wash a shirt. He came flying back from a brook waving his garment bannerlike. He was swelled with a tale he had heard from a reliable friend, who had heard it from a truthful cavalryman, who had heard it from his trustworthy brother, one of the orderlies at division headquarters. He adopted the important air of a herald in red and gold.

"We're goin't'[14] move t'morrah — sure," he said pompously to a group in the company street. "We're goin' 'way up the river, cut across, an' come around in behint 'em."

To his attentive audience he drew a loud and elaborate plan of a very brilliant campaign. When he had finished, the blue-clothed men[15] scattered[16] into small arguing groups between the rows of squat brown huts. A negro teamster who had been dancing upon a cracker box with the hilarious encouragement of two score soldiers was deserted. He sat mournfully down. Smoke drifted lazily from a multitude of quaint chimneys.

"It's a lie! that's all it is — a thunderin' lie!" said another private loudly. His smooth face was flushed, and his hands were thrust[17] sulkily into his trousers' pockets. He took the matter as an affront[18] to him. "I don't believe the derned old army's ever going to move. We're set. I've got ready to move eight times in the last two weeks, and we ain't moved yet."

The tall soldier felt called upon[19] to defend the truth of a rumor he himself had introduced. He and the loud one came near to fighting over it.

A corporal[20] began to swear before the assemblage. He had just put a costly board floor in his house, he said. During the early spring he had refrained from[21] adding extensively to the comfort of his environment because he had felt that the army might start on the march at any moment. Of late,[22] however, he had been impressed that they were in a sort of eternal camp.

Many of the men engaged in a spirited debate. One outlined in a peculiarly lucid manner all the plans of the commanding general. He was opposed by men who advocated that there were other plans of campaign. They clamored at each other, numbers making futile bids for the popular attention. Meanwhile, the soldier who had fetched the rumor bustled about with much importance. He was continually assailed by questions.

"What's up, Jim?"

"Th' army's goin' t' move."

---

13) virtue : 덕, 미덕, 장점
14) goin't' : going to
15) blue-clothed men : 푸른 옷을 입은 사람들(the Union, 남북전쟁의 북군)
16) scatter : (뿔뿔이) 흩어지다, 흩뿌리다
17) thrust : 밀다, 밀치다, 쑤셔 넣다
18) affront : 모욕
19) call upon : 요청하다, 부탁하다, 방문하다
20) corporal : 고참병(상등병), 최하위 하사관
21) refrain from : 그만두다, 삼가다
22) Of late : 최근에

"Ah, what yeh talkin' about? How yeh[23] know it is?"

"Well, yeh kin b'lieve me er not, jest as yeh like.[24] I don't care a hang."

There was much food for thought[25] in the manner in which he replied. He came near to convincing them by disdaining to produce proofs. They grew much excited over[26] it.

There was a youthful private who listened with eager ears to the words of the tall soldier and to the varied comments of his comrades.[27] After receiving a fill of discussions concerning marches and attacks, he went to his hut and crawled[28] through an intricate hole that served it as a door. He wished to be alone with some new thoughts that had lately come to him.

He lay down on a wide bunk that stretched across the end of the room. In the other end,[29] cracker boxes were made to serve as furniture. They were grouped about the fireplace. A picture from an illustrated weekly was upon the log walls,[30] and three rifles were paralleled on pegs. Equipments hung on handy projections, and some tin dishes lay upon a small pile of firewood. A folded tent was serving as a roof. The sunlight, without, beating upon it, made it glow a light yellow shade. A small window shot an oblique square of whiter light upon the cluttered floor. The smoke from the fire at times neglected the clay chimney and wreathed into the room, and this flimsy[31] chimney of clay and sticks made endless threats to set ablaze the whole establishment.

The youth was in a little trance of astonishment. So they were at last going to fight. On the morrow, perhaps, there would be a battle, and he would be in it. For a time he was obliged to labor to make himself believe. He could not accept with assurance an omen that he was about to mingle in one of those great affairs of the earth.

He had, of course, dreamed of battles all his life — of vague and bloody conflicts that had thrilled him with their sweep and fire. In visions he had seen himself in many struggles. He had imagined peoples secure in the shadow of his eagle-eyed prowess.[32] But awake he had regarded battles as crimson blotches on the pages of the past. He had put them as things of the bygone[33] with his thought — images of heavy crowns and high castles. There was a portion of the world's history which he had regarded as the time of wars, but it, he thought, had been long gone over the horizon and had disappeared forever.

From his home his youthful eyes had looked upon[34] the war in his own country with distrust. It must be some sort of a play affair. He had long despaired of witnessing a Greeklike struggle. Such would

---

23) yeh : you
24) yeh kin b'lieve me er not, jest as yeh like : you can believe me or not, just as you like
25) food for thought : 생각할 것
26) excited over : 흥분하다, 격하다
27) comrades : 동료, 전우
28) crawl : 기다, 포복하다
29) In the other end : (방의) 다른 한쪽 끝에는
30) log wall : 통나무 벽
31) flimsy : (피륙, 종이 등이) 얇은, 연약한
32) prowess : 용맹
33) bygone : 과거의, 지난
34) look upon : ~로 간주하다

be no more, he had said. Men were better, or more timid. Secular and religious education had effaced[35] the throat-grappling instinct, or else firm finance held in check the passions.

He had burned several times to enlist. Tales of great movements shook the land. They might not be distinctly Homeric,[36] but there seemed to be much glory in them. He had read of marches, sieges,[37] conflicts,[38] and he had longed to[39] see it all. His busy mind had drawn for him large pictures extravagant in color, lurid with breathless deeds.

But his mother had discouraged him. She had affected to look with some contempt upon the quality of his war ardor and patriotism. She could calmly seat herself and with no apparent difficulty give him many hundreds of reasons why he was of vastly more importance on the farm than on the field of battle. She had had certain ways of expression that told him that her statements on the subject came from a deep conviction. Moreover, on her side, was his belief that her ethical motive in the argument was impregnable.

At last, however, he had made firm rebellion against this yellow light thrown upon the color of his ambitions. The newspapers, the gossip of the village, his own picturings, had aroused him to an uncheckable degree. They were in truth fighting finely down there. Almost every day the newspapers printed accounts of a decisive victory.

One night, as he lay in bed, the winds had carried to him the clangoring of the church bell as some enthusiast jerked the rope frantically to tell the twisted news of a great battle. This voice of the people rejoicing in the night had made him shiver in a prolonged[40] ecstasy of excitement. Later, he had gone down to his mother's room and had spoken thus: "Ma, I'm going to enlist."

"Henry, don't you be a fool," his mother had replied. She had then covered her face with the quilt. There was an end to the matter for that night.

Nevertheless, the next morning he had gone to a town that was near his mother's farm and had enlisted in a company that was forming there. When he had returned home his mother was milking[41] the brindle cow.[42] Four others stood waiting. "Ma, I've enlisted," he had said to her diffidently. There was a short silence. "The Lord's will be done,[43] Henry," she had finally replied, and had then continued to milk the brindle cow.

When he had stood in the doorway with his soldier's clothes on his back, and with the light of excitement and expectancy[44] in his eyes almost defeating the glow of regret for the home bonds, he had seen two tears leaving their trails on his mother's scarred cheeks.

---

35) effaced : 지우다, 삭제하다
36) Homeric : 호머(고대 그리스의 서사시인, Iliad와 Odyssey의 저자)식의, 호머풍의, 웅대한
37) siege : 포위공격
38) conflict : 투쟁, 전투
39) long to : 애타게 바라다, 열망하다
40) prolonged : 오래 끄는, 장기의
41) milk : 우유를 짜내다
42) brindle cow : 얼룩무늬 소
43) The Lord's will be done : 주님의 뜻대로 될 것이다
44) expectancy : 기대

Still, she had disappointed him by saying nothing whatever about returning with his shield or on it. He had privately primed himself for a beautiful scene. He had prepared certain sentences which he thought could be used with touching effect. But her words destroyed his plans. She had doggedly peeled potatoes and addressed him as follows: "You watch out, Henry, an' take good care of yerself in this here fighting business — you watch out, an' take good care of yerself. Don't go a-thinkin' you can lick the hull rebel army at the start, because yeh can't. Yer jest one little feller[45] amongst a hull lot of others, and yeh've got to keep quiet an' do what they tell yeh. I know how you are, Henry.

"I've knet yeh eight pair of socks, Henry, and I've put in all yer best shirts, because I want my boy to be jest as warm and comf'able as anybody in the army. Whenever they get holes in 'em, I want yeh to send 'em right — away back to me, so's I kin dern 'em.

붉은 무공훈장
제1장

땅에서 추위는 마지못해 물러났고, 서서히 걷히는 안개는 언덕에 길게 늘어져 쉬고 있는 군대의 모습을 드러냈다. 갈색이던 풍경이 푸르게 변하자, 군대는 잠에서 깨어나 소문의 웅성거림에 열망으로 들썩이기 시작했다. 그들은 길에 시선을 고정했는데, 길은 긴 진흙 웅덩이에서 제대로 된 도로로 변모하고 있었다. 강독의 그림자에 호박색으로 물든 강물이 군대의 발치에서 졸졸 흘렀고, 밤에는 강물이 슬픈 듯한 검은색으로 변해 건너편 멀리 떨어진 언덕의 낮은 능선에 자리한 적군 야영지의 붉고 눈알 같은 불빛이 보였다.

어느 날, 키 큰 병사 한 명이 배짱을 내어 셔츠를 빨러 단호하게 나섰다. 그는 시내에서 깃발처럼 옷을 휘두르며 쏜살같이 돌아왔다. 그는 믿을 만한 친구에게서 들은 이야기에 잔뜩 고무되어 있었는데, 그 친구는 믿음직한 기병대원에게서, 그 기병대원은 또 사단 본부 당번병 중 한 명인 자기의 신뢰할 수 있는 형제에게서 들은 이야기였다. 그는 붉고 금색 복장의 전령처럼 위풍당당한 태도를 취했다.

"우리 내일 움직여. 진짜야." 그가 중대 거리에서 무리에게 거들먹거리며 말했다. "강을 거슬러 쭉 올라가서 가로질러 적들 뒤로 돌아갈 거야."

그는 주의 깊게 듣는 청중에게 아주 멋진 작전의 시끄럽고도 정교한 계획을 설명했다. 그가 말을 마치자 푸른 옷을 입은 병사들은 웅크린 갈색 오두막들 사이로 흩어져 작은 토론 집단들을 이루었다. 스무 명 남짓한 병사들의 유쾌한 격려를 받으며 비스킷 상자 위에서 춤을 추고 있던 흑인 마차꾼은 홀로 남겨졌다. 그는 슬픈 듯이 주저앉았다. 기이한 굴뚝들에서는 연기가 나른하게 피어올랐다.

"거짓말이야! 그게 다야. 완전 새빨간 거짓말!" 또 다른 병사가 큰 소리로 말했다. 그의 부드러운 얼굴은 발그레했고, 손은 시무룩하게 바지 주머니에 꽂혀 있었다. 그는 이 문제를 자신에 대한 모욕으로 받아들였다. "나는 빌어먹을 이 오래된 군대가 과연 움직이기는 할까 싶어. 우린 박혀 있어. 지난 2주 동안 여덟 번이나 움직일 준비를 했지만, 아직 안 움직였잖아."

키 큰 병사는 자신이 직접 퍼뜨린 소문의 진실을 변호해야 한다는 의무감을 느꼈다. 그와 큰 소리 내던 병사는 이 문제로 거의 싸울 뻔했다.

병장 한 명이 사람들 앞에서 욕을 퍼붓기 시작했다. 그는 방금 자신의 집에 비싼 나무 바닥을 깔았다고 말했다. 이른 봄 내내 그는 군대가 언제라도 행군을 시작할 수 있다고 느꼈기 때문에, 주변 환경을 편안하게 만드는 데 크게 애쓰지 않았다. 그러나 최근 들어 그는 자신들이 마치 영원한 야영지에 머무는 듯하다는 인상을 받았다.

많은 병사들이 열띤 논쟁에 참여했다. 한 명은 지휘관의 모든 계획을 기묘하게 명확한 방식으로 설명했다. 그는 다른 작전 계획들이 있다고 주장하는 병사들의 반대에 부딪혔다. 그들은 서로에게 고함을 질렀고, 많은 이들이 대중의 관심을 얻기 위해 헛된 시도를 했다. 한편, 소문을 가져온 병사는 무척이나 중요한 듯 부산하게 돌아다녔다. 그는 계속해서 질문 공세를 받았다.

---

45) feller : 녀석, 나무꾼

"어떻게 된 거야, 짐?" "군대가 움직일 거야." "아, 무슨 소리 하는 거야? 어떻게 알아?" "글쎄, 믿든 안 믿든 마음대로 해. 난 상관 안 해."

그가 대답하는 방식에는 많은 생각할 거리가 담겨 있었다. 증거를 제시하기를 경멸하는 태도로 인해 그는 사람들을 설득할 뻔했다. 사람들은 그것 때문에 더욱 흥분했다.

키 큰 병사의 말과 동료들의 다양한 논평을 열렬히 귀 기울여 듣는 젊은 병사가 있었다. 행군과 공격에 관한 논의를 충분히 들은 후, 그는 오두막으로 가서 문 역할을 하는 복잡한 구멍을 기어 들어갔다. 그는 최근 자신에게 찾아온 몇 가지 새로운 생각들과 혼자 있고 싶었다.

그는 방 끝을 가로지르는 넓은 침상에 드러누웠다. 방의 다른 쪽에는 비스킷 상자들이 가구로 사용되고 있었다. 그것들은 난로 주변에 모여 있었다. 통나무 벽에는 그림 잡지에서 오려낸 그림이 걸려 있었고, 세 개의 소총이 못에 나란히 걸려 있었다. 장비들이 손이 닿는 돌출부에 걸려 있었고, 양철 접시 몇 개가 작은 장작 더미 위에 놓여 있었다. 접힌 텐트는 지붕 역할을 하고 있었다. 바깥의 햇빛이 텐트를 비추자 옅은 노란색으로 빛났다. 작은 창문으로 하얀 빛의 비스듬한 사각형이 어수선한 바닥 위로 떨어졌다. 때때로 난로의 연기가 흙으로 만든 굴뚝을 벗어나 방 안으로 스며들었고, 이 허술한 흙과 나뭇가지로 만든 굴뚝은 끊임없이 건물 전체를 불태울 듯 위협했다.

젊은 병사는 잠시 놀라움에 넋을 잃었다. 결국 싸우게 되는구나. 아마 내일쯤 전투가 벌어질 테고, 자신도 그 안에 있을 것이다. 한동안 그는 스스로를 믿게 하려고 애써야 했다. 그는 자신이 세상의 거대한 사건 중 하나에 휘말리게 될 것이라는 징조를 쉽사리 받아들일 수 없었다.

그는 평생 전투를 꿈꿔왔다 — 어렴풋하고 피비린내 나는 싸움들, 그 격렬함과 불길이 그를 전율케 했다. 환상 속에서 그는 수많은 싸움 한가운데에 서 있는 자신을 보았다. 그는 매의 눈 같은 자신의 용맹함 아래 사람들이 안전할 것이라고 상상했다. 하지만 깨어나서는 전투를 과거의 페이지에 찍힌 핏빛 얼룩으로 여겼다. 그는 그것들을 생각 속에서 지나간 옛일로 치부했다 — 묵직한 왕관과 높은 성들의 이미지로. 그가 전쟁의 시대라고 여겼던 세계사의 한 부분은, 이제 지평선 너머로 사라져 영영 보이지 않을 거라고 생각했다.

고향에서 어린 그의 눈은 자기 나라의 전쟁을 불신으로 바라봤다. 그건 일종의 장난 같은 일이어야만 했다. 그는 오랫동안 고대 그리스 시대의 싸움 같은 격렬한 전투를 직접 보는 것을 절망했다. 그런 건 더 이상 없을 거라고 그는 말했다. 인간은 더 나아졌거나, 더 소심해졌다. 세속적이고 종교적인 교육이 목숨을 걸고 싸우려는 본능을 지워버렸거나, 아니면 확고한 재정이 인간의 열정을 억제했다.

그는 몇 번이고 입대하고 싶어 몸이 달았다. 거대한 움직임의 이야기들이 온 나라를 뒤흔들었다. 그 이야기들이 명확하게 호메로스적이지는 않았지만, 그 안에는 많은 영광이 있는 듯했다. 그는 행군, 공성, 전투에 대해 읽었고, 이 모든 것을 직접 보고 싶어 했다. 그의 분주한 마음은 그에게 화려한 색채로 과장되고, 숨 막히는 행동들로 섬뜩한 거대한 그림들을 그려 보였다.

하지만 그의 어머니는 그를 말렸다. 그녀는 그의 전쟁에 대한 열정과 애국심을 다소 경멸하는 듯이 보였다. 그녀는 태연하게 앉아서 그가 전투장보다는 농장에서 훨씬 더 중요하다는 수백 가지 이유를 아무런 어려움 없이 늘어놓을 수 있었다. 그녀에게는 그 주제에 대한 자신의 말이 깊은 신념에서 나온다는 것을 알려주는 특정 표현 방식이 있었다. 더욱이, 그녀의 편에서는 그녀의 윤리적인 주장이 굳건하다는 그의 믿음이 있었다.

결국, 그는 자신의 야망에 드리워진 이 노란빛에 단호히 반항했다. 신문, 마을의 소문, 그리고 자기 자신의 상상들이 그를 걷잡을 수 없이 흥분시켰다. 그들은 정말이지 그 아래에서 멋지게 싸우고 있었다. 거의 매일 신문은 결정적인 승리의 소식을 인쇄했다.

어느 날 밤, 그가 침대에 누워 있을 때, 바람이 먼 교회 종소리를 실어왔다. 어떤 열성적인 사람이 위대한 전투에 대한 뒤틀린 소식을 전하려고 미친 듯이 종줄을 흔드는 소리였다. 밤중에 기뻐 날뛰는 이 대중의 목소리는 그를 길고 황홀한 흥분으로 몸서리치게 만들었다. 나중에 그는 어머니 방으로 내려가 이렇게 말했다. "엄마, 저 입대할게요."

"헨리, 바보 같은 짓 하지 마라." 어머니가 대답했다. 그러고는 이불로 얼굴을 가렸다. 그날 밤의 일은 그걸로 끝이었다. 그럼에도 불구하고, 다음 날 아침 그는 어머니 농장 근처 마을로 가서 그곳에서 편성 중이던 부대에 입대했다. 그가 집으로 돌아왔을 때 어머니는 얼룩소의 젖을 짜고 있었다. 다른 소 네 마리가 기다리고 있었다. "엄마, 저 입대했어요." 그는 조심스럽게 말했다. 짧은 침묵이 흘렀다. "주의 뜻대로 될 일이다, 헨리." 마침내 그녀는 대답했고, 이어서 얼룩소의 젖을 짜기 시작했다.

그가 군복을 입고 문간에 서서, 고향과의 유대에 대한 후회를 거의 지워버릴 듯한 흥분과 기대의 빛이 그의 눈에 가득할 때, 그는 어머니의 주름진 뺨에 두 줄기 눈물이 흐르는 것을 보았다.

그러나 그녀는 '방패를 가지고 돌아오든 방패 위에 실려 돌아오든'에 대해 아무 말도 하지 않아 그를 실망시켰다. 그는 아름다운 장면을 남기기 위해 혼자서 준비했었다. 감동적인 효과를 낼 수 있다고 생각한 특정 문장들도 미리 준비해 두었다. 하지만 그녀의 말은 그의 계획을 망가뜨렸다. 그녀는 끈기 있게 감자를 깎으며 그에게 이렇게 말했다. "조심해라, 헨리, 그리고 이 싸움터에서 네 몸 잘 챙겨 — 조심하고, 네 몸 잘 챙기렴. 처음부터 반군 전체를 다 때려잡을 수 있다고 생각하지 마, 그럴 수 없어. 너는 수많은 다른 사람들 중 작은 아이 하나일 뿐이고, 조용히 있다가 그들이 시키는 대로 해야 해. 네가 어떤 애인지 내가 잘 알아, 헨리."

"헨리야, 양말 여덟 켤레를 떠 줬고, 네 제일 좋은 셔츠들도 다 넣어 줬어. 내 아들이 군대에서 누구 못지않게 따뜻하고 편안하게 지냈으면 좋겠으니까. 구멍 나면 바로 — 나한테 돌려보내 줘, 내가 꿰매 주게."

제4편 실전예상문제

01 남북전쟁 이후 산업화로 인한 열악한 노동환경과 빈부격차 등의 문제들은 미국문학에서 사실주의적 기법으로 묘사되기 시작하였다.

01 미국 남북전쟁 이후의 상황에 대한 설명으로 가장 옳지 않은 것은?
① 많은 이주민이 도시로 몰려들어 산업이 번창했다.
② 노동환경이 더 열악해지고 빈부격차가 심화되었다.
③ 산업화로 인해 발생한 문제들을 반영한 사실주의 문학이 주목받기 시작했다.
④ 도피적인 로맨스 문학이 환영을 받았다.

02 *The Rise of Silas Lapham*은 윌리엄 딘 하웰스의 작품이다.

02 다음 중 헨리 제임스의 작품이 아닌 것은?
① *The Portrait of a Lady*
② *The American*
③ *The Ambassadors*
④ *The Rise of Silas Lapham*

03 제임스의 지속적인 관심은 '인식'(perception)에 있으며 그의 소설은 외부 사건보다는 내면의 심리에 집중하였다.

03 다음 중 헨리 제임스에 대한 설명으로 옳지 않은 것은?
① 미국인과 유럽인 간의 복잡한 관계를 그린 국제적인 주제를 작품에서 다루었다.
② 심리학적 사실주의의 창시자이자 현대 소설의 선구자이다.
③ 그의 작품은 외부 사건을 집중적으로 자세히 묘사하였다.
④ 영국으로 귀화한 미국 작가이다.

정답 01 ④ 02 ④ 03 ③

04 『톰 소여의 모험』과 『허클베리 핀의 모험』에 대한 설명으로 가장 옳지 않은 것은?

① 『톰 소여의 모험』의 배경인 세인트 피터스버그는 평화롭고 아늑한 공간이다.
② 헤밍웨이는 "모든 미국문학은 『톰 소여의 모험』으로부터 나왔다."라고 말했다.
③ 같은 작가의 작품이지만 두 작품이 보이는 세계관이나 분위기는 다르다.
④ 『허클베리 핀의 모험』이 『톰 소여의 모험』보다 늦게 집필되었다.

04 헤밍웨이가 언급한 마크 트웨인의 작품은 『허클베리 핀의 모험』이다.

05 마크 트웨인에 대한 설명으로 가장 옳지 않은 것은?

① 본명은 사무엘 클레멘스(Samuel Clemens)이다.
② 반사회적인 경향을 지닌 낭만주의 기법을 사용하였다
③ 힘 있고 사실적이며 구어적인 문체로 작품을 썼다.
④ 그의 작품 『허클베리 핀의 모험』의 배경은 미시시피강 가의 세인트 피터스버그이다.

05 마크 트웨인은 반사회적인 경향을 지닌 리얼리즘의 기법을 사용하였다. 즉, 진실을 이야기하면서 형식적이고 억압적인 구습을 파괴하고 해방시켰다.

06 『허클베리 핀의 모험』에서 주인공 Huck이 상징하는 것으로 가장 옳지 않은 것은?

① 이상적인 미국인의 모습
② 무한한 발전 가능성을 지닌 미국인
③ 자연의 아이
④ 교양을 습득하고 문명에 적응한 미국인

06 주인공 헉(Huck)은 문명에 찌들지 않은 원초적이고 순수한 미국인을 의미한다.

정답 04 ② 05 ② 06 ④

07 19세기 후반 미국의 문학은 산업화에 따른 사회구조의 변화와 자본의 집중화로 나타난 부조리한 사회문제들을 다루는 분위기였다. 이 시대에는 인간의 삶을 감상적인 것으로 보거나 이상화하려는 낭만주의 경향에서 벗어나 현실적인 것을 중요시하는 사실주의(Realism)로 그 시선을 옮겨갔다. 마크 트웨인은 비속어나 방언을 작품에 사용하여 유머와 지방주의적인 분위기를 선보임으로써 미국문학의 사실주의를 발전시켰다.

07 다음 중 19세기 후반 미국문학의 사실주의에 대한 설명으로 가장 옳지 않은 것은?

① 미국의 산업화로 파생된 부조리한 사회문제를 다루었다.
② 인간의 삶을 감상적으로 이상화하여 그렸다.
③ 마크 트웨인은 비속어와 지역 방언 등을 활용하고 미국영어의 구어체를 작품에 사용했다.
④ 대표적인 작가로는 마크 트웨인과 윌리엄 딘 하월스 등이 있다.

08 헨리 제임스는 작품 활동 중반기에 영국인의 생활 관찰이 중심이 되어 미세한 관찰을 소설에 투영하였고 이러한 특색은 그의 후기 작품 세계에서도 현저히 나타난다.

08 헨리 제임스의 활동 시기에 따른 작품 세계의 변화와 발전에 대한 설명으로 가장 옳지 않은 것은?

① 초기 : 유럽과 미국을 소재로 한 국제적인 주제의 작품을 많이 썼다.
② 초기 : 영국인의 생활 관찰이 중심이 되어 미세한 관찰을 소설에 투영하였다.
③ 중기 : 극작 활동에 실패한 후 실험적인 소설 작품을 썼다.
④ 후기 : 초기의 국제적인 주제로 되돌아가면서 형이상학적 심리 소설의 기법을 발전시켰다.

09 에밀리 디킨슨은 1800여 편에 달하는 시를 썼다. 그녀는 사랑, 죽음 이별, 영혼, 천국 등을 소재로 한 명상시로 유명하다. 그녀의 시는 당대의 시들과는 내용이나 형식에 있어서 많이 달라서 생전에는 인정받지 못했다. 평생 은둔생활을 하면서 홀로 자신의 이층 방안에 틀어박혀서 시를 썼다. 그녀는 제한된 물리적 공간에서 무한한 상상과 고뇌, 사랑과 공포를 시로 담아냈다. 소설은 쓰지 않았다.

09 에밀리 디킨슨에 대한 설명으로 가장 옳지 않은 것은?

① 디킨슨의 시는 제목이 없이 첫줄을 제목으로 사용한다.
② 비문법적 구성과 생략으로 해석이 어렵다.
③ 훗날 시뿐만 아니라 소설도 집필하였다.
④ 시 주제로는 주로 사랑과 죽음, 영혼을 다룬다.

정답 07 ② 08 ② 09 ③

10 *The Adventures of Huckleberry Finn*의 등장인물에 대한 설명으로 가장 옳지 않은 것은?

① Jim : Huck의 단짝 친구로 함께 모험을 떠난다.
② Huck : 다소 원시적이고 자유를 추구하는 아이이다.
③ Mrs. Douglas : Huck을 보호하여 교양인으로 만들기 위해 노력하는 인물이다.
④ Huck의 아버지 : 알코올 중독자이자 부랑자이다.

10 작품 속에서 Jim은 도망친 흑인 노예이다.

11 헨리 제임스의 작품에 대한 설명으로 옳지 않은 것은?

① *The American* : 자수성가한 백만장자 주인공이 신붓감을 찾아 유럽으로 떠난다.
② *The Bostonians* : 페미니즘과 사회개혁을 주제로 한 소설이다.
③ *The Ambassadors* : '유령'이라는 초자연적 현상을 다루었다.
④ *The Turn of the Screw* : 한 여인의 극단적인 심리 상태와 순진무구한 아이들의 관계에 중심을 둔 뛰어난 심리 소설이다.

11 *The Ambassadors*(1903)에서 주인공 스트레더(Lewis Lambert Strether)는 뉴섬 부인(Mrs. Newsome)으로부터 3년 동안 파리에서 거주하며 미국으로 오지 않는 그녀의 아들 채드윅(Chadwick Newsome)을 데려오라는 임무를 받는다. 소설은 그가 대사 자격으로 파리에 가서 경험하는 각성과 의식의 성장을 그린다.

12 다음 중 케이트 쇼팽(Kate Chopin)의 작품으로 옳지 않은 것은?

① *Bayou Folk*(1894)
② *A Night in Acadie*(1897)
③ *The Open Boat*(1898)
④ *The Awakening*(1899)

12 『난파선』(*The Open Boat*, 1898)은 스티븐 크레인(Stephen Crane, 1871~1900)이 실제 생사를 넘나드는 경험을 토대로 난파선에서의 형제애의 중요성을 강조한 작품이다.

정답 10 ① 11 ③ 12 ③

주관식 문제

01 악한 소설(Picaresque Novel)에 대하여 설명하시오.

01 정답

악한 소설이나 건달 소설이라고도 하는 피카레스크 소설(스페인어로 '악당'을 뜻하는 단어인 pícaro에서 유래됨)은 16세기~17세기 초반까지 스페인에서 유행한 문학 양식의 하나이다. 소설의 주인공은 악한(악독한 짓을 하는 사람, 피카로)이며, 가난하게 태어난 후 의지할 곳이나 사람도 없이 사회 및 가정을 떠나 여행하는 주인공을 중심으로 소설이 전개된다. 주인공을 중심으로 많은 사건이 연속적으로 발생하며 마지막에는 대부분 주인공의 뉘우침으로 마무리된다. 피카레스크 소설은 주로 1인칭 서술자 시점으로 주인공이 고백을 하는 형식이다. 여행을 하면서 사회의 부조리나 부패를 보고 사회를 비판하기도 한다. 주인공은 이런 여행을 통해 정신적으로 성장을 하게 된다.

02 미국의 사실주의 문학사조에 대하여 설명하시오.

02 정답

19세기의 미국문학의 양상이 상징과 알레고리, 로맨스와 신화였다면 남북전쟁은 현실적 삶에 접근하는 사실주의적 양식으로 진입하게 하였고 미국문학은 현실에 기반을 둔 일상적이고 본질적인 것을 중시하는 사실주의로 옮겨갔다. 마크 트웨인, 윌리엄 딘 하웰스, 헨리 제임스 등이 이 시대의 사실주의를 대표하는 작가이다. 마크 트웨인은 문학 작품에서 비속어와 방언 등을 사용하면서 구어체의 미국영어를 작품에 담아 서부 개척지의 유머와 지방주의적인 분위기의 사실주의를 표현했다. 윌리엄 딘 하웰스는 사랑이나 야망에 휩쓸리는 인물을 등장시켜 자본주의 사회에서 타락하는 인물의 모습을 선보였다. 헨리 제임스는 심리적 사실주의(Psychological Realism)를 작품에 담아 현대 소설의 문을 열었다.

03 에밀리 디킨슨의 시의 특징을 세 가지 설명하시오.

03 정답
① 비문법적인(ungrammatical) 언어와 간결하고 구어체적인 문체를 사용하여 시를 썼다.
② 죽음과 사랑, 자연, 이별, 영혼 등을 소재로 1800여 편에 달하는 시를 썼다.
③ 놀라운 통찰력과 강렬한 이미지를 시에 담았으며 확정되고 단일한 해석을 거부하였다.

04 19세기 미국 사실주의 문학의 대표적 인물인 윌리엄 딘 하웰스(William Dean Howells)의 문학적 업적과 사상적 특징을 간략하게 서술하시오.

04 정답
윌리엄 딘 하웰스는 19세기 미국 사실주의 문학을 주도한 작가이자 비평가로, 문학에서 현실을 있는 그대로 정직하게 묘사해야 한다고 주장하며 이상화된 낭만주의를 배격하였다. 대표작 『현대적인 이야기』(*A Modern Instance*)와 『사일러스 라팜의 부활』(*The Rise of Silas Lapham*)에서는 당시 미국 중산층의 윤리와 사회적 갈등을 사실적으로 다루었다. (또한, 편집자로서 헨리 제임스, 마크 트웨인 등 당대 작가들을 발굴하고 소개하는 데 중요한 역할을 했다.)

05 스티븐 크레인(Stephen Crane)의 가장 대표되는 작품에 대해 간략하게 설명하시오.

05 정답
대표 작품 『붉은 무공훈장』(*The Red Badge of Courage*, 1895)은 남북전쟁에 참전한 소년 병사의 내면 갈등과 심리 변화를 묘사한 소설로, 전쟁의 영웅주의를 해체한 작품이다. 이 작품은 전투 경험 없이 쓴 전쟁 소설임에도 뛰어난 묘사력으로 큰 평가를 받았다.

교육이란 사람이 학교에서 배운 것을 잊어버린 후에 남은 것을 말한다.

-알버트 아인슈타인-

제 5 편

20세기 미국문학 (2차 세계 대전 전후)

제1장	20세기 미국문학의 특징
제2장	모더니즘
제3장	20세기 미국 소설
제4장	20세기 미국 시
제5장	20세기 미국 희곡
제6장	20세기 미국 비평

실전예상문제

| 단원 개요 |

20세기는 미국문학이 세계적이고 현대적인 문학을 이루기 위해 노력한 시대이다. 이 시대는 미국문학이 제도적으로도 틀을 갖추면서 외양과 내실을 다진 시기이다.

| 출제 경향 및 수험 대책 |

세계대전 이후 문명의 위기를 직시한 T. S. Eliot과 자연주의 시학의 Robert Frost, 잃어버린 세대를 대표하는 작가들과 흑인 문학, 유대계 문학 등 다채로운 작가들의 특성을 구분하고 각 작품의 의미를 파악해야 한다.

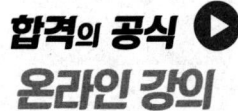 

보다 깊이 있는 학습을 원하는 수험생들을 위한
시대에듀의 동영상 강의가 준비되어 있습니다.
www.sdedu.co.kr ➜ 회원가입(로그인) ➜ 강의 살펴보기

제 1 장 | 20세기 미국문학의 특징

제1절 시대적 배경

20세기에 유럽과 미국은 산업과 공업의 발달로 인간의 존엄성이 무너지고 인간에게 냉담하고 인간을 소외시키는 사회의 역할이 두드러졌다. 이러한 사회 분위기는 인간이 아무리 노력을 해도 결국은 외부 환경과 외부 세력의 희생양이 될 수밖에 없다는 자연주의(Naturalism)의 발생을 유도하였다. 제1차 세계대전(1914~1918)은 미국 젊은이들에게 정신적·육체적으로 심한 상처를 남겼고, 기존의 이상과 가치, 도덕과 신앙은 전쟁에서 모두 붕괴되었다. 대다수의 미국 작가들은 제1차 세계대전의 승리로 엄청난 경제적 이득을 취한 미국의 상업주의와 속물주의에 심한 반발감을 가졌다. 이때 '잃어버린 세대'(Lost Generation)도 생겨났다. 1929년에 발생한 경제 대공황은 1920년대 '재즈시대'(Age of Jazz)의 풍요롭고 자신감 가득한 미국의 분위기를 파괴했다. 이 여파로 1930년대의 미국문학은 저항의 성격이 두드러졌고 마르크스주의와 '프롤레타리아 계급 문학'이 유행했다. 제2차 세계대전(1939~1945) 후인 1945년 무렵의 미국은 거대한 강국이 되었다. 1950년대의 작가들은 1930년대에 주목받았던 마르크스 이데올로기에는 관심을 두지 않았고, 비트 세대(Beat Generation)가 등장하여 기존의 관습과 체제, 권위에 도전하고 저항하였다. 이들은 기성세대의 허위와 가식을 유머와 위트로 폭로했으며, 획일적이고 닫힌 사회의 경직성을 조롱하며 의식의 혁명을 요구했다.

제2절 문예사조

1 자연주의(Naturalism) 중요

문학에서의 자연주의는 19세기 말 프랑스 합리주의와 자연과학의 영향을 받았고, 콩트(Auguste Comte)의 실증주의 철학, 베르나르(Claude Bernard)의 생리학, 다윈의 진화론, 텐(Hippolyte Adolphe Taine)의 환경론 등의 영향으로 낭만주의에 대한 반동으로 발생했다. 17세기 이후 빠른 속도의 발전을 이루었던 자연과학은 서구 문명이 세계를 정복하는 데에 큰 힘을 제공하였다. 19세기에 이르러 문학에도 이러한 자연과학의 방법을 도입하는 작가들이 출현했다. 대표적인 작가로는 프랑스의 에밀 졸라(Emile Zola)인데 그는 『실험소설론』(*Le Roman Experimental*, 1880)에서 인간의 심리 행동은 체질과 사회의 조건에 의해 결정되기 때문에 소설가가 인간의 진실을 파악하기 위해서는 유전과 환경을 연구해야 한다고 주장했다. 나아가 소설가도 자연과학자와 마찬가지로 단순한 관찰로부터 적극적 실험에 의해 인간과 사회생활의 진상을 포착할 것을 제시했다. 그러나 자연주의는 지나치게 기계적인 해석으로 인하여 많은 부작용을 일으키기 시작했다. 다시 말하면, 지나치게 결정론으로 기울어져서 세계와 인간을 보았기 때문에 인간의 자유 의지를 부정하고, 추악하고 야수적인 면의 폭로에만 급급한 나머지 도덕과 윤리에 대한 배려도 무시했다. 이렇게 생물학적·과학적 결정론을 신봉하는 자연주의자들은 인간의 삶이 자신이 통제할 수 없는 힘에 의해 결정된다고 보았다. 인간의 행위는 동물의 행위처럼 본능을 따르는 것일 뿐이기 때문에 인간은 자유의지를 통한 노력으로 무언가를 바꿀 수 있는 능동적 존재가 아니라 타고난 유전과 주어진 환경에 의해 휩쓸리는 수동적 존재라고 보았다.

사실주의를 자연주의의 연장으로 보는 것은 대상의 묘사에 있어서 현실의 충실한 재현(再現, Reproduction)이라는 공통점이 있어서일 뿐 철학적인 면에서는 공통점을 찾기 힘들다. 사실주의는 주로 세계를 재현하는 방식일 뿐 어떠한 뚜렷한 철학을 내세우지 않는다.

미국문학의 자연주의는 산업화의 성공이 불러온 부의 편재와 농촌의 피폐화, 노동자계급의 가혹한 현실에 관심을 가진 작가들에 의하여 형성되었다. 주요 작가로는 스티븐 크레인(Stephen Crane), 프랭크 노리스(Frank Norris), 잭 런던(Jack London), 시어도어 드라이저(Theodore Dreiser) 등이 있다.

2 잃어버린 세대(Lost Generation) 중요

제1차 세계대전 후에 환멸을 느낀 미국의 지식계급 및 예술가 청년들에게 주어진 명칭이다. 이들은 전쟁의 경험에서 온 허무주의와 비관주의를 절실히 인식하였고 이러한 태도는 삶에 대한 새로운 인식을 일으켰다. 이들은 자신들의 경험과 유럽에서 배운 문체나 화법을 사용하여 기존의 가치와 신앙에 담겨 있는 속물주의에 대해 비판했다.

'잃어버린 세대'(Lost Generation)의 명칭은 어니스트 헤밍웨이(Ernest Hemingway)가 거트루드 스타인(Gertrude Stein)이 "당신들은 모두 길을 잃어버린 세대"(You are all a lost generation)라고 한 말을 그의 작품 『해는 또 다시 떠오른다』(*The Sun Also Rises*, 1926)의 서문에 인용한 데서 유래했다. 제1차 세계대전 이후 뒤따르는 환멸과 허무함, 상실감 속에서 길을 잃고 방황한다는 점에서 '잃어버린 세대'라고 불렀다. Ernest Hemingway, F. Scott Fitzgerald, William Faulkner는 '잃어버린 세대'를 대표하는 소설가들이다. '잃어버린 세대'는 미국 모더니즘의 다양성 가운데 상류사회의 백인 부르주아 남성의 정신적 위기를 반영하고 있다. 삶의 목표와 방향성을 잃고 쾌락에 탐닉하는 당시 미국의 젊은이들 혹은 작가 자신의 모습을 그려낸 작품들은 미국에서뿐 아니라 세계적으로도 큰 호응을 얻었으며 여기에 속한 헤밍웨이, 피츠제럴드, 포크너 등은 미국문학을 대표하는 작가로 성장하였다.

3 1930년대 공황기 문학

1929년 10월 24일 뉴욕의 주식시장이 붕괴하며 대공황(Great Depression)이 발생했다. 임금감소와 소비위축이 연쇄적으로 일어났으며 1930년에는 미국의 1600만 명 이상이 실업자가 되었다. 미국에서 발생한 공황은 세계적으로 확산되었고, 1930년대에 전 세계를 대량실업과 불황으로 이끌었다. 대공황 시대의 문학은 직접적이고 노골적으로 당대의 사회를 비판했다. 이 시기의 대표 작가인 존 스타인벡은 가난한 노동자계급과 착실하고 정직한 삶을 위한 투쟁적인 글을 썼다. 그는 당시 가장 투철한 사회의식을 가진 작가였고, 1962년에 노벨문학상을 수상했다. 이 시기의 주요 작가로는 토머스 울프(Thomas Clayton Wolfe), 존 스타인벡(John Steinbeck), 윌리엄 사로얀(William Saroyan) 등을 들 수 있다.

4　제2차 세계대전 후의 문학

(1) 유대계 작가들

1940년대부터는 유대계 작가들이 출현하여 제2차 세계대전 이후의 정신적 공황과 절망을 사실적으로 묘사하였다. 『허공에 매달린 사나이』(*Dangling Man*, 1944)를 발표한 솔 벨로(Saul Bellow)를 시작으로 노먼 메일러(Norman Mailer), 필립 로스(Philip Milton Roth), J. D. 샐린저(Jerome David Salinger) 등의 작가들이 등장했다. 이들은 유대인이 겪은 대학살의 공포와 상처를 일반인의 영역으로 확대했고, 전쟁의 상처를 안고 도시의 변두리를 방황하며 고달픈 삶을 살아가는 인물을 표현했다.

(2) 흑인 작가들

흑인 작가들은 흑인들이 미국사회에서 고통스럽게 겪어온 '이중의식'(Double Consciousness)을 솔직하게 표현하면서 흑인 인권운동의 기폭제가 되었다. 주요 작가로는 리처드 라이트(Richard Wright), 랠프 엘리슨(Ralph Waldo Ellison), 제임스 볼드윈(James Baldwin)을 들 수 있다. 이들의 문학적 유산은 1980년대의 토니 모리슨(Toni Morrison), 엘리스 워커(Alice Walker)와 같은 작가들에 의해 계승되었다.

> **더 알아두기**
>
> **이중의식(Double Consciousness)**
>
> 이중의식은 다수의 주도적인 문학에 대한 소수민족 구성원의 복합적 의식을 의미한다. 아프리카계 미국인 학자 W. E. B. 듀보이스(W. E. B. Du Bois)가 '흑인의 영혼'에 관한 논의에서 처음 만든 용어이다. 듀보이스는 아프리카계 미국인의 자기의식이 언제나 미국 다수의 기대와 표상에 의해 형성된다고 주장한다. 듀보이스 이래 '이중의식'이라는 용어는 아프리카계 미국인 비평과 현대 문학 비평의 가장 중요한 개념이 되었다. 이 이중성에 대한 강렬한 의식은 미국의 소수민족 작가들에게 큰 영향을 주었고, 나아가 이 분열된 의식은 소수민족에게만 해당되는 범위를 넘어서서 미국의 문화적 이중성이라는 일반적 상황에까지 확대시킬 수 있다.

> **더 알아두기**
>
> **문예사조와 대표 작가** 〔중요〕
>
> | 연대 | 문예사조 | 대표 작가 |
> |---|---|---|
> | 1910년대 | 자연주의 | 스티븐 크레인(Stephen Crane), 프랭크 노리스(Frank Norris), 잭 런던(Jack London), 시어도어 드라이저(Theodore Dreiser) |
> | 1920년대 | 잃어버린 세대 | 어니스트 헤밍웨이(Earnest Hemingway), F. 스콧 피츠제럴드(F. Scott Fitzgerald), 윌리엄 포크너(William Faulkner) |
> | 1930년대 | 공황기 문학 | 토머스 울프(Thomas Clayton Wolfe), 존 스타인벡(John Steinbeck), 윌리엄 사로얀(William Saroyan) |
> | 1950년대 이후 | 유대계, 흑인계 문학 | • 유대계 문학 : 솔 벨로(Saul Bellow), 노먼 메일러(Norman Mailer), 필립 로스(Philip Milton Roth), J. D. 샐린저(Jerome David Salinger)
• 흑인계 문학 : 리처드 라이트(Richard Wright), 랠프 엘리슨(Ralph Waldo Ellison), 제임스 볼드윈(James Baldwin) |

(3) 비트 세대(Beat Generation)

1950년대 후반부터 획일적이고 폐쇄적인 미국사회에 대한 자각과 저항이 시작되었는데, 1960년대에 이르러 '비트 세대'가 등장하였다. 비트 세대는 기존의 관습이나 체제, 권위에 도전하고 저항한다는 특징을 지닌다. 이들은 동시대에 영국에서 등장했던 '성난 젊은이들'(The angry young men) 세대와 더불어 기성세대의 허위와 가식을 신랄하게 폭로하였고 기성사회의 폐쇄성과 경직성을 조롱했다.

제 2 장　모더니즘

제1절　모더니즘(Modernism)

모더니즘은 20세기 전반 즉, 제1차 세계대전(1914~1918)부터 제2차 세계대전(1939~1945) 사이에 유행하던 문예사조이다. 이 시기는 영미문학뿐만 아니라 당대의 사회문화·예술의 영역에서 모더니즘의 영향 하에 전반적인 의식의 변화가 크게 일어난 시기이다. 모더니즘은 당대의 문학뿐 아니라 세계관과 가치의 흐름을 이해하는 데 있어 필수적인 개념이므로 모더니즘의 의미와 그 영향을 자세히 확인할 필요가 있다.

1914년의 제1차 세계대전은 '서구 문명 및 문화의 토대와 연속성에 대한 인간의 신념'을 무너뜨렸고, '프로이트, 다윈, 마르크스, 니체' 등이 피력한 인간에 대한 새로운 견해는 기존의 가치체계를 크게 뒤흔들었다. 모더니즘은 19세기와 20세기에 걸쳐 일어난 급격한 사회문화의 변화에 대한 당연한 반응으로 볼 수 있다.

모더니즘의 특징으로는 심리적 사실주의, 상징주의, 고전문의 인용, 형식적 실험, 새로운 내러티브 스타일, 파편화된 형식, 병렬 구조, 의식의 흐름, 개인의 의식과 무의식에 대한 탐구, 에피퍼니, 미학주의, 예술지상주의 등을 들 수 있다. 모더니즘 작가들은 스스로를 19세기의 작가들과 구별하였다. 대표적인 모더니스트로는 에즈라 파운드(Ezra Pound), T. S. 엘리엇(Thomas Stearns Eliot), 조셉 콘래드(Joseph Conrad), 제임스 조이스(James Joyce), 버지니아 울프(Virginia Woolf), D. H. 로렌스(David Herbert Lawrence), 거트루드 스타인(Gertrude Stein) 등을 들 수 있다. 이들은 기존의 문학적 전통이나 소설과 시의 관습적인 기법을 거부하고 새로운 문학 형식의 실험을 통해 과거와는 다른 새로운 문학의 지평을 열고자 하였다. 그러나 이들이 주목한 개인의 내면의식에 대한 탐구나 파격적인 형식의 실험, 엘리트주의, 현학성 등은 오히려 대중들의 관심을 멀어지게 하는 결과를 낳기도 했다. 모더니즘의 형성에 큰 역할을 담당한 대표적인 연구와 이론에 대한 이해는 당대 문학의 특징 및 흐름을 파악하는 데 필요하다.

> **더 알아두기**
>
> **모더니즘 소설의 형식상 특징** 중요
> - 새로운 시간관의 대두로 인해 모더니즘 소설은 연대기적·객관적 서술방법을 피하고, 비연대기적인 플롯과 공간적 구성을 활용한다. 예를 들어, 버지니아 울프는 『댈러웨이 부인』(*Mrs. Dalloway*)에서 하루 동안 일어난 일을 두 명의 주인공의 이야기로 교차시키고 현재와 과거의 이야기를 조합시킴으로써 전통적인 플롯의 진행 방식을 탈피하였다.
> - 전통적인 전지적 작가의 시점이 아닌 복합시점을 사용한다. 예를 들어, 윌리엄 포크너는 『음향과 분노』(*The Sound and the Fury*)에서 각 장마다 다른 화자를 사용하여 여러 시점에서 사건을 보여주었다.
> - '의식의 흐름' 기법을 사용한다. 개인의 기억이나 인상, 생각 등을 시간의 연속성이 아닌 의식이 흐르는 대로 서술해 나가는 이 기법은 제임스 조이스의 『율리시스』(*Ulysses*)에서 효과적으로 활용되었다.

제2절 지그문트 프로이트(Sigmund Freud)의 정신분석학(Psychoanalysis)

지그문트 프로이트(Sigmund Freud, 1856~1939)는 『꿈의 해석』(*The Interpretation of Dreams*)을 1900년에 출판하였다. 그의 정신분석 연구가 20세기 사상에 미치는 영향은 매우 지대하며, 오늘날 프로이트를 읽지 않고서는 사상을 논할 수 없는 지경에 이르게 되었다. 프로이트는 인간 안에 잠재해 있는 무의식(unconsciousness)의 영역을 최초로 인식한 학자로 여겨진다. 그의 무의식에 대한 연구는 철학과 문학 이론, 문화 연구에 다양한 개념과 용어를 제공해 주었다. 프로이트에 따르면 인간의 내면은 무의식과 의식의 영역으로 구성되어 있는데, 무의식의 영역은 자유연상(Free association), 환상, 말실수, 꿈 등을 통해 접근이 가능하다고 보았다. 또한 그는 꿈의 연구를 통해 다양한 신경증과 정신병에 시달리는 환자를 치료할 수 있는 토대를 마련하였다. 또한 '문명'을 개인의 욕망을 억압함으로써 사회적인 생활을 유지할 수 있게 하는 장치로 이해하고, '이드(Id), 자아(Ego), 초자아(Superego)'의 구분을 통해 사회와 인간의 관계를 정립한 것도 프로이트의 큰 성과이다. 프로이트의 가장 큰 업적은 인간의 무의식의 영역을 발견한 것이다. 그의 연구를 통해 겉으로 보이는 의식의 세계보다 드러나지 않는 무의식의 세계가 훨씬 크고 진실을 담고 있다고 보았다. 그의 정신분석학 연구와 발전은 인간 개개인의 의식에 대한 관심을 높였고, 눈에 보이는 세계가 진리라고 여겼던 기존의 가치관과 믿음을 붕괴시키기 시작했다.

제3절 아인슈타인의 상대성 이론(Theory of Relativity)

아인슈타인(Albert Einstein)이 만든 이론으로, 특수상대성 이론과 일반상대성 이론을 통틀어 상대성 이론 또는 상대론이라고 한다. 상대성 이론은 관측자에게 동일하고 보편적이며 절대적인 시간이 존재한다는 뉴턴역학과는 달리 시간과 공간이 관측자에 따라 상대적이라는 이론이다. 즉, 시간 간격의 측정은 그 측정을 행하는 기준틀에 따라 다를 수 있고, 동시성은 절대적 개념이 아니며 관찰자의 운동 상태에 따라 다르다고 본다. 상대성 이론에서는 시간과 공간을 통합하여 시공간이라 하며 관측자의 운동에 따라 시간의 흐름과 측정이 달라질 수 있다. 시간은 순차적인 연속성의 개념이 아닌 개개인에게 지극히 주관적인 개념이다.

제4절 찰스 다윈의 『종의 기원』

찰스 다윈(Charles Robert Darwin)은 생물은 진화한다는 생물진화론을 주장한 영국의 대표적인 생물학자이다. 그는 1839년에 『비글호 항해기』(*Voyages of the Adventure and Beagle*)를 출판하여 진화론의 기초를 확립하였다. 이후 『종의 기원』(*On the Origin of Species by Means of Natural Selection or the Preservation of Favoured*

Races in the Struggle for Life, 1859)을 발표하여 생물계뿐만 아니라 기독교 신학적 세계관에 대한 반론을 제기하였는데, 그 결과 그의 이론은 광범위한 지지를 얻으며 세계관에 혁명을 가져왔지만 반대 또한 강하였다. 그는 생존경쟁에 있어서 자연선택설(Theory of natural selection)과 적자생존(Survival of the fittest)을 주장하였다. 환경에 적응하는 존재가 다른 생물보다 유리하고 적응 못하는 존재는 멸종한다고 하였다. 이러한 주장은 19세기 말의 문화와 사상에 지대한 영향을 주었다. 이 사상을 다위니즘(Darwinism)이라고 한다. 주목할 점은 이 이론이 잘못 이해되면 우수한 능력을 지닌 인간만이 살아남을 가치가 있다는 해석도 가능하다는 것이다. 그래서 이 이론은 제국주의를 정당화하고 옹호하기 위한 근거로도 쓰였다. 다윈이 화석 연구를 통해 인간은 원숭이가 진화한 존재라고 주장한 진화론(Evolutionary Theory)은 인간은 신이 특별히 선택하여 창조한 것이라는 인간관을 무너뜨렸다. 인간에게 특권적 지위를 부여하던 확신에 의심이 생겼고, 기존의 기독교 신앙에 대한 회의가 자리 잡게 되었다.

제5절 마르크스주의

마르크스와 엥겔스가 창안한 마르크스주의는 변증법적 유물론(辨證法的 唯物論)과 사적 유물론(史的 唯物論)을 바탕으로 계급투쟁론 등이 유기적으로 결합된 포괄적인 사상체계로 자본주의에 대해 반대하며, 노동자계급의 계급투쟁으로 폭력에 의한 혁명을 일으킴으로써 계급 없는 이상사회를 건설할 수 있다고 주장한 프롤레타리아 계급투쟁 사상이다.

마르크스주의는 인간소외, 자본주의 비판, 유물론, 계급투쟁, 혁명 이론, 프롤레타리아 독재론, 공산주의 사회론 등을 기초로 20세기 노동운동과 사회주의운동에 가장 영향력 있는 사상의 하나가 되었다. 1991년 소련의 붕괴와 동유럽의 몰락으로 사라진 것 같지만 현실과 거리를 두면서도 지속적으로 여러 사상가들에 의해 다양하게 해석되어 왔다.

제6절 의식의 흐름 기법 중요

의식의 흐름은 모더니즘 소설에서 주로 사용하는 소설의 기법 중 하나로 머릿속에 떠오르는 생각, 기억, 자유 연상, 마음에 스치는 느낌을 그대로 적는 기법을 말한다. 이 기법은 정신분석학자인 프로이트의 영향을 받았다. 의식의 흐름 기법에선 무의식적으로 떠오르는 생각들을 다듬지 않고 그대로 서술하므로 파편적이고 논리적인 비약이 나타난다. 또한 의식의 통제로부터 자유롭기 때문에 문법에 어긋나거나 일관성과 논리성이 없는 문장들이 이어지기도 한다. 미국의 작가 존 더스 패서스, 어니스트 헤밍웨이, 윌리엄 포크너 등도 이 방법을 활용하였다. 시인 중에서는 T. S. 엘리엇을 비롯하여 거투르드 스타인, 윌리엄스 등의 작품에서, 연극에서는 유진 오닐과 아서 밀러 등의 작품에서 부분적으로 응용되었다. 주로 모더니즘 소설가들이 소외된 현대인들의 복잡하고 무질서한 의식의 한 단면을 보여주는 기법으로 이용하였다.

제3장 | 20세기 미국 소설

제1절 20세기 미국 소설의 특징

20세기 미국에는 자본주의로부터 야기되는 빈부격차와 인간소외, 현대인의 도덕성 문제 등으로 자연주의(Naturalism) 문예사조가 등장하였다. 자연주의의 대표 작가들로는 시어도어 드라이저, 스티븐 크레인, 프랭크 노리스, 잭 런던 등을 들 수 있다.

1920년대에는 제1차 세계대전 후의 상실감과 허무주의를 문학에 표출한 어니스트 헤밍웨이, F. 스콧 피츠제럴드 등과 같은 '잃어버린 세대'가 등장했다. 윌리엄 포크너는 1920년대 후반부터 사라져 가는 미국 남부사회를 기억하려 한 작가이자, 인간의 삶을 통찰력과 실험적 언어로 표현한 모더니스트였다.

1929년 미국 대공황 이후 경제적 불황의 장기화로 당대의 문학은 사회저항의 분위기를 가진다. 1940년대부터는 유태계 작가들이 등장하였다. 솔 벨로, 버나드 맬러머드, 노먼 메일러, 필립 로스, J. D. 샐린저 등과 같은 작가들이 1960년대까지 많은 작품을 발표하였다. 랠프 엘리슨, 제임스 볼드윈 등의 흑인 작가들도 이 시기에 등장하였다.

제2절 주요 작가와 작품

1 시어도어 드라이저(Theodore Dreiser, 1871~1945)

(1) 작가 소개

자연주의 작가로서 20세기 초 미국 자연주의의 기반을 다진 작가이다. 드라이저는 1871년 인디애나주에서 독일계 이민인 John Paul Dreiser의 12남매 중 11번째 아들로 태어났다. 그의 아버지는 본래 직물공으로 한때 모직 공장의 감독까지 올라 공장을 직접 운영하기도 하였다. 그러나 공장의 화재로 모두 불타버려 파산하게 되었으며, 어머니마저 남아 있던 재산을 사기 당하여 집안은 완전히 몰락하였다. 이러한 불운으로 생활이 어려워도 그의 아버지는 독실한 가톨릭 신자여서 가혹할 정도로 자식들에게 엄격하게 종교교육을 하였고 오직 신의 은총만을 신뢰하며 성경과 교회의 교리를 빈틈없이 실행하도록 강요했다. 드라이저가 종교에 대해 반발심을 갖게 된 것도 아버지의 영향이 컸다고 볼 수 있다. 이처럼 드라이저는 어린 시절을 가난과 역경 속에서 보냈으며, 드라이저의 자연주의 작품은 자신의 고통스러운 삶을 통한 경험의 소산이었다.

(2) 작품

① 『시스터 캐리』(Sister Carrie, 1900) 중요

드라이저는 자신의 첫 소설인 『시스터 캐리』(Sister Carrie)를 썼을 때까지도 자연주의 문학의 대표적 작가인 에밀 졸라의 작품을 읽어본 적이 없었지만, 이 작품은 미국 자연주의 문학을 이끈 최고의 작품 중 하나가 되었다. 1900년에 발표되었지만 부도덕하다는 이유로 판매가 금지되었다가 1912년에 재간행되었다.

② 『금융자본가』(The Financier, 1912)

금전적 이득이 되는 일이라면 무엇이든지 하는 주인공 프랭크 카우퍼우드(Frank Cowperwood)를 통해 도덕관념의 붕괴와 극도로 이기적인 이익 추구를 보여준다.

③ 『미국의 비극』(An American Tragedy, 1925)

이 작품은 비뚤어진 미국적 성공 신화를 비판하는 동시에 도시화 및 현대화로 인한 인간소외를 다루며 성공 위주 경쟁사회에서 가난한 노동자들이 겪는 현실과 고통을 보여준다. 주인공 클라이드 그리피스(Clyde Griffiths)의 살인은 의도가 아닌 우연에 의한 것이고, 개인에게 미친 사회의 영향이 한 인간으로 하여금 어떻게 살인을 계획하게 만들었는지를 밝힘으로써 인간이 자신의 자유의지가 아닌 외부의 힘에 의해 파멸되는 모습을 보여준다. 다시 말해, 이 작품은 비뚤어진 미국적 성공 신화에 비판을 가하고 현대화로부터 발생된 인간소외의 압박감을 그리는 이야기이다.

(3) 『시스터 캐리』(Sister Carrie)의 줄거리

가난한 농부의 딸 Carrie Meeber는 시골생활에 싫증을 느껴 무작정 시카고로 향한다. 기차에서 출장 판매원 Charles Drouet를 알게 되는데, 그녀는 멋진 옷을 입고 있는 Drouet에게 끌려 이 둘은 서로 주소를 교환한다. Carrie는 언니 집에서 살며 구두 공장의 여직공으로 일하다가 몸살로 며칠 동안 결근을 하고 그 이유로 해고된다. 그녀는 인생의 비애를 느끼며 일자리를 찾아 거리를 헤맨다. 형부와 언니는 Carrie를 부담스럽게 여겨 고향으로 돌아가라고 권유한다. 절망에 빠져 거리를 배회하던 Carrie는 기차 안에서 만났던 Drouet와 우연히 만나게 된다. Drouet는 돈을 낭비하고 유행을 따르는 사람이다. 그러나 곤경에 빠진 Carrie에게 Drouet는 선망의 대상이었고, 고급 레스토랑에서 함께 먹은 음식 값은 그녀의 처지에서 볼 때 엄청난 돈이었다. 그리고 Drouet가 Carrie에게 옷을 사 입으라고 20달러를 주자 그녀는 감격에 사로잡힌다.

Drouet로부터 받은 돈으로 Carrie는 예쁜 구두와 옷을 사서 입고 그 옷을 입은 자신의 모습을 보고 기쁨을 느낀다. Carrie는 언니 집에서 나와 Drouet와 동거 생활에 들어간다. Drouet와의 동거는 그녀를 행복하게 했다. 그러나 Carrie는 동거 생활을 하면서 점차 Drouet와의 생활에 한계를 느낀다. 그즈음에 Drouet는 자기 친구인 Hurstwood를 Carrie에게 소개하는데, Hurstwood는 Carrie의 미모에 열정적으로 빠져든다. 40대의 Hurstwood는 시카고의 유명한 고급 살롱의 지배인으로 부유한 생활을 하고 있었고, 성장한 자녀들도 있었으나 아내와의 사이가 원만하지 않았다. Carrie가 본 Hurstwood는 너무나 친절하고 세련되어 그녀도 결국 Hurstwood에게 빠져든다. Carrie는 화려한 삶을 원했고, 그녀에게 있어 남자는 자신의 욕심을 채워주는 존재였다. 현재의 삶보다 훨씬 더 화려한 삶을 열망하는 Carrie는 더 화려한 삶을 실현시켜 줄 대상으로 Hurstwood를 기대한다. 그러나 Hurstwood의 아내가 두 사람의 관계를 알게 되고 그의 아내는 Hurstwood에게 정식으로 이혼 소송을 하겠다고 통보한다. 고민하던 Hurstwood는 어느 날 살롱의 금고가 열려 있는 것을 발견하고 순간적으로 금고에 있던 수천 달러의 돈을 훔친다. 그는 서둘러 Carrie에게 거짓말을 하고 납치하듯 그녀를 데리고 몬트리올로 간다.

결국 경찰에 의해 체포된 Hurstwood는 훔친 돈 모두를 빼앗기고 풀려난다. 이들은 몬트리올에서 비밀리에 결혼식을 올리고 뉴욕으로 향한다. 시카고를 떠나 뉴욕에 도착한 Hurstwood는 몰락의 길을 걷는다. 그나마 남아 있던 자신의 돈으로 선술집에 투자를 했지만 동업자의 속임수로 투자한 돈을 모두 잃고 빈털터리가 된다. 그는 매일 일자리를 찾아 나서지만 중년의 나이로 일자리를 구하지 못하고 절망에 빠진다. 그가 점차 집에 있는 날이 많아지자 Carrie는 일자리를 구하러 나선다. 극장을 찾아다니던 Carrie는 뮤지컬 코미디를 공연하는 극장의 코러스 단원으로 들어간다. 한편 Carrie의 행방을 알아 낸 Drouet는 Carrie에게 Hurstwood가 살롱의 공금을 훔친 것을 알려주며 Carrie와 Hurstwood의 사이를 이간질한다. Carrie는 Hurstwood의 행동에 불신을 느끼고 아울러 생활 능력을 상실해버린 Hurstwood를 경멸한다.

처음에 Carrie는 극장의 코러스 걸이 되어 그 수입으로 간신히 생활을 꾸려 나가지만 그녀는 화려한 생활에 대한 욕망을 채워주지 않는 Hurstwood에게 애정이 사라진다. 아름답고 화려한 생활이 인생 최대의 희망인 Carrie에게 Drouet와 Hurstwood는 자신의 삶에 도움이 되지 않는다고 여긴다. Carrie는 Hurstwood를 점점 귀찮게 여기고 동료 단원과 함께 방을 얻어 집을 나간다. 그 후로 Carrie는 이전과 전혀 다른 새로운 인생을 살게 되고, 대중의 스타가 된다. 스타의 위치에 올라선 Carrie는 Hurstwood의 존재를 완전히 잊어버린다. 어느 날 비참한 모습으로 찾아온 Hurstwood에게 그녀는 약간의 돈을 주고 그와의 관계를 끊어버린다. 점점 실의에 빠진 Hurstwood는 결국 걸인으로 지내다 자살한다.

Carrie는 화려한 생활에 대한 욕망이 너무 강하기 때문에 이성과 양심에는 관심이 없다. 오직 화려한 생활을 하고 싶은 욕망에 이끌려 우연한 행운으로 부와 명성을 얻었지만 인생의 참다운 행복은 느끼지 못한다. 고급 호텔방에서 지내는 Carrie는 자신의 소망이었던 화려함 속에 파묻혀 있지만 안락의자에 앉아 있는 그녀의 얼굴에는 공허만이 맴돈다.

2 F. 스콧 피츠제럴드(F. Scott Fitzgerald, 1896~1940)

(1) 작가 소개

F. 스콧 피츠제럴드는 미국 미네소타주 세인트폴에서 태어나 프린스턴 대학을 다니다가 제1차 세계대전 당시에 미군에 입대했다. 그는 1920년에 첫 소설 『낙원의 이쪽』(This Side of Paradise, 1920)을 출간하였다. 그의 첫 소설은 베스트셀러가 되었고, 피츠제럴드는 젤다 세이어와 결혼했다. 그 후 그들은 성공과 명성으로부터 온 스트레스를 견디지 못하고 방탕한 생활을 시작했다. 그들은 1924년 프랑스로 갔다가, 7년 후 미국으로 돌아왔는데, 그의 아내 젤다는 정신상태가 매우 불안정한 상태였다. 피츠제럴드는 1925년에 『위대한 개츠비』(The Great Gatsby)를 출간하여 큰 인기와 인정을 받았으나 1930년부터 아내가 정신 질환으로 병원에 입원하였고, 피츠제럴드 자신도 알코올 중독 때문에 한동안 작품 활동을 할 수 없었다. 그는 영화 각본 『최후의 대군(大君)』(The Last Tycoon)을 집필하던 1940년, 마흔 네 살의 젊은 나이에 할리우드에서 심장마비로 사망하였다.

미국문학에서 피츠제럴드가 얻게 된 명성은 그의 소설 『위대한 개츠비』(The Great Gatsby) 덕분이다. 이 작품은 아메리칸 드림과 자수성가를 훌륭한 문체와 간결한 구조로 표현하였다. 그 밖에도 그의 작품으로는 심리가 불안한 여성과 결혼하면서 삶이 어두워지는 젊은 정신과 의사의 이야기인 『밤은 부드러워』(Tender *is the Night*, 1934), 단편 소설집 『아가씨와 철학자』(*Flappers and Philosophers*, 1920), 『재즈시대의 이야기들』(*Tales of the Jazz Age*, 1922), 『그 모든 슬픈 젊은이들』(*All the Sad Young Men*, 1926) 등이 있다.

(2) 작품

① 『낙원의 이쪽』(*This Side of Paradise*, 1920)
현대 미국 젊은이의 목소리의 도래를 알린 소설이다.

② 『재즈시대의 이야기들』(*Tales of the Jazz Age*, 1922)
단편집이다.

③ 『위대한 개츠비』(*The Great Gatsby*, 1925)
아메리칸 드림과 자수성가에 관한 내용을 훌륭한 문체와 간결한 구조로 표현한 수작이다. 주인공 개츠비의 꿈과 좌절, 정신적 황량함을 통하여 속물적인 미국 사회를 비판한다.

④ 『밤은 부드러워』(*Tender is the Night*, 1934)
신경쇠약에 걸린 여성과 결혼하게 된 남성의 이야기로, 프랑스 남부에서의 자신의 생활 등이 담겨 있는 자전적 소설이다.

(3) 『위대한 개츠비』(*The Great Gatsby*)의 줄거리와 주요 등장인물

① 줄거리

소설의 화자인 Nick Carraway는 중서부 출신 청년으로, 뉴욕에 가서 주식 사업에 손을 대어 돈을 벌고자 Long Island 만의 West Egg에 있는 집을 빌린다. West Egg와 만을 사이에 두고 있는 East Egg에는 Nick의 6촌 여동생인 Daisy Buchanan 부부가 살고 있다. 그녀의 남편 Tom Buchanan은 부자인데다 대단한 바람둥이이며 Nick의 예일 대학 동창이기도 하다. Tom은 신혼 초부터 호텔의 여종업원과 바람을 피웠고 지금도 불륜의 관계를 맺고 있는 여성이 있다.

Nick의 옆집에는 40에이커의 대지에 세워진 대저택이 있는데, 그 집의 정체불명의 주인 Jay Gatsby는 밤마다 화려한 파티를 연다. Nick은 Daisy 집에서 만난 Jordan Baker라는 골프 선수로부터 Gatsby에 대한 이야기를 듣는다. Gatsby는 1917년 장교로 복무하는 동안 Daisy와 사랑하는 사이였지만 프랑스 전선으로 전속되어 가게 되었고, Daisy는 집안의 반대로 Gatsby를 따라가지 못한 채 시카고 출신 부자인 Tom Buchanan과 결혼했다. Gatsby는 프랑스 전선에서 공을 세워 훈장도 받고 옥스퍼드 대학에도 한 학기 다닌 후 귀국하였는데, Daisy는 이미 다른 사람의 아내가 되어 있었다. 무일푼이었던 Gatsby는 그때부터 자신의 잃어버린 사랑과 꿈을 되찾기 위해 돈을 벌기 시작한다. 5년 후 갑부가 된 Gatsby는 Daisy의 사랑을 되찾을 수 있을 거라고 생각한다. 이 때문에 Gatsby는 일부러 Daisy의 집이 보이는 West Egg에 있는 대저택을 구입하였고 혹시라도 Daisy가 자신의 파티에 참석할까 기대하며 밤마다 파티를 연다.

어느 날 그 파티에 Jordan이 참석하였는데 Gatsby는 그녀에게 자신과 Daisy의 재회를 Nick에게 주선해 달라고 부탁한다. Nick은 그 계획을 승낙한다. 5년 만에 만난 Gatsby와 Daisy는 지난날의 사랑을 그리워하지만 이미 정신적으로 타락한 Daisy는 남편에게 애정이 없음에도 불구하고 그의 돈과 사회적 지위 때문에 Tom과 이혼하지 않는다. Gatsby와 Daisy의 관계를 눈치 챈 Tom은 분노하고, Tom은 Gatsby의 재산이 사실은 밀주업 같은 불법 행위를 통해 쌓은 것이라고 폭로한다.

Tom의 정부인 Myrtle은 자신의 부정을 눈치 채고 자기를 서부로 데리고 가려고 하는 남편의 눈을 피해 도망치다가 Gatsby의 차를 Tom이 운전한다고 오해하고 그 차를 세우려고 갑자기 길에 뛰어든다. Gatsby는 그녀를 피하지 못하고 차로 치고 만다. 결국 Myrtle은 현장에서 죽는다. Gatsby는 죽은 Myrtle을 길에 둔 채 그대로 도망가 버린다. 사고 현장에 늦게 도착한 Tom과 Nick은 도망쳐버린 Gatsby를 비겁하다고 생각한다. 그러나 후에 Nick은 사고 당시 차를 운전했던 것은 Gatsby가 아니라 Daisy였다는 것을 알게 된다. 그러나 Tom은 Myrtle의 남편 Wilson에게 Gatsby가 Myrtle을 죽였다는 암시를 주고, 분개한 Wilson은 풀장에 있는 Gatsby를 총으로 쏴 죽인다. 소문에 휩싸이는 것이 두려운 나머지 Gatsby의 장례식에는 아무도 나타나지 않는다. 그에게 신세를 졌던 수많은 사람들이나 동업자조차도 나타나지 않는다. 마지막으로 장례식에 유일하게 온 Gatsby의 아버지 Mr. Gatz가 가져온 Gatsby의 일기로 인해 Gatsby가 품었던 꿈의 본질이 드러난다. Nick은 다시 중서부로 돌아가면서 소설은 끝난다.

② 주요 등장인물

㉠ 제이 개츠비(Jay Gatsby)
자신의 롱아일랜드 대저택에서 매일 밤 호화 파티를 벌이는 엄청난 부자이다. 사랑하는 여인을 얻기 위해 불법적인 사업으로 돈을 모아 재산을 축적한다.

㉡ 데이지 뷰캐넌(Daisy Buchanan)
화사하고 매력적인 여인으로 개츠비의 이전 애인이었다. 이기적이면서도 공허한 내면세계를 지니고 있다. 개츠비를 사랑하지만, 톰도 동시에 사랑한다고 말하는 모순적인 태도를 보인다.

㉢ 톰 뷰캐넌(Tom Buchanan)
데이지의 남편으로 부자 가문 뷰캐넌 가의 자손이며 닉과는 예일대 동창 사이이다. 상류층의 거만함과 위선 등을 적나라하게 보여주는 인물이다.

㉣ 닉 캐러웨이(Nick Carraway)
소설의 화자로서 인물들을 성격과 행동을 객관적으로 바라본다.

더 알아두기

아메리칸 드림(American Dream)과 아메리칸 아담(American Adam)

『위대한 개츠비』(The Great Gatsby)가 가장 위대한 미국문학 작품 중 하나로 주목받은 이유는 개츠비가 살고 있는 미국 자체의 이야기, 특히 아메리칸 드림을 향한 한 개인의 노력과 그 좌절의 과정을 담고 있기 때문이다. 미국문학은 초기부터 신대륙에 에덴동산을 건설하려는 아담의 이미지를 그리고 있는데, 개츠비 역시 자신의 새로운 이름을 짓고 새로운 삶을 산다는 점에서 신대륙에 낙원을 건설하려는 꿈(아메리칸 드림)을 지닌 아메리칸 아담(초기 미국 개척민의 모습)과 유사하다. 특히 개츠비의 저택 건너편에 있는 데이지의 저택의 반짝이는 녹색 불빛(the green light)을 향해 개츠비가 두 손을 뻗는 장면은 꿈과 이상을 향한 그의 열망을 드러낸다.

개츠비의 꿈은 사랑하는 여인을 되찾고자 하는 순수한 마음에서 시작되었지만 그 꿈을 실현하기 위한 과정에서 온갖 부정한 방법을 저질러서 돈을 벌었다는 것은 낙원이라는 꿈을 이루기 위해 원주민을 학살하고 흑인 노동력을 착취하면서 세워진 미국의 꿈의 본질적 한계를 암시한다. 개츠비가 자신의 꿈이자 목표로 삼은 여성인 데이지는 물질만능주의적 아메리칸 드림의 천박성과 허무함을 상징한다. 이 점에서 『위대한 개츠비』(The Great Gatsby)는 아메리칸 드림의 허상을 보여주며, 미국문학 역사상 가장 위대한 작품 중 하나로 평가받는다.

3 존 스타인벡(John Steinbeck, 1902~1968)

(1) 작가 소개

존 스타인벡은 작가가 되겠다고 결심하고 스탠퍼드 대학에서 학위를 마치지 않았다. 그는 뉴욕에서 기자생활을 시작했으나 적절치 못한 기사로 해고된 뒤 캘리포니아에서 생활하면서 짐 운반을 하거나 집수리를 하기도 하고, 저택 관리인, 과일 행상 등 다양한 직업을 경험하였다. 캘리포니아 출신인 스타인벡의 작품 다수는 샌프란시스코 근처에 있는 샐리나스 밸리를 배경으로 하고 있다. 『생쥐와 인간』(Of Mice and Men, 1937)이 베스트셀러가 되고, 그 후 퓰리처상을 수상한 대작인 『분노의 포도』(The Grapes of Wrath, 1939)를 발표하였다. 그는 1963년에 노벨문학상을 수상하였다.

스타인벡은 가뭄으로 막막한 상황에서 정치적 불안이나 경제 침체의 시기에 가장 먼저 고통 받는 가난한 농부들의 현실을 보여주었다. 그러나 한편으로 작가는 고난에 부딪히면서도 굴하지 않고 맞서 싸우는 보통 사람들의 끈기 있는 모습을 구현하였다. 독자는 그의 작품을 읽을 때 비정한 자본주의 제도의 모순과 이주 농민들의 비참한 삶을 보며 분노도 느끼지만 등장인물들의 강인한 원시적 생명력, 신비로운 자연에의 회귀와 사랑을 보면서 감정의 승화를 느끼게 된다.

(2) 작품

① 『생쥐와 인간』(Of Mice and Men, 1937)
  농장 노동자의 비극을 그린 소설이다.
② 『분노의 포도』(The Grapes of Wrath, 1939)
  세계 대공황 때 농장을 잃고 일을 찾아 캘리포니아를 여행하는 가난한 오클라호마 가족의 고통을 담았다. 가족들은 부유한 지주의 억압으로 고통을 겪는다. 스타인벡은 고통 받는 농민들의 실상을 묘사하며 농본주의, 실용주의 등의 전통적인 미국 사상을 창조적으로 발전시켰고 인간 존재의 존엄성을 강조하였다. 이 작품은 1930년대 공황기 저항 문학의 대표적인 작품으로 스타인벡은 악독한 지주들이 보이는 비인간성, 인간의 존엄성을 지키기 위한 분노의 필요성, 어려운 상황 속에서도 가족과 이웃과의 연대를 통한 치유의 힘 등을 역설하고 있다.
③ 『에덴의 동쪽』(East of Eden, 1952)
  인간의 원죄와 그 짐을 벗고 구원으로 나아가는 여정을 보여준다. 스타인벡이 자신의 평생의 모든 것이 이 책에 들어있다고 말한 작품이다.

(3) 『분노의 포도』(The Grapes of Wrath)의 줄거리와 주요 등장인물

① 줄거리
  소설은 Tom Joad가 정당방위로 살인죄를 선고받고 수감된 맥 알레스터 교도소에서 가석방된 직후 시작된다. 오클라호마주 자신의 집으로 가기 위해 길에서 히치하이킹을 하던 중 톰은 어린 시절부터 알고 지내던 전직 전도사 짐 캐시를 만나게 되고 둘은 함께 집으로 온다. 이들이 톰의 농장 집에 도착했을 때, 그 집이 버려진 것을 발견한다. 당황하고 혼란에 빠진 톰과 캐시는 옛 이웃인 멀리 그레이브스를 만나게 되고, 그레이브스는 가족들이 근처에 있는 존 조드 삼촌의 집에 머물기 위해 떠났다고 말한다.

그리고 그레이브스는 은행들이 모든 농부들을 퇴거시켰다고 말한다. 그들은 이사를 갔지만, 그레이브스는 그 지역을 떠나기를 거부한다.

다음 날 아침, 톰과 캐시는 존 삼촌네로 간다. 톰은 그의 가족이 남은 살림살이를 트럭으로 개조한 허드슨 세단에 싣고 있는 것을 발견한다. 가족들은 캘리포니아에서 일자리를 구하는 것 외에 다른 방법이 없다고 보고 있으며, 전단지에 그곳은 높은 임금을 제공하는 것으로 묘사되어 있다. 톰은 위험을 감수할 가치가 있다고 판단하고 캐시와 톰은 캘리포니아로 이주 준비를 하고 있던 가족과 함께 새로운 희망을 안고 서부로 멀고도 험난한 여행을 시작한다.

할아버지와 할머니는 이주해 가는 도중에 죽는데, 매장도 하지 못한다. 도중에 샌 호킨에 머물러 일을 해 보지만, 노동 조건이 좋지 않아 생활은 황사 지대에 살던 때보다 오히려 더 어려워졌다. 캘리포니아로 가는 길에는 이주민들의 차가 줄을 잇는다. Joad 일가는 험난한 산을 넘고 사막을 지나 고생 끝에 캘리포니아에 도착한다. 그러나 거기에는 자신의 농토에서 쫓겨난 이주민이 25만 명이나 모여 있었고, Joad 일가가 꿈꾸어 왔던 것과는 전혀 다른 현실(기아와 질병 그리고 가진 자의 학대)만이 기다리고 있었다. Joad 일가는 이주민이 모여 사는 부락에 천막을 치고 그곳에 머무른다. 그런데 경찰과 한 청년 사이의 싸움에서 톰이 그 청년을 도와주게 되고, 캐시는 톰을 도망가게 하고 경찰에 끌려간다. 그 후에도 계속 일자리를 찾아 헤매던 그들은 복숭아 농장에서 일을 하게 되고, 톰은 거기서 캐시를 만난다. 캐시는 농장주들의 횡포에 맞서 파업을 주도하고, 그로 인해 쫓기고 있었다. 그들이 천막에서 이야기를 나누던 중 캐시가 곡괭이에 맞아 죽는 사건이 일어나고, 톰은 그중 한 남자를 보복 살해한 뒤 쫓기는 신세가 된다. 더 이상 복숭아 농장에서 일을 할 수 없게 된 가족들은 다른 곳으로 이주하여 목화밭에서 목화 따는 일을 한다. 그런데 그들이 거처하던 집에 홍수가 나서 다른 곳으로 이주해야 했다. 그들은 굶주림과 피로 때문에 아이를 사산한 딸 Rosasharn을 데리고 언덕 위 헛간으로 비를 피해 들어간다. 그곳에는 아버지와 아들이 있었는데, 먹을 것을 아들에게만 먹여온 아버지는 굶어 죽어가고 있었다. 비에 젖은 옷을 벗고 그들의 이불을 빌려 덮은 어머니와 Rosasharn은 서로 의미심장한 표정을 짓는다. 다른 가족들을 그곳에서 내보낸 뒤 Rosasharn은 아사 직전의 사나이에게 젖을 물리고 그의 머리를 가만히 쓰다듬으며 신비스러운 미소를 짓는다.

② **주요 등장인물**
   ⊙ Pa Joad
      실질적인 가장의 역할을 못하고 부담을 준다.
   ⓛ Ma Joad
      인내와 헌신으로 가족을 위한다.
   ⓒ Tom Joad
      둘째 아들로 가족을 이끄는 실질적인 가장이다.
   ⓔ Jim Caesy
      예전에 목사였고, Tom의 출소 후 Tom과 함께 캘리포니아로 가지만 보안관에 잡혀 죽임을 당한다. 그는 이주자들의 정당한 임금 지불을 위해 투쟁하는 인물이다.

4 어니스트 헤밍웨이(Ernest Hemingway, 1899~1961)

(1) 작가 소개

미국 일리노이주에서 태어난 헤밍웨이는 20세기 가장 인기 있는 미국 소설가 중 한 명이다. 그는 어린 시절에 미시간주에서 사냥과 낚시 여행을 하면서 방학을 보냈다. 제1차 세계대전 당시에는 의용병으로 자원해 프랑스에 갔으며 부상을 당해 6개월 동안 병원에 입원해 있어야 했다. 헤밍웨이는 전쟁이 끝난 뒤 파리에서 특파원으로 일하며 셔우드 앤더슨, 에즈라 파운드, F. 스콧 피츠제럴드, 거트루드 스타인 등을 만났다. 특히 거트루드 스타인은 그의 글쓰기 스타일에 영향을 주었다.

헤밍웨이는 소설 『해는 또다시 떠오른다』(*The Sun Also Rises*, 1926)에서 제1차 세계대전 이후 도덕성을 상실한 이방인들의 삶을 그렸으며 그 작품으로 명성을 얻었다. 제1차 세계대전 당시 미군과 영국 간호사의 비극적인 사랑을 그린 『무기여 잘 있거라』(*A Farewell to Arms*, 1929), 스페인 내전을 배경으로 한 『누구를 위하여 종은 울리나』(*For Whom the Bell Tolls*, 1940), 늙고 가난한 어부가 거대한 물고기를 잡지만 고기가 상어의 공격으로 다 뜯기게 된다는 내용의 짧고 시적인 소설 『노인과 바다』(*The Old Man and the Sea*, 1952) 등이 대표작이다. 그는 1953년에 퓰리처상을 수상했고, 1954년에 노벨상을 수상했다. 가정문제와 지병, 문학적 재능을 상실했다는 생각에 절망한 그는 1961년에 총기로 자살했다.

헤밍웨이의 감수성은 인간적이고 그가 소설에서 표현하는 절제와 정확한 묘사는 그의 소설을 쉽게 이해할 수 있도록 한다. 그의 소설은 종종 이국적인 풍경을 배경으로 한다. 헤밍웨이는 등장인물들을 위험한 상황에 몰아넣고 그들이 내적인 본성을 드러내도록 만들었다. 헤밍웨이는 전쟁의 상흔과 허무함, 방향 상실 등을 담고 있는 '잃어버린 세대'(Lost Generation)의 모습을 그렸다. 그는 작품을 통해 전통적 사고방식의 위선과 공허함을 꿰뚫어보며 느꼈던 절망과 상실감, 그리고 환멸적인 전후 세계에서 새로운 가치를 창조하고자 실존적인 모색을 하려 하였다.

(2) 하드보일드(Hard boiled) 문체

헤밍웨이는 군더더기 없는 깔끔한 하드보일드(Hard boiled) 문체를 사용하였다. 그의 문체는 간결하고 평이한 문구, 반복의 효과, 감성을 억제한 냉정한 묘사 등을 특징으로 하고 있으나, 그중 가장 핵심적인 요소는 인물을 묘사할 때 행동의 외면만 묘사하고 그 감정을 좀처럼 설명해 주지 않는 '절제'(understatement)에 있다. 헤밍웨이의 하드보일드 문체를 요약하면 극도로 표현을 억제하고 모든 의미를 행간에 압축시킨 간결한 문체라고 할 수 있다.

〈하드보일드(Hard boiled) 문체의 특징〉

특징	설명
간결하고 평이한 어휘의 사용	어휘는 거의 단음절이나 2음절 정도의 쉬운 단어를 사용하며, 다음절의 단어나 난해한 단어는 거의 사용하지 않는다. 문장의 길이 또한 20단어 내외의 단문이고, 대부분의 단문은 접속사로 연결된다. 감정을 표현하는 수식어는 배제하며, 형용사나 부사 같은 수식어의 사용은 최대한 줄인다. 대체적으로 첫 문장은 일상성을 지닌 구어체의 단문으로 시작한다.
반복의 효과	and나 but과 같은 접속사를 사이에 두고 동일한 구조의 단어나 문장을 반복하면서 독자에게 강렬함을 제공한다.
짧고 빠른 대화의 템포	헤밍웨이는 작품에서 대화를 많이 사용하는 경향을 보이며 대화를 진행시키는 속도가 빠르다.
억제된 외면 묘사	감상과 정서를 배제한 억제된 표현을 사용하고, 묘사나 서술에 있어서도 언어를 절약하고 단순화한다. 인물 묘사에 있어서도 겉으로 드러나는 외면만 그리며 내면의 심리까지 파고들지는 않는다.
자연 상징물의 활용	작품 속에 많은 자연 상징물이 인간 내면의 심리나 감정적 분위기를 암시하는 역할을 한다. 예를 들어, 비와 벽은 절망·불행·비극을 나타낸다.

(3) 헤밍웨이 작품 세계의 시기별 변화

① **습작 시대**(1899~1917)

이 시기는 헤밍웨이가 Oak Park High School을 졸업하고 숙부 Tyler Hemingway의 추천으로 Star지의 기자가 되기까지의 습작 시기이다. 그는 고교시절에 축구, 수영, 육상에서 활약하였고, 학교 오케스트라와 수렵 클럽에서도 활동하였다. 그는 학교 내의 journalism과 문학 활동에도 흥미를 가지고 활동을 하였고 학교에서 발행한 계간지에 글을 기고하였다. 1917년에 제1차 세계대전에 참전하려 하였으나 안과 질환으로 불발되었고, Kansas City로 가서 숙부 Tyler Hemingway의 추천에 의하여 Star지의 기자가 되었다.

② **모색과 방황의 시대**(1917~1936)

이 시기는 Lost Generation 시대로 그의 작품의 특징은 허무주의(Nihilism)에 시달리며 방황하는 그의 부정적 비전이 표현되었다는 것이다. 1918년 제1차 세계대전에 참전하기 위해 미 육군에 입대하려 했으나, 권투선수 시절에 얻은 눈 부상과 낮은 시력으로 인해 신체검사에서 탈락했다. 그러나 그는 이탈리아 전선에서 적십자사 소속의 구급차 운전사 모집공고를 보고 신청하여 민간인 신분으로 참전했다. 1918년 5월부터 운전사로 일하는 동안 두 다리가 박격포탄 파편에 맞아 심각한 부상을 입었다.

1920년에 그는 시카고에서 셔우드 앤더슨(Sherwood Anderson)을 알게 되었고 그의 영향을 받았다. 헤밍웨이는 미국생활협동조합의 상황월보를 편집하면서 Chicago Group이라는 예술가의 무리들과 사귀게 되었다. 9월에는 파리로 가서 앤더슨의 소개로 거트루드 스타인과 에즈라 파운드를 만나면서 그들로부터 많은 소설의 기법을 배웠다.

첫 작품으로 『3편의 단편과 10편의 시』(Three Stories and Ten Poems, 1923)를 출판하였고, 이어서 『우리 시대에』(In Our Time, 1925)를 발표하였는데 이 작품에서 그의 문체가 더 성숙해진 것을 볼 수 있다. 이 시기의 작품들은 전쟁의 허무함에 시달리는 잃어버린 세대의 원형이라고 할 수 있다.

이 시기의 주요 작품들은 다음과 같다.

- ㉠ 『3편의 단편과 10편의 시』(Three Stories and Ten Poems, 1923)
- ㉡ 『우리 시대에』(In Our Time, 1925)
- ㉢ 『봄의 격류』(The Torrents of Spring, 1926)
- ㉣ 『해는 또다시 떠오른다』(The Sun Also Rises, 1926)
- ㉤ 『여자 없는 남자들』(Men Without Women, 1927)
- ㉥ 『무기여 잘 있거라』(A Farewell to Arms, 1929)
- ㉦ 『오후의 죽음』(Death in the Afternoon, 1932)
- ㉧ 『승리자에겐 아무것도 주지 말라』(Winner Take Nothing, 1933)
- ㉨ 『아프리카의 푸른 언덕』(Green Hills of Africa, 1935)

③ **전환기**(1936~1945)

이 시기는 『가진 자와 못 가진 자』(To Have and Have Not, 1937)를 기점으로 『누구를 위하여 종은 울리나』(For Whom the Bell Tolls, 1940)로 이어지는, 그의 사상적 전환기이자 사회문제에 관심을 기울인 시기이다. 그는 1936년 스페인 내란을 계기로 사회문제에 관심을 가지게 되었다. 『가진 자와 못 가진 자』(To Have and Have Not)는 빈부의 대립과 사회 정치의 문제를 다룬 작품이며, 이 시기의 최대 걸작인 『누구를 위하여 종은 울리나』(For Whom the Bell Tolls)는 그의 사상이 허무함과 부정이 아닌 발전과 변화의 추구라는 것을 보여준다.

이 시기의 주요 작품들은 다음과 같다.

- ㉠ 『가진 자와 못 가진 자』(To Have and Have Not, 1937)
- ㉡ 『스페인의 대지』(The Spanish Earth, 1937)
- ㉢ 『제5열과 첫 번째 마흔아홉 개의 단편들』(The Fifth Column and the First Forty-nine Stories, 1938)
- ㉣ 『누구를 위하여 종은 울리나』(For Whom the Bell Tolls, 1940)
- ㉤ 『전장의 인간』(Men at War, 1942)

④ **성숙기**(1945~1961)

이 시기는 제2차 세계대전 후부터 『노인과 바다』(The Old Man and the Sea, 1952)를 쓴 시기이다. 그는 이 작품에서 자연의 이치와 우주적 질서를 긍정하는 세계관을 보여주었으며, 이 작품에 자신의 모든 문학적 성숙을 담아내었다.

이 시기의 주요 작품들은 다음과 같다.

- ㉠ 『강 건너 숲속으로』(Across the River and into the Trees, 1950)
- ㉡ 『노인과 바다』(The Old Man and the Sea, 1952)

(4) 『해는 또다시 떠오른다』(The Sun Also Rises, 1926)의 줄거리와 주요 등장인물 중요

① 줄거리

주인공인 미국인 기자 제이크 반스(Jake Barnes)는 제1차 세계대전 참전 중 부상을 입어 성불구가 된 인물로, 이 상처는 그가 진심으로 사랑하는 레이디 브렛 애슐리(Lady Brett Ashley)와의 관계에서 넘을 수 없는 비극적인 장벽이 된다. 브렛은 자유분방하고 매력적인 영국인 여성으로, 둘은 전쟁 중 영국에서 만나 깊은 사랑에 빠졌으나, 제이크의 신체적 결함으로 인해 그들의 관계는 정신적 유대에만 머무는 고통스러운 형태를 띤다.

제이크의 친구인 로버트 콘(Robert Cohn)은 참전 경험은 없지만, 부유한 유대계 미국인 작가 지망생이다. 그는 파리에서 여자친구 프랜시스 클라인(Frances Clyne)과 동거하며 그녀와의 생활에 지쳐가던 중, 브렛의 매력에 맹목적으로 빠져든다. 콘은 모든 것을 버리고 남미로 떠나자고 제이크를 설득하기도 하지만, 제이크는 이를 비현실적인 도피로 여기며 거절한다.

한편, 브렛은 스코틀랜드 참전 용사이자 알코올 중독자인 마이크 캠벨(Mike Campbell)과 약혼한 상태이다. 제이크는 브렛이 마이크와의 결혼을 계획한다는 사실에 괴로워하지만, 그 현실을 받아들일 수밖에 없었다. 브렛은 잠시 제이크와의 관계에서 벗어나고자 스페인의 산 세바스티안으로 떠났으며, 그곳에서 로버트 콘과 짧은 시간을 보내기도 했다. 이후 제이크에게 마이크가 없는 동안 콘과 함께 있었다는 사실을 고백한다.

파리의 공허한 일상에서 벗어나고자, 제이크는 친구이자 미국 참전 용사인 빌 고튼(Bill Gorton)과 함께 프랑스 바욘을 거쳐 스페인의 부르게테로 낚시 여행을 떠난다. 그는 스페인 팜플로나에서 열리는 산 페르민 투우 축제에 친구들을 초대한 상태였다.

제이크와 빌은 스페인에서 로버트 콘과 합류한다. 이 세 남자는 팜플로나로 향하며 그날 밤 브렛과 마이크를 만나기로 하지만, 두 사람은 약속 장소에 나타나지 않는다. 빌과 제이크는 잠시 한적한 마을로 이동해 낚시를 즐기는 동안, 콘은 브렛을 기다리며 홀로 남는다. 마침내 제이크는 마이크로부터 브렛과 자신이 곧 팜플로나에 도착할 것이라는 편지를 받고, 제이크와 빌은 팜플로나로 이동하여 브렛, 마이크, 콘과 재회하며 축제를 함께 즐긴다.

축제가 시작되고 도시는 춤과 술로 열광에 휩싸인다. 이 열기 속에서 19세의 젊은 투우사 페드로 로메로(Pedro Romero)가 압도적인 실력으로 두각을 드러내며 브렛의 시선을 사로잡는다. 며칠 후, 브렛은 식당에서 로메로를 발견하고 제이크에게 그를 소개해 줄 것을 요청한다. 결국 그날 밤 브렛은 로메로와 함께 시간을 보낸다.

다음 날 오후 투우에서 로메로는 탁월한 기술과 용기로 황소를 쓰러뜨려 관중을 매료시킨다. 그는 황소의 귀를 잘라 브렛에게 건넨다. 이 투우를 마지막으로 로메로와 브렛은 마드리드로 떠난다. 콘은 그날 아침 모든 것에 지쳐 일행을 떠나버리고, 축제가 끝날 무렵에는 빌, 마이크, 제이크만이 남게 된다. 다음 날, 세 남자는 각자의 길을 떠난다. 제이크는 스페인 산 세바스티안에서 며칠 간 조용히 휴식을 취할 계획이었다.

그러나 그는 브렛으로부터 마드리드에서 만나자는 전보를 받고 야간열차를 타고 마드리드로 향한다. 제이크는 마드리드 호텔 방에서 브렛이 홀로 지쳐있는 모습을 발견한다. 그녀는 로메로와 헤어졌음을 고백한다. 자신의 복잡한 삶이 로메로의 순수한 경력에 해가 될 것을 우려하여 그를 떠났다는 것이다. 이제 그녀는 마이크에게 돌아가고 싶다고 말하지만, 이 관계 역시 더 이상 지속될 수 없음을 직감하고 있었다.

제이크는 마드리드를 떠나는 기차표를 예약한다. 택시를 타고 스페인 수도를 지나는 동안, 브렛은 제이크에게 "우리도 함께 멋진 시간을 보낼 수 있었을 텐데"라고 한탄한다. 이에 제이크는 냉소적이면서도 체념한 듯 "그래, 아름답지 않은가?"라고 답한다.

② 주제

작가는 제1차 세계대전을 충격적으로 경험한 젊은이들이 삶의 방향을 상실한 채 살아가는 모습을 가치 판단 없이 보여준다. 등장인물은 모두 전후 세대의 환멸과 허무에 지배되고 있을 뿐이며, 인물들의 행위에 대한 가치 판단은 전적으로 독자들의 몫으로 남긴다. 인물 간 진정한 결합을 이루지 못하고 전통적인 가치들이 부정되는 허무한 세계를 그리면서도, 작가는 절망만을 말하지는 않는다. 고통스러운 상황에서도 감정을 통제하고 나름의 행동 규범을 지키려는 제이크와 브렛의 솔직한 우정과 이해는 작가가 전후의 세계에서 찾아낸 긍정적인 모습이다.

③ 주요 등장인물

㉠ 제이크 반즈(Jake Barnes)

소설의 화자이자 주인공이다. 그는 제1차 세계대전의 미국 참전 용사였고, 파리에서 기자로 일하며 친구들과 술자리나 파티에 참석한다. 그는 브렛 애슐리에 대한 사랑과 무력감으로 괴로움에 시달린다. 제이크는 자신을 관찰자로 위치시키고 주변인을 묘사하면서 자신의 감정에 대해 직접 말하는 경우는 거의 없지만 자신의 생각과 감정을 암묵적으로 드러낸다.

㉡ 브렛 애슐리(Brett Ashley)

아름다운 영국 사교계의 명사로 제이크를 사랑하지만, 그녀에게 반한 많은 남자들 중 누구에게도 전적으로 전념하지 않으면서도 불륜을 저지른다. 그녀의 자유분방함은 같은 세대의 많은 사람들의 삶처럼(잃어버린 세대) 목적도 없고 만족스럽지도 않다.

㉢ 로버트 콘(Robert Cohn)

파리에 사는 부유한 미국 작가이다. 그는 제1차 세계대전을 직접 경험하지 못했고, 전쟁 전의 낭만적 이상을 고수한다.

㉣ 마이크 캠벨(Mike Campbell)

스코틀랜드 전쟁 참전 용사로 알코올 중독자이다. 그는 브렛의 자유분방함에 괴로워하며 불안해한다.

㉤ 페드로 로메로(Pedro Romero)

19세 투우사로 그의 멋진 외모와 투우장에서의 재능은 투우 애호가와 투우 관람객 모두를 매료시킨다. 투우에 대한 그의 열정은 그의 삶에 의미와 목적을 부여한다. 도덕성이 없고 타락한 세계에서 로메로는 정직, 순수함, 힘의 인물로 그려진다.

(5) 『무기여 잘 있거라』(*A Farewell to Arms*, 1929)의 줄거리와 주요 등장인물

① 줄거리

겨울이 오자 끊임없이 비가 왔고 콜레라가 번졌다. 육군에서는 7천 명의 병사가 죽었다. 이듬해에는 많은 전투가 있었는데 Frederic Henry가 전쟁터에서 본 것은 생사의 기로에 선 인간의 처절한 모습과 광기, 살육의 의지 앞에서 무력한 인간의 이념이었다.

Frederic Henry와 Rinaldi 중위는 한 방을 썼다. Rinaldi는 간호사 Catherine Barkley를 만나러 갈 때 멋있게 보이기 위해 잠을 푹 자야겠다고 했다. 시내에 있는 영국인 병원은 전쟁 전에 독일인이 지은 큰

별장이었다. Catherine Barkley는 키가 컸고, 금발이며, 황갈색 피부와 회색 눈을 가지고 있었다. 그녀는 첫사랑인 약혼자가 출전한 뒤 간호사로 지원하여 전쟁터에 나왔으나, 약혼자는 이미 전사하였다. 그녀와 Frederic Henry는 첫 대면에서 전쟁에 관한 이야기를 했고, Rinaldi는 다른 간호사와 이야기를 하고 있었다. Rinaldi는 Catherine Barkley가 Frederic Henry를 더 좋아한다고 말했다. Frederic Henry는 매일 밤 장교용 술집에 가는 것보다 Catherine Barkley를 만나는 것이 더 낫다고 생각했지만 그녀를 사랑하지는 않았고 또한 그녀를 사랑할 생각도 가지고 있지 않았다. 그러나 Catherine Barkley는 "당신의 생각을 알고는 있지만 난 당신을 사랑해요."라고 말했다. 그 후 Frederic Henry가 그녀를 찾아갔을 때 그녀는 몸도 기분도 좋지 않아서 나오지 않았는데 그는 처음으로 그녀에 대해서 진지한 감정을 느꼈다. Catherine Barkley를 만나는 것을 너무 경솔하게 생각했다는 자책감도 생겼다.

Frederic Henry는 폭격에 의해서 머리와 다리에 부상을 입고 Milan으로 후송되었다. Miss Barkley는 Frederic Henry가 치료를 받고 있는 도중에 이 병원으로 오게 되었고 이 둘은 서로의 사랑을 확인하게 되었다.

그가 부상에서 회복하고 Catherine Barkley는 임신을 하였다. Frederic Henry는 Catherine Barkley의 출산과 서로 떨어져 있을 때 편지를 쓰는 일에 대해서 이야기를 하고 다시 전쟁터로 복귀하였다. Frederic Henry 중위는 그 유명한 Caporetto의 퇴각 행렬에 꼈다. 그는 독일군 복장을 하고 강을 건너다 검문을 당하고, 서투른 이탈리아어의 억양 때문에 스파이 혐의를 받고 헌병들에게 체포되었다. 장교들을 심문하고 있는 사이에 그는 강물 속으로 뛰어들어 간신히 강기슭까지 도착해서 목숨을 건졌다. 그는 Catherine Barkley를 찾아 Milan에 가서 그녀가 떠난 Stresa로 갔고 그녀를 만나게 되었다. Frederic Henry와 Catherine Barkley는 스위스로 탈출하기로 결심을 하고 두 사람은 폭풍우 속에서 보트를 저어 스위스로 탈출하였다.

그들은 여권과 돈이 있었기 때문에 스위스에서 편안한 생활을 할 수 있었다. 아기 출산 때문에 시내의 호텔로 거처를 옮겼고 Catherine Barkley는 병원에 입원했다. 그러나 아이는 출산하자마자 곧 죽었고, Catherine Barkley 역시 출혈이 너무 많아 죽게 되었다. 창밖은 어두운 밤이었고, 사회와 등지고 사랑하는 여인마저 잃게 된 그는 말없이 병원 문을 걸어간다.

② **주제**

이 작품은 전쟁의 암울한 현실과 무의미한 잔혹성, 폭력성에 대한 비판을 보여준다. 또한 헨리(Frederic Henry)와 캐서린(Catherine Barkley)의 진정한 사랑을 그리면서 아무리 아름다운 사랑일지라도 일시적인 것이며 험난한 세상에서 지킬 수 없음을 보여준다.

③ **주요 등장인물**

㉠ Frederic Henry

주인공이며, 미국인이지만 이탈리아군으로 참전하여 야전병원의 운전 장교로 이탈리아 전선에서 근무하던 중 다리에 폭탄을 맞아 부상을 당한다. 병원에서 영국인 간호사 캐서린을 만나 사랑에 빠지는데, 그는 퇴각 도중에 캐서린과 스위스로 탈출한다. 헨리는 그곳에서 캐서린과 행복한 시간을 보내지만 캐서린이 아이를 낳다가 사산을 하고 사망하자 삶의 허무를 느끼며 전쟁은 의미 없는 게임이라 생각한다.

ⓒ Catherine Barkley

솔직한 성격을 가진 영국인 간호사로 헨리가 부상에서 회복하는 사이 그를 간호하다가 사랑에 빠진다. 헨리가 탈영을 하자 용감하게 함께 스위스로 도주한다. 잠시 행복을 느끼지만 아들을 낳던 중 사산하고 자신 또한 목숨을 잃게 된다. 사랑을 위해 모든 것을 희생할 수 있는 열정적인 여인이다.

④ 상징

이 소설에서 효과적으로 사용된 상징은 절망의 이미지인 '비'리고 볼 수 있다. 전쟁터에서 지속적으로 내리던 비, Caporetto 후퇴에서 비에 흠뻑 젖은 병사들, Catherine Barkley가 창밖에 내리는 비를 보고 Frederic Henry에게 불길한 예감을 말하는 장면들에서 알 수 있다. 마지막에 Catherine Barkley가 죽는 날도 비가 오는 날이었다. 이 작품에서 비는 불행과 비극을 암시하는 상징물로 사용되고 있다.

5 윌리엄 포크너(William Faulkner, 1897~1962) 중요

(1) 작가 소개

윌리엄 포크너는 노벨문학상(1949), 퓰리처상 2회 수상자이며, 20세기의 가장 영향력 있는 작가 중 한 사람으로 미국 남부사회의 변천을 연대기적으로 묘사하였다. 어릴 때 가족이 미시시피주 옥스퍼드로 이사를 간 후 그곳에서 생애를 주로 보냈다.

어려서부터 글을 좋아하여 문학에 심취하였으나 고교를 중퇴하였다. 제1차 세계대전 때 캐나다의 영국공군에 입대하였고, 제대 후 미시시피 대학에 입학하여 교내 정기간행물에 시를 계속해서 발표하였다. 그러나 1920년 대학도 중퇴하고 곧 고향으로 돌아왔다. 여러 직업을 전전하다가 장편 소설 『사토리스』(Sartoris, 1929)를 발표하여 문단에서 입지를 얻었다. 이후 어릴 적 친구인 에스텔 프랭클린과 결혼하였다. 1929년에 남부 귀족 출신인 콤프슨 일가의 몰락을 그린 『음향과 분노』(The Sound and the Fury)를 발표하여 평론가의 주목을 끌었다. 1920년대 중반에 포크너의 책이 정기적으로 출판되었음에도 불구하고, 그는 노벨문학상을 받기 전까지 그다지 많이 알려지지 않았다. 대표작으로는 『음향과 분노』(The Sound and the Fury, 1929), 『내가 죽어 누워 있을 때』(As I Lay Dying, 1930), 『8월의 빛』(Light in August, 1932), 『압살롬, 압살롬!』(Absalom, Absalom!, 1936) 등이 있다.

포크너는 여러 작품을 통해서 미국 남부사회의 변천을 연대기적으로 그렸다. 그는 이를 위해 '요크나파토파'(Yoknapatawpha)라는 가공적인 지역을 설정하고, 그곳을 무대로 해서 19세기 초부터 20세기의 1940년대의 시대적 변천을 묘사하고 남부사회의 대표적인 인물들을 등장시켜 부도덕한 남부 상류사회의 사회상을 고발하였다.

그는 다양한 관점 및 사회에서 소외된 자들의 목소리를 표현하였고, 그의 독특한 구성은 훌륭한 실험 소설이다. 그의 문체는 복잡한 종속절을 지닌 긴 문장들로 구성되었으며, 의식의 흐름과 내적 독백을 훌륭하게 묘사하였다. 그는 다양한 인종의 등장인물을 재창조하였으며 주제는 남부의 전통과 가족, 사회와 역사, 인종의 문제 등을 다뤘다.

그의 대부분의 소설은 각기 다른 등장인물이 이야기의 한 부분만을 전달하도록 구성함으로써 다양한 관점으로 이야기하는 방식에 따라 어떻게 의미가 전달되는지를 보여준다. 그는 다양한 관점을 사용하기 때문에 자의식적이라고 볼 수 있다. 그의 소설은 이야기를 풀어내면서 동시에 글쓰기 자체를 반영하고 있다. 그는 20세기 현대 소설의 새로운 실험적 기법인 '의식의 흐름'(Stream of Consciousness)과 '내적 독백'(Internal Monologue) 등의 서술 기법을 과감하고 훌륭하게 구현한 작가이며, 모더니즘(Modernism) 문학을 대표한다.

(2) 작품

① *The Sound and the Fury*(1929), *As I Lay Dying*(1930)
   가족을 잃게 되는 남부가족을 탐색하기 위해 실험적인 시점을 활용한 작품이다.
② *Light in August*(1932)
   백인 여성과 흑인 남성 간의 복잡하고 폭력적인 관계를 그렸다.

6 솔 벨로(Saul Bellow, 1915~2005)

(1) 작가 소개

러시아에서 이민 온 유대인의 아들로 캐나다 퀘벡주에서 출생했으며 미국의 시카고에서 성장했다. 『허공에 매달린 사나이』(*Dangling Man*, 1944), 『희생자』(*The Victim*, 1947), 『오기 마치의 모험』(*The Adventures of Augie March*, 1953)으로 문단의 주목을 받았으며, 『허조그』(*Herzog*, 1964)와 『훔볼트의 선물』(*Humboldt's Gift*, 1975)을 발표했으며, 1976년에 노벨문학상을 수상했다. 20세기 최고의 지성으로 꼽히는 그는 대학에서 인류학과 사회학을 공부하였고, 이 경험이 그의 작품에 상당한 영향을 미쳤다.

(2) 작품

① 『허공에 매달린 사나이』(*Dangling Man*, 1944)
   암울한 실존주의적 색채를 담고 있는 벨로의 초기작이며, 징집 영장을 기다리고 있는 청년의 이야기를 그리고 있다.
② 『희생자』(*The Victim*, 1947)
   유대인과 비유대인 사이의 관계를 다룬다.
③ 『오기 마치의 모험』(*The Adventures of Augie March*, 1953)
   유럽 암시장에 진출한 허클베리 핀을 닮은 도시 출신 사업자 이야기이다.
④ 『현재를 놓치지 마라』(*Seize the Day*, 1956)
   일자리도, 돈도 없고 아내와는 별거 중인 무능력한 남성 토미 빌헬름(Tommy Wilhelm)이 성공한 아버지에게 경제적 지원을 받으며 무시당하는 이야기이다. 이 작품은 물질만능주의 사회에서 비록 외면적으로는 도태되었을지 몰라도 인간에 대한 인류애적 사랑을 깨닫는 인물을 보여주면서 비인간적인 적자생존의 사회에서 인류에게 필요한 가치가 무엇인지를 상기시킨다.

⑤ 『비의 왕 헨더슨』(Henderson the Rain King, 1959)
   채워지지 않는 야망 때문에 아프리카로 가게 된 중년의 백만장자를 그린, 진지하면서도 코믹한 소설이다.
⑥ 『허조그』(Herzog, 1964)
   낭만적 자아라는 개념을 전공한 신경쇠약에 걸린 영문학 교수의 고통스러운 삶을 다룬 소설이다.

7 버나드 맬러머드(Bernard Malamud, 1914~1986)

(1) 작가 소개

맬러머드는 뉴욕의 브루클린(Brooklyn)에서 출생하였다. 그의 부모는 1905년에 러시아를 탈출하여 뉴욕에 정착한 가난한 유대인이었다. 그는 브루클린의 Erasmus Hall 고등학교에 입학하여 재학 중 여러 편의 단편을 학교 문예지에 발표했다. 등록금을 낼 필요가 없는 뉴욕 시립대학교에 입학하여 1936년에 졸업했다. 그는 모교인 Erasmus Hall 고등학교 야간부에서 1949년까지 영어를 가르치면서 두 편의 단편 Black is My Favorite Color, Angel Levine을 발표하였다. 오리건(Oregon) 주립대학교 영문과 강사로 부임하였고 1952년에 그의 첫 장편 소설 『내추럴』(The Natural)을 발표했다. 두 번째 장편 소설은 『어시스턴트』(The Assistant, 1957)인데 이 작품은 독자로부터 많은 찬사를 받았으며 이때부터 미국 문단에서 작가로서의 지위가 확립되었다.

(2) 작품

① 『내추럴』(The Natural, 1952)
   첫 번째 장편 소설로, 신화적인 프로야구의 세계를 바탕으로 리얼리즘과 환상을 결합한 작품이다.
② 『어시스턴트』(The Assistant, 1957)
   두 번째 장편 소설로, 삶의 역경을 이겨내려는 인간의 투쟁 및 당시 유대인 이민자의 윤리적인 토대 등 그의 특징적인 주제들이 잘 드러난 작품이다.
③ 『마법의 통』(The Magic Barrel, 1958)
   유대인의 과거와 현재에 대한 의식, 현실과 초현실, 사실과 전설 등에 대해 더욱더 깊게 파고든 작품이다.
④ 『신생』(A New Life, 1961)
   세 번째 장편 소설로, 오리건 주립대학교에서 얻은 경험을 소재로 한 작품이다.
⑤ 『매수자』(The Fixer, 1966)
   이 소설은 1913년 러시아에서 발생한, 현대사에 어두운 반유대주의 얼룩을 남긴 '멘델 베일리스 모함사건'이라는 실제 사건을 적나라하게 그리고 있다.

8 필립 로스(Philip Milton Roth, 1933~2018)

(1) 작가 소개
1933년 미국의 폴란드계 유대인 집안에서 태어난 로스는 시카고 대학에서 영문학을 전공하고 모교와 아이오와 대학, 프린스턴 대학 등에서 학생들을 가르치며 작품 활동을 했다. 로스는 유대인을 중심인물로 내세워 작가의 자전적 이야기와 허구를 넘나드는 작품 스타일로 미국의 중산층 유대인에 대해 깊이 탐구하고, 유대인의 문제를 미국 현대사회 전체의 문제로 확장해 조망했다고 평가받는다.

(2) 작품
① 『굿바이, 콜럼버스』(Goodbye, Columbus, 1959)
   단편집으로, 이 작품으로 1960년 전미도서상을 수상했다.
② 『남자로서의 나의 삶』(My Life as a Man, 1974)
   자신의 분신인 등장인물 네이선 주커먼을 통한 자전적 이야기이다.
③ 『유령작가』(The Ghost Writer, 1979)
   23세의 네이선 주커먼이 정신적 아버지를 찾는 과정을 그리고 있다.
④ 『주커먼 언바운드』(Zuckerman Unbound, 1981)
   필립 로스의 문학적 자아인 주커먼을 통하여 성에 대해 노골적으로 묘사하고 있다.
⑤ 『아버지의 유산』(Patrimony, 1991)
   아버지와 자신의 복잡한 관계를 살핀 작품이다.
⑥ 『미국의 목가』(American Pastoral, 1997)
   이 작품으로 퓰리처상을 수상하였다.
⑦ 『에브리맨』(Everyman, 2006)
   이 작품으로 맨부커상(인터내셔널 부문)을 수상하였다.

9 존 업다이크(John Updike, 1932~2009)

(1) 작가 소개
존 업다이크는 미국 펜실베이니아(Pennsylvania) 태생이며 하버드 대학을 졸업했고 소설 외에도 시를 썼다. 풍속 작가로 교외 지역의 가정문제를 주로 다루며 우울과 권태를 작품에 표현했다. 특히 그는 매사추세츠 펜실베이니아 동부 연안의 허구적 인물들을 중심으로 소설을 전개하였다. 그의 첫 작품은 『구빈원(救貧院)의 축제날』(The Poorhouse Fair, 1959)이지만 그의 문학 정신을 볼 수 있는 작품은 『달려라 토끼』(Rabbit, Run, 1960)이다. 그는 이 작품을 통해 재기 넘치는 신인으로 불리게 되었다.
『달려라 토끼』(Rabbit, Run, 1960)에서 고교 시절에 스타 농구선수였던 청년이 정신적으로 미숙한 채 결혼하여 분명한 이유도 없이 아내에게 강한 혐오를 느끼고, 어느새 창녀와 동거하게 되는 과정을 그린 작품이다. 그러나 그는 결국 아내에게도 창녀에게도 정착을 하지 못하며, 작품은 도시 생활을 극히 비관적인 시각에서 묘사한다. 이 작품은 평범한 중산계급의 획일화된 일상성을 통해 현대사회를 살아가는 대다수 소시민들의 정신적 고독과 방황을 표면화하였다는 점에서 높이 평가받았다. 특히 업다이크는 평온하고 안정적인 것처럼 보이는 생활에서 비롯되는 정신적 공허감을 견디지 못하고 가정을 버리고 도주하는 주인공을 그렸다. 그는 1960년 이 작품의 발표를 시작으로 『돌아온 토끼』(Rabbit Redux, 1971), 『토끼는 부자다』(Rabbit is Rich, 1981), 『잠든 토끼』(Rabbit at Rest, 1990) 등 4권의 연작 소설을 통해 미국 중산층의 물질주의를 신랄하게 비판한 것으로 유명하다. 그는 평범한 중산계급의 일상생활을 소재로 현대사회의 불안을 예리하게 파헤치고 감수성이 풍부한 문체를 사용한 것으로 주목받았다.

(2) 작품

① 『손으로 만든 암탉』(The Carpentered Hen, 1958)
첫 시집이다.

② 『구빈원(救貧院)의 축제날』(The Poorhouse Fair, 1959)
첫 장편 소설로, 이 작품으로 미국 예술원상을 수상하였다.

③ '토끼' 시리즈(1960~1990)
4권의 시리즈로, 미국의 사회적 역사를 배경으로 앵스트롬의 희로애락을 그렸다.

㉠ 『달려라 토끼』(Rabbit, Run, 1960)
1960년 미국에서 발표된 장편 소설이며, "달려라 토끼"로 번역된다. '토끼'를 표제로 하는 4권의 연작 중 첫 번째 소설로, 평범한 세일즈맨의 일탈된 삶을 통해 군중 속의 개인적 고독을 리얼하게 그려낸 작품이다. 업다이크는 현대 미국사회의 문제인 물질주의의 폐해를 상징적으로 묘사해 낸 이 작품으로 작가적 지위를 확고히 다졌다.
'토끼'라는 별명을 가진 주인공 해리 앵스트롬은 고교 시절 농구선수로 이름을 날렸던 스타였다. 해리는 고교 졸업 후 지방의 소도시에서 세일즈맨으로서 가정과 일터에 한정된 단조로운 생활을 하게 된다. 해리는 농구선수였던 지난날의 화려한 명성을 그리워하며 점점 위축되어 가는 자신의 모습에 신경질적인 반응을 보인다. 마침내 해리는 따분한 일상으로부터 벗어나고 싶어서 무단가출을 시도하기도 하고, 낯선 여자와 동거를 한다. 가족들과 목사의 인도로 다시 가정으로 오지만 강요되는 생활 속에서 그는 더욱 큰 소외감을 느끼고 또다시 가출을 시도한다.

㉡ 『돌아온 토끼』(Rabbit Redux, 1971)
『돌아온 토끼』는 아폴로 11호의 달 착륙이라는 초현실적인 배경하에 개인생활과 억누를 수 없는 1960년대 반체제문화와 계급질서, 그리고 전통적인 가치들이 무너지면서 불러온 미국 소도시의 변화를 그려낸다.

㉢ 『토끼는 부자다』(Rabbit is Rich, 1981)
1970년대 후반, 세계를 강타한 오일쇼크를 배경으로 한 이 작품은 토끼가 식자공에서 신분 상승이 보다 쉬운 중고차 딜러로 변신한 아이러니를 암시하고 있다. 석유 값에 민감해진 중산층 운전자들에게 도요타를 팔면서 앵스트롬도 컨트리클럽과 칵테일로 상징되는 중산층에 발을 들여놓는다. 제목에 나타난 부의 즐거움은 미국 노동자계급 실업의 섬세한 묘사로 그 균형을 이룬다.

㉣ 『잠든 토끼』(Rabbit at Rest, 1990)
1980년대 문화의 퇴보 속에서 앵스트롬의 인생과의 화해, 우연한 죽음을 그린다.

10 리처드 라이트(Richard Wright, 1908~1960)

(1) 작가 소개

리처드 라이트는 미시시피의 가난한 소작농 집안에서 태어났다. 그의 아버지는 그가 5살 때 가족을 버렸다. 중학교까지밖에 교육을 받지 못했지만 그는 최초로 일반 독자의 주목을 받은 아프리카계 미국인 소설가이다. 어려웠던 그의 어린 시절은 그의 최고작 중 하나인 『흑인 소년』(*Black Boy*, 1945)에 그려져 있다. 그는 인종차별로 인한 박탈감이 상당히 커서 독서만이 그를 위로해 줄 수 있었다고 회고하기도 하였다. 시어도어 드라이저 등의 사회 비판을 비롯한 리얼리즘 문학이 라이트에게 많은 영향을 끼쳤다. 그는 1930년대에 공산당에 가입하기도 하였지만, 1940년대 프랑스에서 거트루드 스타인과 장 폴 사르트르를 알게 되면서 반공산주의자가 되었다.

(2) 작품

① 『톰아저씨의 자식들』(*Uncle Tom's Children*, 1938)
  단편집이다.

② 『미국의 아들』(*Native Son*, 1940)
  인종차별의 현실을 묘사한 작품이다. 교육을 받지 못한 흑인 젊은이 비거 토머스(Bigger Thomas)는 백인 고용주의 딸을 실수로 죽이게 되고 그녀의 몸을 태운다. 그러나 자신의 흑인 여자친구가 자신을 배신할지도 모른다는 두려움에 그녀도 살해한다. 일부 아프리카계 미국인들은 라이트가 흑인 등장인물을 살인자로 묘사했다고 비난했지만 이 작품은 많은 논쟁의 주제가 되어 왔던 인종차별을 표현한 것이다.

③ 『흑인 소년』(*Black Boy*, 1945)
  리처드 라이트 자신의 어려웠던 어린 시절이 묘사되어 있다.

(3) 『미국의 아들』(*Native Son*)의 줄거리

Bigger는 친구들과 함께 흑인 상점에서 도둑질을 하다가 처음으로 백인 식당을 털려고 한다. 이 계획을 실행하기 전에 친구와 영화를 본 Bigger는 부유한 백인들의 삶에 호기심과 환상을 갖게 되고 시카고의 백만장자인 Dalton의 집에 취직할 생각을 한다. Bigger는 Dalton의 운전사로 취직하지만, Dalton의 딸 Mary와 공산단원인 그녀의 남자친구 Jan 때문에 큰 혼란에 빠진다. 그들은 다른 백인들과는 달리 거리낌 없이 Bigger를 대해준다. Bigger는 만취한 Mary를 그녀의 방에 데려다 놓은 뒤 방에서 나오지 못한 상황에서 Dalton 부인과 마주친다. Dalton 부인은 앞을 보지 못하지만 Bigger는 Mary가 잠에서 깨어날 경우 자신이 방 안에 있다는 사실이 발각될 수 있다는 생각 때문에 두려움에 사로잡힌다. Bigger는 Mary를 베개로 덮어 질식시키고 돌발적으로 죽인 뒤 그녀의 시체를 태우려고 지하실 난로에 넣지만 완전히 밀어 넣을 수 없게 되자 칼과 손도끼를 이용해 시체의 목을 절단한다.

Bigger는 살인 후의 불안에서 벗어나지 못하지만 새로운 시각으로 현실을 바라보게 된다. 예를 들면, 자기 가족의 누추한 집과 Dalton 가족이 사는 곳을 비교하면서 심각한 분노를 품는다. 그는 백인들을 일종의 거대한 자연의 힘처럼 흑인들의 삶을 지배하는 존재로 인식하였지만, 살인 후 Bigger는 해방감마저 느낀다. Bigger는 Bessie와 이야기를 나누다 우연히 납치극에 대한 암시를 얻고, Mary가 공산단원들에게 납치된 것처럼 꾸며 Dalton에게 돈을 받아내야겠다고 결심한다. 특히 Bigger는 Dalton으로부터 돈을 받아내는 것을 정당화하는데 그 근거는 Dalton이 흑인 교육을 위해 500만 달러가 넘는 돈을 기부하면서도 실제로는 흑인을 제한된 지역에 몰아넣고 백인들보다 훨씬 비싸게 집세를 받는 양면성을 지닌 인물이라는 것이다. Bigger의 계획과는 달리 상황은 파국으로 치닫는다. 완전히 소각되지 않은 Mary의 유골이 난로에서 발견되자 Bigger는 도주하고, Bigger가 납치극의 공범으로 끌어들이려던 여자친구인 Bessie와 함께 도주하지만 그녀와 함께 도주하는 것이 위태롭다고 판단해 그녀를 벽돌로 쳐서 살해한다. Bigger는 살인을 두 번이나 저지르지만 Bessie의 죽음에 대해서는 그것이 어찌할 수 없는 선택이라고 자기합리화를 한다. Bessie를 죽일 때 그는 어차피 백인들이 신경 쓰는 것은 백인 여자의 죽음이라고 생각한다. 경찰에 쫓기는 과정에서 Bigger는 빈민가에 갇혀 사는 흑인에 대한 감정이 극도로 악화되었다는 것을 신문을 통해 알게 된다. Bigger는 체포된 후, 법정에서 자살 충동에 휩싸이지만 백인들이 그를 전체 흑인의 상징으로 만들려는 의도를 간파하자 오히려 반항적인 태도를 취한다. Bigger의 사건을 보도하는 신문들은 그를 마치 아프리카의 정글의 야수처럼 묘사한다. Bigger는 당장 전기의자에 앉아 사형을 당해도 백인들의 노리개는 결코 되지 않겠다고 다짐한다. 검사의 추궁을 받으면서 그는 왜 자신이 살인을 저지르게 되었는지 백인들에게 결코 설명할 수 없을 것 같다는 느낌을 갖는다. Bigger가 Mary를 강간했으며 그 사실을 은폐하기 위해 고의적으로 사체를 소각했다는 검사의 주장을 반박할 증거도 없고, 흑인인 자신의 이야기를 믿어줄 백인들도 없기 때문이다.

Bigger는 백인들에게 계속 절규하는 실성한 흑인을 만나게 된다. 이 흑인은 대학을 다녔고 흑인들이 부당하게 차별받는 사실들을 수집해 책을 출판하려 했지만 그만 실성했다는 것이다. 이 흑인이 외치는 내용 중에는 백인들이 흑인을 빈민가에 몰아넣은 것, 흑인 동네의 상점들이 물건 값을 비싸게 받는 것, 세금을 똑같이 내도 흑인은 갈 병원이 없다는 것, 열악한 흑인 학교의 현실 등이 포함되어 있다. 이 흑인은 실성했음에도 불구하고 Bigger가 평소 느낀 점들을 대변해 준다.

흑인의 삶을 객관적으로 통찰할 정도의 교육 수준도 아니고 의식의 발전을 이루지도 못한 상태이지만 Bigger는 최종적으로 자신은 살인을 통해서 비로소 존재하게 되었다는 의미심장한 말을 한다. 변호사 Max는 Bigger의 살인 행위와 미국 흑인들의 문제를 객관적으로 설명한다. Bigger는 Max가 다른 백인과는 다르고 자신의 삶을 어느 정도 이해한다고 생각하면서도, 인종차별에 대한 Max의 사회적·경제적인 결정론에 근거한 그의 설명을 받아들이지 못한다. 결국 변호사의 노력에도 Bigger는 처형된다.

11 랠프 월도 엘리슨(Ralph Waldo Ellison, 1914~1994)

(1) 작가 소개

오클라호마에서 태어난 흑인 작가로 남부에 있는 투스케지 대학에서 수학했다. 『보이지 않는 사람』(*Invisible Man*, 1952) 단 한편이 그의 유일한 장편 소설이라는 점에서 그는 미국문학계의 특이한 존재로 볼 수 있다.

(2) 작품

『보이지 않는 사람』(Invisible Man, 1952)은 전기회사에서 훔친 전기로 불을 밝혀 지하 구멍에서 살고 있는 한 흑인 남성에 관한 이야기이며, 그의 환멸의 경험을 다루고 있다. 그는 흑인 대학 장학금을 받으면서 백인들에게 수치스러운 대우를 받고, 흑인 교장이 흑인들의 관심사를 일축해 버리는 것을 목격한다. 이 상황에서 종교마저도 그에게 위안이 되지 못하고, 심지어 한 설교자는 범죄자이다. 이 소설은 사회가 실현가능한 꿈과 이를 실현할 수 있게 하는 제도를 흑인과 시민들에게 제공하지 못한다는 점을 고발하면서, 특히 인종차별 주제를 강력하게 구체화한다. 이 소설의 제목은 사람들이 편견에 사로잡혀 인간의 실체를 보지 못한다는 것을 의미한다.

12 토니 모리슨(Toni Morrison, 1931~2019)

(1) 작가 소개

토니 모리슨은 오하이오주 로레인에서 태어나 하워드 대학교에서 영어 학위를 받고, 코넬 대학에서 윌리엄 포크너에 대한 논문으로 영문학 석사 학위를 받았다. 1955년부터 텍사스 서던 대학교에서 강의를, 1957년부터 하워드 대학에서 강의를 하였다.

모리슨은 39세에 자신의 첫 소설인 『가장 푸른 눈』(The Bluest Eye, 1970)을 출판하였다. 이후 『술라』(Sula, 1973)로 전미도서상을 수상했고, 『솔로몬의 노래』(Song of Solomon, 1977)로 전미도서비평가상을 받으며 문단과 학계의 주목을 받기 시작하였다. 모리슨은 흑인 역사와 경험에 대한 심도 있는 통찰과 상상력으로 주목을 받았다. 『타르 베이비』(Tar Baby, 1981)가 베스트셀러가 되면서 미국을 대표하는 작가이자 흑인 여성 작가로서 자리매김했다. 이후 모리슨은 『빌러비드』(Beloved, 1987)와 『재즈』(Jazz, 1992)를 발표하였고, 1993년에 노벨 문학상을 수상하였다. 모리슨은 소설 이외에도 단편 소설, 희곡, 오페라 대본, 에세이, 평론 등을 발표하였고 인종 문제를 포함한 미국의 정치와 사회의 사건과 이슈에 대한 지속적인 목소리를 내었다.

(2) 작품의 특징

모리슨은 과거의 상처로 여태껏 온전함을 갖지 못하는 흑인 노예들의 후손들에게 과거의 비참한 역사를 더 이상 망각하지 않고 과거를 새롭게 인식하면서 좀 더 평등한 사회를 희망하고 있다. 중요한 점은 백인들의 관점을 의식하지 않고 특히 흑인 여성들의 삶을 진솔하게 그려나갔다는 점이다. 흑인 여성들의 역사와 문화를 드러내면서 노예제도가 어떻게 현대의 미국 사회와 미국인들에게 영향을 주고 있는지를 탐색하였다. 노예제를 경험한 흑인들의 삶과 그들의 문화, 언어를 탐색하고 그들의 심리를 깊이 있게 다루면서 역사를 복원하고 그 상처를 치유한다는 것이 모리슨 문학의 큰 특징이다.

(3) 작품

① 『가장 푸른 눈』(The Bluest Eye, 1970)
흑인 사회 속 소녀를 다루면서 폐쇄적인 흑인 사회에서 여성의 성장을 다룬다.

② 『술라』(Sula, 1973)
흑인의 심리적 문제와 가족 갈등, 남녀 갈등을 조명한 작품이다.

③ 『솔로몬의 노래』(Song of Solomon, 1977)
밀크맨이라는 흑인 남성의 성장을 다루고 있는 작품이다. 흑인들의 민담을 이용하여 밀크맨의 조상의 이야기를 풀어나가면서 흑인 문화를 개인의 기억과 역사적 기록의 중요한 방법과 내용으로 제시한다.

④ 『자비』(A Mercy, 2008)
미국 건국 이전의 흑인과 여성, 원주민의 시각과 경험을 그리면서 역사 다시쓰기를 시도한 작품이다.

(4) 『빌러비드』(Beloved, 1987)의 줄거리와 주요 등장인물

① 줄거리

스위트홈(Sweet Home)이라는 소규모 노예 농장에서 탈주한 지 17년이 흐른, 오하이오주 신시내티의 124번지에서 시작된다. 주인공 세서(Sethe)는 딸 덴버(Denver)와 함께 거주하며, 정체불명의 유령의 출몰로 매일 시달리고 있었다. 그때, 과거 스위트홈에서 함께 노예 생활을 하였던 폴 디(Paul D)가 18년 만에 세서를 찾아온다. 그 와중에 오랫동안 세서 가족을 괴롭히던 유령이 또다시 행패를 부리자, 폴 디는 큰 소리로 유령을 내쫓고 세서와 함께 살기로 결정한다. 그의 합류 후 세서와 덴버의 삶에는 긍정적인 변화의 조짐이 보이기 시작한다. 그러나 어느 날 갑자기 빌러비드(Beloved)라는 십대 후반의 소녀가 나타난다. 빌러비드는 갈 곳이 없어 보였으며, 폴 디는 그녀를 내쫓고자 하였으나 세서와 덴버가 만류한다. 세서는 시어머니 베이비 석스(Baby Suggs)가 머물고 있던 신시내티 124번지로 목숨을 건 탈출을 감행한 바 있다. 탈출 후 베이비 석스와 함께 생활한 28일은 세서에게 노예가 아닌 삶의 자유를 선사하였다. 폴 디 또한 탈출을 시도하였으나 실패하였고, 조지아주 앨프리드 수용소에서 처참한 시간을 보내야 했다. 그는 다행히 수용소에서 탈출하여 인디언들의 도움으로 델라웨어로 몸을 피할 수 있었다.

베이비 석스는 스위트홈 농장주 가너(Garner)가 생존했을 당시 그곳에서 일하였다. 가너는 여타 농장주들과 다르게 흑인들에게 임금을 지급하고, 몸값을 치르면 노예 신분을 해방시켜 주었다. 이로 인해 베이비 석스의 아들인 할리(Halle), 즉 세서의 남편은 몇 년간의 노동으로 모은 돈으로 자유인이 될 수 있었으며, 베이비 석스 일가는 신시내티에서 흑인 공동체의 일원으로 평화로운 삶을 영위하고 있었다. 그러나 베이비 석스의 평화로운 삶은 비극적으로 파탄 난다. 그녀는 며느리 세서가 탈출에 성공하여 무사히 도착한 것을 기념하며 마을 사람들을 초대하여 잔치를 열었다. 하지만 베이비 석스의 행복을 시기한 이웃들은 세서를 잡으러 온 노예 사냥꾼과 보안관이 도착했음을 알고도 세서에게 경고하지 않았다. 세서는 스위트홈 농장주인 '학교 선생(school teacher)' 일행이 다가왔음을 뒤늦게 인지하고 헛간으로 도피한다. 그러나 다시 노예로 끌려갈 운명을 직감한 세서는, 차라리 자신의 자식들이 노예로서 비참한 삶을 살기보다는 죽는 것이 낫다고 판단한다. 결국 그녀는 사랑하는 아이들을 살해하려 하였고, 어린 딸을 죽음에 이르게 한다. 노예 농장주 일행이 세서를 발견했을 때, 그녀의 두 아들은 피를 흘리고 있었으며, 딸 하나는 목이 잘린 채 사망해 있었고, 갓난아이는 벽에 던져지기 직전이었다. 덴버는 이때 기적적으로 죽음을 면한 갓난아이였다. 폴 디는 이러한 참혹한 사건의 전말을 전혀 알지 못하였고, 세서에게 그 사건의 당사자가 맞는지를 묻는다. 세서는 부인하지 않으며, 단지 자식들을 스위트홈이 아닌 안전한 곳으로 보냈다고 답한다. 큰 충격을 받은 폴 디는 세서의 집을 떠난다.

세서는 빌러비드의 행동을 통해 빌러비드가 자신이 살해한 딸임을 깨닫게 된다. 그녀는 죽은 딸의 무덤 비석을 세우기 위해 돈이 없어 석공에게 자신의 몸을 팔았던 과거를 떠올리며, 빌러비드가 살아 돌아온 것에 깊은 감사를 느낀다.

124번지에 머무는 세서와 덴버, 그리고 빌러비드는 처음에는 행복한 나날을 보내는 듯 보였다. 세서는 죄책감으로 인해 빌러비드에게 모든 시간과 재정을 쏟아붓지만, 그녀를 돌보느라 일을 할 수 없게 되면서 직장을 잃게 된다. 빌러비드는 점차 요구 사항이 많아지고 까다로워지며, 뜻대로 되지 않을 때마다 격렬하게 분노를 표출한다. 빌러비드의 존재는 세서의 생명력을 서서히 고갈시킨다. 세서는 거의 식사를 하지 않는데 반해 빌러비드는 임산부처럼 몸집이 커져간다. 세서와 빌러비드의 목소리는 구별하기 어려울 정도로 흡사해지고, 덴버는 빌러비드가 세서 자신을 점점 더 닮아감을 인지한다.

덴버는 결국 흑인 커뮤니티에 도움을 요청한다. 흑인 커뮤니티는 과거 베이비 석스의 특권에 대한 부러움과 세서의 자식 살해 사건에 대한 공포로 인해 124번지 가족과 고립되어 있었다. 그러나 덴버의 이야기를 들은 30명의 흑인 여성들은, 세서의 죽은 아이가 돌아와 세서를 괴롭히는 빌러비드를 기도로 몰아내기 위해 다 함께 124번지를 찾아온다. 바로 그때 백인 남성 보드윈(Bodwin)이 이 집에 도착한다. 상황을 제대로 파악하지 못한 세서는 보드윈이 빌러비드를 다시 스위트홈 노예 농장으로 데리러 온 학교 선생이라 오인하고 얼음곡괭이로 그를 공격한다. 마을 여인들과 덴버가 그녀를 붙잡는 혼란 속에서 빌러비드는 사라진다.

이후 덴버는 지역 사회의 구성원으로서 활동하며 일하기 시작하고, 떠났던 폴 디는 세서에게 돌아온다. 세서는 빌러비드가 사라진 것에 절망하지만, 폴 디는 "우리에게는 내일이 필요합니다. 당신은 나의 보배입니다."라고 말하며 세서를 위로한다. 시간이 흐르면서 사람들은 빌러비드의 기억을 잊고 평온한 일상으로 돌아간다.

② 주제

역사적인 맥락에서 과거를 이해해야 하고 개인의 기억과 집단적인 기억을 서로 연결 지어야 한다고 보고 있다. 이러한 기억의 과정을 통해 과거의 처절한 기억을 마주하면서도 그 아픔에만 갇혀있지 않고 살아가야 한다는 것이다.

③ 주요 등장인물

㉠ 세서(Sethe)

도망친 노예였고 현재는 식당에서 일하며 딸 덴버와 살고 있다. 그녀의 집에는 아기 유령이 붙어 있고 세서의 폐쇄적인 마음과 생활로 인해서 그 지역 마을 사람들은 그녀의 집 근처에 오지 않는다. 그녀는 자신의 어머니를 거의 알지 못하지만, 그녀의 모성 본능은 가장 눈에 띄는 특징이다. 스위트홈에서 노예로 지내면서 겪었던 육체적, 정서적, 성적 학대의 삶이 자식에게도 전해지기를 원치 않았던 그녀는 자녀를 살해하고 과거의 상처로 괴로워한다. 세서는 빌러비드가 자신이 18년 전에 죽인 딸이 자신에게 돌아온 것이라고 믿고 있다.

ⓒ 덴버(Denver)

세서의 딸로 18살이며 작품에서 가장 활기 있는 인물이다. 총명하고 내성적이며 예민한 덴버는 수년간 사람들과의 고립적인 환경에서 성장한다. 빌러비드가 나타났을 때는 그녀가 자신의 죽은 언니임을 직감하고 자신의 곁에 둔다. 빌러비드의 악행이 점점 커지면서 세서의 목숨까지도 위협하는 상황이 되자 덴버는 레이디 존스를 찾아가 일자리를 부탁하고 엘라를 비롯한 마을의 주민에게 도움을 요청한다. 일자리를 찾고 대학에 진학하려는 덴버의 시도는 독립과 자아를 찾기 위한 그녀의 적극적 삶의 태도를 보여준다.

ⓒ 빌러비드(Beloved)

세서와 폴 디, 덴버가 지쳐 쓰러진 그녀를 발견하고 덴버의 극진한 간호로 건강을 회복한다. 이후 124번지에서 지내며 세서를 쫓아다닌다. 그녀는 세서가 자신의 손으로 죽인 딸의 유령이 육신을 입고 나타난 존재로, 집착하듯 세서를 쫓아다닌다. 빌러비드의 정체는 애매하고 불가사의하다. 작품에서 그녀는 세서의 살해된 딸의 영혼이 잃어버린 유아기를 되찾고자 나타난 것이다. 소설이 진행됨에 따라 점점 더 악의적이고 기생적으로 커지는 그녀의 존재는 궁극적으로 세서, 폴 디, 덴버의 정서적 성장 과정에 대한 촉매제 역할을 한다.

13 토머스 핀천(Thomas Pynchon, 1937~)

(1) 작가 소개

토머스 핀천은 첫 장편인 『브이』(V.)로 윌리엄 포크너 상, 『제49호 품목의 경매』(The Crying of Lot 49, 1966)로 미국 예술원에서 수여하는 로젠솔 상, 『중력의 무지개』(Gravity's Rainbow, 1973)로 미국 최고의 문학상인 내셔널 북 어워드를 수상하는 등 미국 내 주요 문학상의 수상자로 선정이 되었다. 핀천은 학창 시절 대학 문예지의 편집위원으로 활동하며 작품을 쓰기 시작하여 대학 졸업 전에 몇 편의 단편을 발표하였다. 그는 1963년 첫 장편인 『브이』(V.)를 발표하고 문학 비평계의 주목을 받게 되었다. 1966년 『제49호 품목의 경매』(The Crying of Lot 49, 1966)의 출간으로 증폭된 그에 대한 문학 비평계의 관심은 1973년에 발표된 『중력의 무지개』(Gravity's Rainbow, 1973)에서 최고조에 이르렀다. 이후 문학계와 대중의 큰 기대에도 불구하고 핀천은 초기 단편들을 엮은 『늦게 깨달은 사람』(Slow Learner, 1984)을 출간하였을 뿐, 창작에 대해서는 오랜 공백 기간을 보낸다. 그의 새로운 장편인 『바인랜드』(Vineland, 1990)와 『메이슨과 딕슨』(Mason & Dixon, 1997)은 비평계의 큰 관심을 불러일으켰다. 이후 핀천은 『그날에 대비하여』(Against the Day, 2006), 『고유의 결함』(Inherent Vice, 2009), 『블리딩 에지』(Bleeding Edge, 2013)를 출간하였다.[1]

---

[1] 한국영어영문학회, 『미국근현대소설』, 한국문화사, 2017.

(2) 『제49호 품목의 경매』(The Crying of Lot 49, 1966)의 줄거리와 주요 등장인물

① 줄거리

에디파 마스(Oedipa Maas)는 옛 애인이자 재벌 총수였던 피어스 인버라리티(Pierce Inverarity)의 유산에 대한 유언의 집행인으로 임명되었다는 편지를 받는 시점부터 '트리스테로'(Tristero)의 위조 우표가 경매에 부쳐지기 직전까지의 "수 주일" 동안의 사건을 큰 공백없이 시간의 흐름에 따라 순서대로 담아내고 있다. 사건의 장소는 그녀의 유언 집행 업무가 진행되는 LA 근방의 샌나르시소(San Narciso), 트리스테로에 관한 정보를 얻기 위해 찾아가는 버클리와 샌프란시스코, LA와 샌프란시스코 중간에 위치하는 그녀의 거주지인 키너렛 등으로 작품이 전개되는 장소는 캘리포니아 근방을 벗어나지 않는다.

피어스 인버라리티의 유언 집행의 과정에서 사건들을 알아가고 모험으로 나서기 이전의 에디파는 전형적인 미국 중산층의 일상을 살아가는 인물로 모든 나날이 똑같은 획일화된 하루하루를 보내는 삶을 살고 있었다. 그녀는 피어스 인버라리티의 유산을 집행하는 과정에서 피어스가 은밀한 고대 지하 우편체제인 '트리스테로'를 사용해 온 것을 알게 된다. 이 우편체제는 공식적인 것은 아니지만 에디파는 이 존재를 확인하기 위해 그것의 역사를 추적해 나간다. 그녀는 트리스테로 시스템에 대한 많은 실마리를 찾아가지만, 그것이 실제로 존재했는지, 단순히 조작된 음모인지, 아니면 자신이 환상에 잠긴 것인지에 판단을 내리지 못한다. 이 과정에서 그녀는 이전까지는 접할 수 없었던 사람들, 이를테면 소외된 채 그녀의 삶에서 배제되었던 타자들의 존재를 실제로 목격하게 된다. 예를 들어 얼굴이 일그러진 용접공, 로션, 담배, 직물, 밀랍 등을 받아들이도록 위를 훈련시킨 '아이보리 비누'를 갉아 먹는 나이 먹은 야경꾼, 여러 명의 술주정뱅이, 부랑자들, 행인들, 동성연애자들, 창녀들, 산책 나온 정신 질환자들을 보게 되면서 에디파는 이전까지 그녀의 일상에서 드러나지 않았던 새로운 세계에 눈을 뜨게 된다.

에디파는 이러한 소외된 사람들이 공식적인 우편체제를 거부하고 비밀리에 '트리스테로'라는 우편제도를 사용하고 있음을 알게 된다. 에디파는 자신이 여태 알고 있던 세계 이면에 다른 세계가 있음을 알게 되고 그들이 사용하는 '트리스테로'의 우표에 쓰인 'WASTE'라는 표시가 "우리는 조용한 트리스테로 제국을 기다린다"(We Await Silent Tristero's Empire)의 첫 글자를 따서 만든 모토임을 알게 된다. 트리스테로는 세상의 공식적인 역사의 이면에 들어가기는 했지만, 언젠가는 역사의 전면으로 부상할 것을 기대하고 그들 제국의 도래를 기다리고 있다.

작품의 마지막 장면은 에디파가 트리스테로의 존재를 입증할 수 있는 증거인 '제49호 품목'의 경매에 참가하여 그 경매를 기다리는 장면으로 끝난다. 트리스테로는 명확히 밝혀지지 않은 채 열린 결말로 소설은 끝난다.

② 주제

양극화의 극복과 다양성의 추구, 타자를 포용하는 열린 사고가 필요성을 담고 있다. 미국 사회와 문화의 부조리에 내재된 과학과 기술, 모호한 역사적 사건에 대한 풍부한 함축적 의미를 고민하게 한다.

③ 주요 등장인물

⊙ 에디파 마스(Oedipa Maas)

소설의 주인공으로 그녀의 전 남자친구인 피어스 인버라리티(Pierce Inverarity)가 유언으로 자신의 거대하고 복잡한 재산의 유언 집행인을 에디파로 지명한다. 그녀는 남부 캘리포니아에서 일어나는 거대한 음모인 은밀한 고대 지하 우편체제 '트리스테로'를 발견하고 이를 파헤치려 한다. 에디파는 이 작품에서 일종의 탐정과도 같은 역할을 한다.

ⓛ 무초 마스(Mucho Maas)

에디파의 남편이다. 무초는 한때 중고차 판매장에서 일했지만, 최근에는 키네레트에 있는 KCUF 라디오의 디스크자키로 일하고 있다. 소설의 끝에서 그는 LSD에 중독된다.

ⓒ 피어스 인버라리티(Pierce Inverarity)

에디파의 전 남자 친구이자 엄청난 부자인 부동산 재벌이다. 작품에서 피어스에 대한 묘사는 그가 성악가처럼 노래하는 에디파를 좋아했다는 기억만으로 제시된다. 소설의 전개를 통해 추측할 수 있는 것은 피어스가 실생활에서 일반적인 농담꾼이었고, 트리스테로 음모를 고안했을 수 있다는 것이다.

제 4 장 | 20세기 미국 시

제1절 20세기 미국 시의 특징

현대 미국 시의 부흥은 1910년대에 들어서서 시작되었다. 1912년에 Harriet Monroe(1860~1936)에 의해서 시 문학잡지 *Poetry*가 창간되었고, *Little Review*(1914~1929) 등의 소잡지가 이어서 창간되어 부흥의 기틀을 마련하였다. 미국의 모더니즘 시 문학은 20세기 초의 이미지즘 운동에서 출발한다. 이미지즘의 주역인 에즈라 파운드는 이미지즘을 다음과 같이 설명하였다. ⅰ) 시는 '사물'을 직접 다루고, ⅱ) 표현에 기여하지 않는 단어는 절대 사용하지 않으며, ⅲ) 음악적인 구절의 연속에서 리듬을 찾아야 한다는 것이다. 무엇보다도 이미지즘은 시인의 주관적 정서나 추상적 관념의 표현을 거부했다. 이러한 특징은 윌리엄 카를로스 윌리엄스와 월러스 스티븐스 등의 시인들로 이어진다.

대표적인 20세기 모더니즘 시인 중 T. S. 엘리엇(Thomas Stearns Eliot)은 "The Love Song of J. Alfred Prufrock"(1915), "The Waste Land"(1922)에서 현대인의 공허한 삶을 표현했다. 또한, 하트 크레인(Hart Crane)은 "The Bridge"(1930)에서 브루클린 다리와 같은 미국적 이미지를 사용하여 시를 썼다. 이미지즘 시학에 충실하였던 윌리엄 카를로스 윌리엄스(William Carlos Williams)의 초기 시는 1920년대에 들어서면서 엘리엇과 파운드의 파편화된 비관주의적인 삶을 낙관적인 관점으로 바꾸고자 하였다. 월러스 스티븐스(Wallace Stevens)는 상상력과 현실의 관계를 탐구한 철학적인 시를 썼다.

1910년대부터 꾸준히 작품을 발표한 로버트 프로스트(Robert Frost)는 사실주의 시인으로, 그의 작품에서는 소박한 일상어의 사용과 전통적인 운율과 시 형식이 두드러지게 나타난다.

1920년대 할렘 르네상스를 선도한 대표적인 흑인 시인들로는 제임스 존슨(James Weldon Johnson), 랭스턴 휴즈(Langston Hughes) 등을 들 수 있다.

1960년대에 등장한 시인들은 내면의 감정을 자유롭게 표현하고자 했다. 이들에게 시는 삶의 표현이자 감정의 발현이었고, 이들의 시는 즉흥적이며 구어적인 모습을 보인다. 로버트 로웰, 실비아 플라스 등은 내면의 감정을 그대로 표현하는 시를 썼다.

> **더 알아두기**
>
> **이미지즘(Imagism)**
> 1910년대에 영국과 미국에서 전개된 반(反)낭만주의 시운동이다. 처음 이미지즘을 제창한 것은 영국의 철학자이자 비평가인 흄이며, 에즈라 파운드는 흄의 예술론에서 암시를 얻어 '이미지즘'이라는 말을 생각해 냈다고 한다(흄은 제1차 세계대전에 참전하였으나 전사하였다). 1912년 파운드가 편집한 시화집 *Some Imagist Poets*가 그 첫 출발이 되었는데, 이미지스트란 말이 처음 쓰인 것은 여기서부터였다. 이 운동의 목표는 다음과 같다.
> ① 일상어의 사용
> ② 새로운 리듬의 창조
> ③ 제재의 자유로운 선택
> ④ 명확한 사상(이미지)을 줄 것

⑤ 집중적 표현을 존중할 것

이 시운동은 프랑스의 상징주의를 계승한 것이지만, 그리스 로마의 단시(短詩)와 중국, 일본의 시의 영향도 찾아볼 수 있다.

제2절 주요 작가와 작품

1 로버트 프로스트(Robert Frost, 1874~1963)

(1) 작가 소개

로버트 프로스트는 미국의 국민 시인으로 잘 알려져 있다. 그는 자연환경을 배경으로 한 인간의 삶을 주제로 표현하였다. 사실주의 입장으로 작품을 쓴 그는 종종 자연을 가혹한 환경으로 표현하였다. 그의 시의 특징으로는 소박한 일상어와 익숙한 전통적 리듬을 사용하였다는 것 등을 들 수 있다. 애머스트 대학 등에서 영문학 교수로 재직했고 옥스퍼드 대학, 케임브리지 대학 등에서 명예학위를 받았으며, 퓰리처상을 4번 수상했다. 그는 38세가 되어서야 첫 시집 『소년의 의지』(A Boy's Will, 1913)를 출판했다. 그의 작품은 가식과 현학이 없고 연령과 민족, 문화를 초월하여 모두가 지닌 인간성에 호소한다. 그의 시는 주제나 표현이 극히 서민적이고 소재는 전원적 자연을 배경으로 한 삶이다. 프로스트는 자연을 가혹한 생활환경으로 보고 있다. 다시 말하면, 그가 말하는 자연은 아무런 정신적 교감이 없는 자연이다. 따라서 그의 시 세계는 낭만주의에서 볼 수 있는 자연에 대한 몰입이나 미화가 없다.

(2) 작품

① 『소년의 의지』(A Boy's Will, 1913)
  첫 시집이다.
② "After Apple-Picking"(1914)
  자연 가까이에 있는 삶을 보여준다.
③ "The Death of the Hired Man"(1914)
  농부와 그의 아내가 사일러스라는 일꾼에 대하여 대화하는 장시이다.
④ "Mending Wall"(1914)
  담장을 고치는 일상적인 경험을 바탕으로 삶의 문제들을 명상한다.
⑤ "The Road Not Taken"(1916)
  시인 자신이 어느 가을날 숲속을 보고 느낀 '한 순간의 선택이 인생의 여정에 어떤 결과를 가져오는지에 대한 회상'이 나타난다. 숲속의 자연풍경을 사실적으로 묘사하면서도 삶의 지혜를 떠올리게 하는 시이다.
⑥ "Birches"(1916)
  세상의 이치를 담담히 받아들이는 모습을 그린다.

⑦ "Out, Out"(1916)

　　죽어가는 소년을 통해 삶의 성찰을 보여준다.

⑧ "The Oven Bird"(1916)

　　가마새(Oven bird)의 지저귐을 소넷(sonnet) 형식으로 묘사한 시이다.

⑨ "Stopping by Woods on a Snowy Evening"(1923)

　　눈 내리는 깊은 밤, 길을 가다 숲에 멈춰서 눈 쌓이는 것을 내려다보고, 들리는 소리라곤 말방울 소리와 바람에 눈 날리는 소리, 그런데 가야 할 길은 아직 남아 있는 정경을 그린 시이다. 삶에 대해 정직하고 진지한 관찰과 명상이 담겨있는 이 시는 자연의 변함없는 아름다움에도 불구하고 일상의 일에 매달리지 않을 수 없음과, 인생의 유한함을 암시하고 있다.

⑩ "Fire and Ice"(1923)

　　욕망과 증오의 파괴적인 힘을 말하고 있다.

⑪ "Acquainted with the Night"(1928)

　　시의 화자는 도시에서의 외로움을 밤에 비유하여 우울함을 그려낸다.

⑫ "Desert Places"(1936)

　　이 작품에서는 인간의 내부에 있는 황량함을 보고 두려워하는 모습을 볼 수 있다.

(3) "The Road Not Taken"

> **The Road Not Taken**
>
> TWO roads diverged in a yellow wood,
> And sorry I could not travel both
> And be one traveler, long I stood
> And looked down one as far as I could
> To where it bent in the undergrowth;
>
> Then took the other, as just as fair,
> And having perhaps the better claim
> Because it was grassy and wanted wear;
> Though as for that, the passing there
> Had worn them really about the same,
>
> And both that morning equally lay
> In leaves no step had trodden black.
> Oh, I kept the first for another day!
> Yet knowing how way leads on to way
> I doubted if I should ever come back.

I shall be telling this with a sigh
Somewhere ages and ages hence:
Two roads diverged in a wood, and I,
I took the one less traveled by,
And that has made all the difference.

가지 않은 길

노란 숲 속에 두 갈래 길이 있었습니다.
나는 둘 다 가지 못하고
오랫동안 서서 하나의 길만 걷는 것이 아쉬워
수풀 속으로 굽어 꺾여 내려간 길까지
멀리멀리 한참 서서 바라보았습니다.

그러고선 똑같이 아름답지만
풀이 우거지고 자취가 없는
아마도 더 끌렸던 다른 길을 택했습니다.
물론 인적으로 치자면, 지나간 발길들로
두 길은 정말 거의 같게 다져져 있었고.

사람들이 시커멓게 밟지 않은 나뭇잎들이
그날 아침 두 길 모두를 한결같이 덮고 있긴 했지만.
아, 나는 한 길을 또 다른 날을 위해 남겨두었습니다!
하지만 길은 길로 이어지는 걸 알기에
내가 다시 돌아올 것을 의심하면서.

훗날에 훗날에 나는 어디에선가
한숨지으며 이렇게 말할 것입니다.
숲속에 두 갈래 길이 있었다고,
그리고 나는 사람들이 적게 간 길을 택하였고
그것 때문에 모든 것이 달라졌다고.

(4) "Stopping by Woods on a Snowy Evening"

Stopping by Woods on a Snowy Evening

Whose woods these are I think I know.
His house is in the village though;
He will not see me stopping here
To watch his woods fill up with snow.

My little horse must think it queer
To stop without a farmhouse near
Between the woods and frozen lake
The darkest evening of the year.

He gives his harness bells a shake
To ask if there is some mistake.
The only other sound's the sweep
Of easy wind and downy flake.

The woods are lovely, dark and deep,
But I have promises to keep,
And miles to go before I sleep,
And miles to go before I sleep.

눈 오는 저녁 숲가에 멈춰 서서

이 숲이 누구 숲인지 알 것 같아.
그의 집은 마을에 있지만.
내가 여기 멈춰 서서 그의 숲에
눈 쌓이는 것을 보고 있는 줄 모르리라.

내 작은 말은 이상하게 여기겠지.
한 해 중 가장 깊은 밤
숲과 얼어붙은 호수 사이
근처 농가도 없는 이곳에 멈춘 것을.

말은 달린 방울을 흔들어 울리네,
혹시 무슨 잘못 있는지 묻는 듯.
달리 들리는 것은 가벼운 바람에
휘날리며 눈 내리는 소리뿐.

숲은 아름답고, 어둡고, 깊네.
그런데 난 지켜야 할 약속이 있고,
잠들기 전 멀리 더 가야 해.
잠들기 전 멀리 더 가야 해.

2 월러스 스티븐스(Wallace Stevens, 1879~1955)

(1) 작가 소개
월러스 스티븐스는 펜실베이니아주에서 태어났으며, 하버드 대학과 뉴욕 대학 법대를 졸업한 후 변호사와 보험회사의 간부 일을 하면서 창작 활동을 한 시인이다. 그의 시는 풍부한 시어 사용, 상상력·언어유희·유머 활용, 아이러니한 장면 묘사 등을 특징으로 한다. 또한 대중문화를 다루며 복잡한 사회에 대해 조롱하는 시를 쓰기도 하였다. 그는 *Harmonium*(1931년 개정판), *Ideas of Order*(1936), *Parts of a World*(1942) 등과 같은 시집에서 예술과 미학에 대한 표현에 집중했다. 그의 시에서는 실재(reality)와 상상(imagination)의 문제가 강조되며, 그의 관심사는 실재가 시인의 상상의 세계와 어떻게 결합되는가이다. 즉, 상상과 실재 간의 상호 관계에 대한 명상이 그의 시의 중심 주제이다.

(2) 작품
① *Harmonium*(1931년 개정판)
   첫 시집이다.
② "Sunday Morning"
   종교에 열중하는 상류층 여성의 무료한 일상을 그린다.
③ "Peter Quince at the Clavier"
   음악에 대한 느낌과 자연의 아름다움을 그린 시이다.
④ "The Emperor of Ice-Cream"
   한 여성의 장례식을 배경으로 한다. 더운 지역이기에 장례식 때 아이스크림을 대접했고, 1920년대는 냉장고가 나오기 전이기 때문에 아이스크림을 직접 만들어 그 자리에서 먹어야 했다. 금세 녹는 달콤한 아이스크림은 삶의 찰나성과 순간적 기쁨을 상징하며, 생성·변화·소멸하는 존재의 속성을 잘 나타낸다. 이 시는 장례식의 엄숙함이나 슬픔보다는 일상적이면서도 희극적인 시선으로 죽음을 표현한다.
⑤ "Thirteen Ways of Looking at a Blackbird"
   선불교와 일본 하이쿠의 영향을 받아 쓴 시이다.
⑥ "The Snow Man"
   사물을 보는 인간의 시각과 생각하는 마음의 내면세계를 다루고 있다.

(3) "The Emperor of Ice-Cream"

The Emperor of Ice-Cream

Call the roller of big cigars,
The muscular one, and bid him whip
In kitchen cups concupiscent curds.
Let the wenches dawdle in such dress

As they are used to wear, and let the boys
Bring flowers in last month's newspapers.
Let be be finale of seem.
The only emperor is the emperor of ice-cream.

Take from the dresser of deal,
Lacking the three glass knobs, that sheet
On which she embroidered fantails once
And spread it so as to cover her face.
If her horny feet protrude, they come
To show how cold she is, and dumb.
Let the lamp affix its beam.
The only emperor is the emperor of ice-cream.

아이스크림의 황제

큼직하게 여송연 마는 사람을 불러라,
근육질의 사내를, 그리고 그로 하여금
부엌 들통에 호색적인 응유를 휘젓게 하라.
계집애들은 늘 입던 옷을 입고
빈둥거리게 하라, 그리고 사내애들에겐
지난달 신문으로 꽃을 싸서 바치게 하라.
실제 모습을 보이는 것의 끝이 되게 하라.
유일한 황제는 아이스크림의 황제이니.

유리 손잡이 세 개나 떨어져나간
값싼 서랍장에서
그녀가 한때 공작 비둘기를 수놓은 이불을 꺼내
그녀의 얼굴 위로 펼쳐 덮어라.
뿔같이 굳은 발은 삐져나와
그녀가 얼마나 말도 없이 싸늘한지 보여주겠지.
램프로 하여금 비춰라.
유일한 황제는 아이스크림의 황제이니.

3 윌리엄 카를로스 윌리엄스(William Carlos Williams, 1883~1963)

(1) 작가 소개

윌리엄스는 영국인 아버지와 푸에르트리코 출신의 어머니 사이에서 태어나 의사가 된 뒤 시인의 길로 들어섰다. 그는 27세 때 첫 시집을 내면서 활동을 시작하였다. 윌리엄스의 시는 일상의 구체적인 상황을 정확하고 세밀하게 묘사하는 명징한 작품으로서의 특징을 가진다. 윌리엄스의 가장 뛰어난 업적을 꼽는다면 단연코 『패터슨』(*Paterson*, 1946~1958)을 들어야 할 것이다. 이 장시는 미국의 독특한 정서와 리듬을 담고 있는 일종의 미국적인 서사시로 평가받는다. 이 시의 또 다른 특징은 서사시적 구도에도 불구하고 시 전체를 관통하는 일관된 주제나 구조를 상정하고 있지 않다는 점인데, 특히 등장하는 인물과 사건에 따라 그때그때 어조와 스타일을 달리하고 있다. 이러한 윌리엄스의 시 세계는 몇 가지 서로 상충되는 특징을 보여준다. 첫째, 시의 화자가 묘사하고 있을 때 매 순간의 사건을 독자들이 그대로 체험할 수 있도록 시어가 지칭하는 대상이 분명하고 명확하다. 「그냥 이런 말」(*"This is just to say"*, 1934)에 나타나듯이 시인은 독자가 시의 의미보다도 시인의 접시에 담긴 자두의 맛을 느끼는 행위를 먼저 체험할 것을 요구한다. 둘째, 사물과 사건에 대한 비교적 객관적인 묘사에도 불구하고 독자는 그 이면에 시인 자신의 감정과 생각이 교묘하게 포함되어 있음을 읽을 수 있다. 셋째, 윌리엄스의 시어들은 매우 정제된 형태로 등장하면서 시에서 실제로 벌어지는 상황이나 그 상황의 내용보다도 언어적 형식과 시적 리듬에 더 주의를 기울이게 만든다. 특히 윌리엄스는 후각과 미각뿐만 아니라 청각을 이용한 이미지를 창조하는데 뛰어나서 감각의 움직임을 포착하는 데 그보다 더 탁월한 능력을 타고난 미국 시인은 존재하지 않았다고 평가할 정도이다. 마지막으로 윌리엄스의 시에는 시어와 사물의 궁극적인 일치나 합일을 있는 그대로 받아들일 수 없게 만드는 모종의 거리 감각이 존재한다. 그 자체로는 별 의미없는 단어들, 예를 들면 접속사나 관사, 대명사 등에 강세가 오게 만듦으로써 시어와 그것이 전달하려는 사물 및 사태 간에 미세한 간극을 빚어낸다. 「그냥 이런 말」(*"This is just to say"*, 1934)이 대표적인 사례인데, 첫 연이 세 행이 "the, that, the"로 시작되며 둘째 연과 셋째 연에서 "and, which, and so" 같은 단어들이 행의 맨 앞에 이어짐으로써 단어의 의미보다도 그것들이 갖는 음악적 효과가 더 부각된다. 윌리엄스는 이렇게 서로 상충되는 형식적 장치들을 통해 평범하고 사소한 상황과 사건 뒤에 존재하는 인간사의 궁극적 의미나 본질의 사태를 드러낸다.

(2) 작품

① 『봄과 만물』(*"Spring and All"*, 1923)
② 「빨간 손수레」(*"The Red Wheelbarrow"*, 1923)
③ 「그냥 이런 말」(*"This is just to say"*, 1934)
④ 『패터슨』(*Paterson*, 1946~1958)

(3) "The Red wheelbarrow"

> **The Red wheelbarrow**
>
> so much depends
> upon
>
> a red wheel
> barrow
>
> glazed with rain
> water
>
> beside the white
> chickens
>
> ─────────────────────────
>
> 빨간 손수레
>
> 많은 것을
> 할 수 있다
>
> 빨간 바퀴
> 손수레로
>
> 빗물에 젖어
> 빛나는데
>
> 그 곁에 흰
> 병아리들

4 하트 크레인(Hart Crane, 1899~1932)

(1) 작가 소개

하트 크레인은 T. S. 엘리엇에게 자극받고 영감을 받아 모더니즘 시를 쓴 시인이다. 그의 가장 야심찬 작품인 "브릿지"에서 크레인은 "황무지"의 맥락으로 엘리엇의 작품에서 발견한 것보다 더 낙관적인 현대, 도시 문화의 관점을 표현한 서사시를 쓰려고 했다. 32세의 나이에 자살한 후 몇 년 동안 크레인은 극작가, 시인,

그리고 문학 비평가들로부터 그의 세대에서 가장 영향력 있는 시인 중 한 명이라는 찬사를 받았다. 크레인은 오하이오주 개럿츠빌에서 태어났다. 그의 아버지는 사탕 사업으로 부를 축적했으나 그의 어머니와 아버지는 끊임없이 싸웠고 결국 이혼했다. 크레인은 다양한 카피라이터 일을 했고, 1917년과 1924년 사이에 뉴욕과 클리블랜드 사이를 오가며 광고 카피라이터와 아버지의 공장에서 노동자로 일했다. 크레인의 편지로 볼 때 뉴욕은 그가 가장 집처럼 편하게 느꼈던 곳이었고 그의 시의 대부분은 뉴욕을 배경으로 하고 있다. 크레인은 32살에 바다에 뛰어들어 자살한 젊은 시인이었다. 그는 서사시 "The Bridge"(1930)와 같은 시집을 남겼는데, 이 시는 브루클린 다리에서 영감을 받아 쓴 것이다. "Voyages"(1923, 1926)와 "At Melville's Tomb"(1926) 등의 시에 그의 감미롭고 열정적인 스타일이 가장 잘 나타나 있다. 그는 웅변적인 리듬과 화려한 이미지로 사물을 융합시켜 낭만주의 시인을 연상시킬 정도로 뛰어나다는 찬사를 받았다.

(2) 작품

① *White Buildings*(1926)

첫 시집이다. 이 시집에는 T. S. 엘리엇의 "The Waste Land"가 문화적 비관주의를 표현한다고 여기고 이에 대한 응답으로 쓴 장시 "For the Marriage of Faustus and Helen"(파우스트와 헬렌의 결혼을 위하여)이 실려 있다.

② "To Brooklyn Bridge"

문명을 상징하는 브루클린 다리를 등장시켜 미국의 무한한 미래를 찬양한다.

③ "The Bridge"(1930)

부분적으로 브루클린 다리에서 영감을 받았으며 과거와 현재를 서로 연결시켜 주는 인간의 창조력을 노래한다. 유기적인 15부로 구성되어 있다. 여기서 '다리'는 미국의 건설적인 미래와 미국인의 정체성을 상징하는 것으로 미래의 미국의 희망과 성취를 표현한다.

(3) "To Brooklyn Bridge"

> **To Brooklyn Bridge**
>
> How many dawns, chill from his rippling rest
> The seagull's wings shall dip and pivot him,
> Shedding white rings of tumult, building high
> Over the chained bay waters Liberty —
>
> Then, with inviolate curve, forsake our eyes
> As apparitional as sails that cross
> Some page of figures to be filed away;
> —Till elevators drop us from our day...

I think of cinemas, panoramic sleights
With multitudes bent toward some flashing scene
Never disclosed, but hastened to again,
Foretold to other eyes on the same screen;

And Thee, across the harbor, silver-paced
As though the sun took step of thee, yet left
Some motion ever unspent in thy stride, —
Implicitly thy freedom staying thee!

Out of some subway scuttle, cell or loft
A bedlamite speeds to thy parapets,
Tilting there momently, shrill shirt ballooning,
A jest falls from the speechless caravan.

Down Wall, from girder into street noon leaks,
A rip-tooth of the sky's acetylene;
All afternoon the cloud-flown derricks turn...
Thy cables breathe the North Atlantic still.

And obscure as that heaven of the Jews,
Thy guerdon... Accolade thou dost bestow
Of anonymity time cannot raise:
Vibrant reprieve and pardon thou dost show.

O harp and altar, of the fury fused,
(How could mere toil align thy choiring strings!)
Terrific threshold of the prophet's pledge,
Prayer of pariah, and the lover's cry, —

Again the traffic lights that skim thy swift
Unfractioned idiom, immaculate sigh of stars,
Beading thy path — condense eternity:
And we have seen night lifted in thine arms.

Under thy shadow by the piers I waited;
Only in darkness is thy shadow clear.
The City's fiery parcels all undone,
Already snow submerges an iron year...

O Sleepless as the river under thee,
Vaulting the sea, the prairies' dreaming sod,
Unto us lowliest sometime sweep, descend
And of the curveship lend a myth to God.

브루클린 다리에게

수많은 새벽을 잔물결 고운 잠자리에 몸 식히고
갈매기는 날개 적시며 하늘을 선회하겠구나,
하얀 고리를 부산히 흘리며
사슬이 매인 항만의 물 위에 자유를 세우며

그러곤 신성한 곡선을 그리며 우리의 시야를 벗어난다
마치 정리되어야 할 장부의 페이지 위를 가로지르는
환영의 돛처럼 어스름하게
승강기가 우리를 하루에서 내려놓을 때까지...

영화가 생각난다, 눈부시게 돌아가는 어지러운 요술
번쩍이는 장면에 군중들이 쏠리고
드러낸 것 없이 다시 돌아온다.
같은 스크린 위에서도 다른 사람의 눈엔 무엇인가 예시된 모양.

그리고 그대여, 태양이 은빛 발걸음으로
항구를 가로질러 그대를 따라간 듯이.
그러나 그대의 걸음에도 영원히 다하지 않는 동작이 남아 있다.
내부에서 그대를 떠받치는 그대의 자유!

지하철 입구인가, 감방인가, 다락방에서
한 미치광이가 뛰어나와 그대의 난간으로 달려간다
거기서 잠시 몸을 기울이고 있다가, 비명과 함께 셔츠를 날리고
말없는 군중으로부터 농담이 떨어진다.

월가 한복판, 한낮이 대들보에서 거리로 샌다,
하늘에서 톱니 모양 쏟아지는 아세틸렌 광채.
오후는 계속 구름을 이고 기중기가 돈다...
그대의 철색(鐵索)은 여전히 북태평양을 숨 쉰다.

> 저 유대인의 천국처럼 모호한,
> 그대의 은총... 시간도 길러낼 수 없는
> 그대가 주는 무명의 영광,
> 흔들리는 유예와 관용을 그대는 보여준다.
>
> 아 격정이 융해되는 하프며 제단이여,
> (어찌 하찮은 노력으로 그대 노래의 현을 정렬할 수 있으랴!)
> 예언자의 약속의 엄청난 입구,
> 하층민의 기도, 사랑하는 이의 부르짖음
>
> 다시 차량들의 불빛이 그대의 재빠르며
> 끊기지 않는 말, 별들의 청정한 한숨을 스친다,
> 그대의 길에 염주를 매달며 영원을 압축한다
> 그리고 우리는 그대의 두 팔이 밤을 떠받치고 있음을 본다.
>
> 교각 옆 그대 그림자 밑에서 나는 기다렸다
> 어둠 속에서만이 그대 그림자는 선명하구나.
> 이 도시의 불 꾸러미는 다 풀리고,
> 이미 눈(雪)은 철의 일 년을 덮는구나...
>
> 아 그대 밑을 흐르는 강물처럼 잠자지 않고,
> 바다와 평원의 꿈꾸는 풀밭 위에 걸려,
> 아주 낮게 우리에게 펼쳐지고 우리에게 내려라,
> 그리고 곡선미로 신을 향한 신화를 빌려주어라.

5 로버트 로웰(Robert Lowell, 1917~1977)

(1) 작가 소개

로버트 로웰은 보스턴(Boston)의 명문 가정에서 태어났으며, 그의 사촌이 유명한 여류 시인인 Amy Lowell 이다. 로버트 로웰은 제2차 세계대전 중에는 양심적 병역기피자로 1년 동안 수감되었으며, 이후에는 공개적으로 베트남전쟁에 반대했다.

그의 초기 시는 전통적인 형식과 절제된 스타일, 강렬한 느낌, 개인적이지만 역사적인 시각 등을 담고 있다. 로웰의 "The Mills of the Kavanaughs"(1951)는 가족 구성원들 각자의 감동적이고 극적인 독백들을 담고 있다. 이렇듯 로웰은 감동적이고 극적인 독백들을 담고 있는 고백시를 썼다. 로웰의 시 세계는 웅대함과 인간적인 면이 혼합되어 있다. 그는 1950년대 중반 시 낭송 순회를 하다가 새로운 실험적인 시들을 접하게 되었고 실험적인 시들에 비하여 자신의 시가 형식적이고 수사적이며, 관습에 얽매여 있다고 생각했다. 그는 즉시 더더욱 구어체적인 어법으로 자신의 시를 수정하였다. 이 시점에서 로웰은 윌리엄 카를로스 윌리엄스 학파로부터 배우기로 결정했다. 그는 자신의 스타일을 완전히 바꾸고 윌리엄스의 시에서 가장 높이 샀던 '음조 분위기 속도의 빠른 변화'를 사용하였다. 그는 모더니즘 대가와 현대 실험주의 작가의 영향을 고루 받았다. 로웰은 모호한 인용 및 비유와 같은 그의 초기 시의 특징들을 줄이고, 연으로 구성된 구조를 무너뜨렸으며, 새롭고 즉흥적인 형태로 시를 창작했다.

로웰은 "Life Studies"(1959)에서 고통스러운 개인 문제를 정직하고 강렬하게 드러낸 새로운 시 형태인 고백시(Confessional Poetry)를 선보였다. 그는 가장 어렵고 사적인 표현 방법으로 자신의 개성을 찬미했다. 로웰의 새로운 시는 많은 젊은 작가들에게 영향을 주었다. 그의 고백시는 시집 *For the Union Dead*(1964), *Notebook*(1970) 등을 비롯하여 후대에 많은 영향을 주었다.

(2) 작품

① "Land of Unlikeness"(1944), "Lord Weary's Castle"(1946)
전통적인 스타일의 시로 강렬한 느낌과 역사적인 시각 등을 담았다.

② "The Mills of the Kavanaughs"(카바노프 가의 방앗간, 1951)
가족 구성원들이 각자의 결점을 드러내는 감동적이고 극적인 독백들로 구성되어 있다.

③ "Life Studies"(1959)
사적인 문제를 드러낸 새로운 형태의 고백시로 자신의 고통스러운 개인 문제를 정직하고 강렬하게 드러냈다.

④ "For the Union Dead"(죽은 연방군에게, 1964)
자전적인 탐색과 기법 실험을 계속하였다.

⑤ "Skunk Hour"
정신병원에 입원했던 경험을 바탕으로 정신적인 혼돈 상태를 표현하였다.

(3) "Skunk Hour"

Skunk Hour

Nautilus island's hermit
heiress still lives through winter in her Spartan cottage;
her sheep still graze above the sea.
Her son's a bishop. Her farmer
is first selectman in our village;
she's in her dotage.

Thirsting for
the hierarchic privacy
of Queen Victoria's century,
she buys up all
the eyesores facing her shore,
and lets them fall.

The season's ill —
we've lost our summer millionaire,
who seemed to leap from an L. L. Bean
catalogue. His nine-knot yawl
was acutioned off to lobstermen.
A red fox stain covers Blue Hill.

And now our fairy
decorator brightens his shop for fall;
his fishnet's filled with orange cork,
orange, his cobbler's bench and awl;
there is no money in his work,
he'd rather marry.

One dark night,
my Tudor Ford climbed the hill's skull;
I watched for love-cars. Lights turned down,
they lay together, hull to hull,
where the graveyard shelves on the town...
My mind's not right.

A car radio bleats,
"Love, O careless love..." I hear
my ill-spirit sob in each blood cell,
as if my hand were at its throat...
I myself am hell;
nobody's here —

only skunks, that search
In the moonlight for a bite to eat.
They march on their soles up Main Street:
white stripes, moonstruck eyes' red fire
under the chalk-dry and spar spire
of the Trinitarian Church.

I stand on top

of our back steps and breath the rich air —

a mother skunk with her column of kittens swills the garbage pail.

She jabs her wedge-head in a cup

of sour cream, drops her ostrich tail,

and will not scare.

스컹크의 시간

노틸러스섬의 은둔자
상속녀는 여전히 그녀의 스파르타식 오두막에서 겨울을 난다.
그녀가 키우는 양들은 아직도 바다를 면한 절벽 위에서 풀을 뜯는다.
그녀의 아들은 주교이다. 그녀의 농부는
우리 마을에서 수석 자치위원이다.
그녀는 이제 노망이 들었다.

빅토리아 여왕 시대의
귀족적인 은밀성이 그리웠던 그녀는
해변에 연안에서 눈에 거슬리는 것들을
모두 사 들여서
낡아 쓰러지게 내버려 두고 있다.

계절이 병들었다 —
여름이면 찾아오던 어느 백만장자는
L. L. 빈 카탈로그에서 나온 듯한,
이제는 고인이 되었다. 그가 몰던 쾌속선은
가재잡이 어부들에게 경매로 넘어갔다.
푸른 언덕이 붉은 여우 융단을 덮어 썼다.

그리고 이제 실내 장식가는
가을맞이로 가게를 화사하게 꾸민다.
그의 어망은 오렌지색의 코르크와
오렌지, 그의 구두 수선 의자와 송곳으로 차 있다.
그런데 장사에서 별로 재미를 못 보니,
결혼하는 게 나을 법하다.

어느 어두운 밤,
내가 모는 포드사 튜더 차가 언덕 꼭대기에 올라갔다.
내 눈엔 사랑을 나누는 차들이 보였다. 전조등을 끈 채,
그들은 몸을 맞대고, 함께 누워있었다.
그곳은 도시 위 공동묘지가 선반처럼 자리 잡은 곳이었다.
내 정신은 이상하다.

> 자동차에서는 노래가 흐느끼듯 흘러나왔다.
> "사랑, 오 가벼운 사랑이여..." 나는 듣고 있다
> 내 병든 영혼이 피의 세포마다 신음하는 소리를,
> 마치 내 손이 영혼의 목을 조르듯...
> 내 자신이 지옥이다.
> 여긴 아무도 없다.
>
> 있는 것이라곤 스컹크들인데,
> 이들은 한 입 거리를 찾느라고 달밤을 누빈다.
> 녀석들은 중심가 위를 발바닥으로 기어가는데
> 하얀 등줄이 드러나고, 정신 나간 눈동자는 벌건 빛을 발산한다
> 삼위일체파 교회의
> 백악처럼 하얗게 마르고 돛대 같은 첨탑 아래에서.
>
> 나는 뒷계단 꼭대기에 서서
> 풍부한 공기를 마신다.
> 어미 스컹크는 새끼들을 줄 세우고 쓰레기통을 게걸스럽게 뒤진다.
> 쐐기 모양의 머리를
> 신맛이 나는 크림 컵에 파묻고, 타조 같은 꼬리를 바닥으로 깐 채,
> 겁도 없이.

이 시의 배경은 시인의 별장이 있는 미국 동북부 메인(Maine)주의 해변의 휴양도시이다. 이야기는 그곳 사람들의 쇠퇴하고 활력을 잃은 생활에서 시작된다. 첫 번째로는 부잣집 미망인, 두 번째로는 백만장자, 세 번째로는 동성연애자인 실내장식가가 나온다. 미망인은 상속 받은 재산으로 살아가며 주교 아들을 두고 있다. 그녀는 농사도 지으며 봉건시대의 여인처럼 숨어 산다. 그녀는 이제 늙었다. 외지인으로 보이는 백만장자는 운동복을 입고서 여행을 즐기며 여름에는 이곳 별장에서 산다. 하지만 그는 사라지고 블루힐산에는 가을이 왔다. 실내장식가 또한 돈벌이가 좋지 않다.

시는 5연에서 일인칭 직설법으로 바뀌며 극적 장면은 더욱 호소력이 짙어진다. 그가 밤에 산을 올라가 보니 데이트하는 남녀들이 차를 대놓고 있다. 이 장면과 대조적으로 새끼들을 데리고 우유 통을 뒤지는 스컹크의 모습은 생명력 있는 신선한 장면으로 받아들여진다. 뉴잉글랜드는 미국의 엄격한 청교도 문화의 본거지이다. 이러한 곳에 냄새를 내뿜는 스컹크를 언급한 것은 아이러니하다. 시인은 그곳이 쇠퇴해 가는 것을 보면서 무기력하고 폐쇄적인 그곳 문화 풍토와 활력 있고 자유로운 스컹크의 세계를 대비시킨다. 스컹크의 생명력은 로웰이 직면한 갈등과 절망 상태에 대한 대안을 제시한다. 로웰이 생명력을 통해 절망적인 현실을 극복하고자 하는 노력은 현실의 모순과 실존적 갈등의 고백에 머물지 않고 스컹크의 생명력을 통해 활기를 찾고자 하는 것이다.

6 실비아 플라스(Sylvia Plath, 1932~1963)

(1) 작가 소개

실비아 플라스의 부친은 보스턴 대학의 생물학 교수이자 땅벌 연구의 세계적 권위자였으나 그녀가 8살 때 죽었다. 아버지의 죽음은 그녀에게 큰 충격이었고 9살 때 처음으로 자살을 생각할 정도였다고 한다. 그녀는 스미스 대학을 장학생으로 다녔고 수석으로 졸업하였지만 극도의 신경쇠약을 경험하였다. 1953년 객원기자로 활동하던 중에 수면제 50알을 삼키고 자살 기도를 하기도 했다. 케임브리지에서 그녀는 영국 시인 테드 휴즈를 만나 결혼하고 아이 둘을 낳아 잉글랜드의 작은 시골집에 정착했다. 그러나 그녀는 1950년대의 여성에 대한 억압적인 풍조에서 갈등을 느낄 수밖에 없었고 남편과 별거하게 되었다. 그녀는 추운 겨울, 런던의 아파트에서 아이들과 함께 지내며 병약한 몸과 고립된 처지 속에서 절망에 잠겼다. 그러나 부엌에서 가스로 자살하기 전까지 시 창작에 열중하였다. 이 시들은 그녀가 죽은 지 2년 후에 출간된 시집 *Ariel*(1965)에 수록되었다. 이 시집의 머리말을 쓴 로버트 로웰은 그녀와 앤 섹스턴이 1958년 자신의 시 수업을 듣던 때에 비해 플라스의 시가 급격하게 발전했다고 언급했다.

플라스의 초기 시는 정통시였지만 그녀의 후기 시는 대담성과 페미니스트다운 고통스러운 울부짖음을 보여주었다. 그녀는 고백시(Confessional Poetry)를 쓴 시인들 중 가장 폭력적으로 감정을 표출한 시인으로도 유명하다. "The Applicant"(1963)에서 플라스는 아내를 무생물인 '그것'(it)이라고 축소하여 표현하며 아내 역할의 공허함을 폭로하였다. 그녀는 동요적인 운율과 직접적인 표현을 과감하게 활용했다.

(2) 작품

① "Daddy"(1962)
   자신의 아버지를 영화에 나오는 드라큘라로 상상한다.
② "Lady Lazarus"(1962)
   자살에 대한 플라스의 생각을 표현한 시이다.
③ "The Applicant"(1963)
   아내를 축소시키고 아내 역할의 공허함을 폭로한 시이다.
④ 『벨 자』(*The Bell Jar*, 1963)
   실비아 플라스가 쓴 유일한 소설로, 화려한 성공 뒤에는 해결되지 않은 심리적 문제들이 있다는 내용이다. 자신의 경험을 바탕으로 쓰고 있으며 여대생의 정신병과 자살 기도, 회복을 그린 작품이다.

(3) "Daddy"

Daddy

You do not do, you do not do
Any more, black shoe
In which I have lived like a foot

For thirty years, poor and white,
Barely daring to breathe or Achoo.

Daddy, I have had to kill you.
You died before I had time—
Marble-heavy, a bag full of God,
Ghastly statue with one gray toe
Big as a Frisco seal

And a head in the freakish Atlantic
Where it pours bean green over blue
In the waters off beautiful Nauset.
I used to pray to recover you.
Ach, du.

In the German tongue, in the Polish town
Scraped flat by the roller
Of wars, wars, wars.
But the name of the town is common.
My Polack friend

Says there are a dozen or two.
So I never could tell where you
Put your foot, your root,
I never could talk to you.
The tongue stuck in my jaw.

It stuck in a barb wire snare.
Ich, ich, ich, ich,
I could hardly speak.
I thought every German was you.
And the language obscene

An engine, an engine
Chuffing me off like a Jew.
A Jew to Dachau, Auschwitz, Belsen.
I began to talk like a Jew.
I think I may well be a Jew.

The snows of the Tyrol, the clear beer of Vienna
Are not very pure or true.
With my gipsy ancestress and my weird luck
And my Taroc pack and my Taroc pack
I may be a bit of a Jew.

I have always been scared of you,
With your Luftwaffe, your gobbledygoo.
And your neat mustache
And your Aryan eye, bright blue.
Panzer-man, panzer-man, O You—

Not God but a swastika
So black no sky could squeak through.
Every woman adores a Fascist,
The boot in the face, the brute
Brute heart of a brute like you.

You stand at the blackboard, daddy,
In the picture I have of you,
A cleft in your chin instead of your foot
But no less a devil for that, no not
Any less the black man who

Bit my pretty red heart in two.
I was ten when they buried you.
At twenty I tried to die
And get back, back, back to you.
I thought even the bones would do.

But they pulled me out of the sack,
And they stuck me together with glue.
And then I knew what to do.
I made a model of you,
A man in black with a Meinkampf look

And a love of the rack and the screw.
And I said I do, I do.
So daddy, I'm finally through.
The black telephone's off at the root,
The voices just can't worm through.

If I've killed one man, I've killed two—
The vampire who said he was you
And drank my blood for a year,
Seven years, if you want to know.
Daddy, you can lie back now.

There's a stake in your fat black heart
And the villagers never liked you.
They are dancing and stamping on you.
They always knew it was you.
Daddy, daddy, you bastard, I'm through.

아빠

당신은 안 돼요, 더 이상은
안 돼요, 검은 구두
난 그 안에 발처럼 살았어요.
삼십 년이나, 가엾게도 하얗게 질려,
숨 쉬는 것도, 기침도 함부로 못하면서.

아빠, 난 당신을 죽여야 했어요.
그러기 전에 당신은 죽었지만—
대리석처럼 무겁고, 신성함으로 가득 찬 자루,
끔찍한 조각상, 잿빛 발가락 하나가
샌프란시스코 물개만큼 큰

머리는 변덕스러운 대서양 속에 있으면서
아름다운 너셋 해변의 푸른 바다에
강낭콩 같은 초록빛을 쏟아내네요.
난 당신을 되찾기 위해 기도하곤 했어요.
아, 당신.

독일어로, 폴란드 마을에서
전쟁, 전쟁, 전쟁의
포화 속에 납작하게 파괴된.
그 마을의 이름은 흔했어요.
내 폴란드 친구가

말하길 스무 개는 될 거라고 했어요.
그래서 난 당신이 어디에 발을 딛고,
뿌리를 내렸는지 결코 말할 수 없었고,
당신에게 말을 걸 수도 없었어요.
혀가 턱 안에 갇혀버렸어요.

혀는 가시철조망의 덫에 걸렸어요.
나, 나, 나, 나,
나는 거의 말할 수 없었어요.
나는 독일 사람은 모두 당신이라고 생각했어요.
그리고 그 음란한 언어

엔진, 엔진
날 유대인처럼 실어 나르는
다하우, 아우슈비츠, 벨젠으로.
나는 유대인처럼 말하기 시작했어요.
나는 아마 유대인일지도 몰라요.

티롤의 눈, 비엔나의 맑은 맥주도
그렇게 순수하거나 진짜는 아니에요.
내 집시 혈통과 기이한 운명
내 타로카드, 내 타로카드를 보면
나는 아마 조금은 유대인일 거예요.

나는 당신이 항상 두려웠어요.
당신의 독일 공군, 당신의 이해할 수 없는 말이.
당신의 단정한 콧수염과
아리안 혈통의 밝고 푸른 눈이.
기갑부대 병사, 기갑부대 병사, 오 당신이—

신이 아니라 나치 스와스티카의 십자 문장이
너무 검게 위를 덮어 하늘을 볼 수 없어요.
모든 여자들은 파시스트를 숭배해요,
얼굴을 짓밟는 장화, 짐승
당신 같은 짐승의 짐승 같은 심장을.

당신은 흑판 앞에 서 있어요, 아빠,
내가 가진 사진 속에서,
발이 아니라 턱이 갈라졌지만
악마인 것은 틀림없어요,
나의 어여쁜 붉은 심장을 물어 둘로 쪼갠

> 더할 나위 없는 검은 남자였어요.
> 내가 열 살 때 그들은 당신을 묻었어요.
> 스무 살 때 난 죽으려고 했어요.
> 당신에게 돌아가려고, 가려고, 가려고 했어요.
> 단지 뼈만이라도 갈 수 있을 거라고 생각했어요.
>
> 그런데 그들은 나를 자루에서 꺼내,
> 접착제로 단단히 붙여버렸어요.
> 그리고 그때 나는 뭘 해야 할지 알았어요.
> 난 당신을 본보기로 삼았어요.
> "나의 투쟁" 결의가 얼굴에 가득 차고
>
> 검은 제복에 고문 형틀을 사랑하는.
> 그리고 난 말했어요, 할래요, 할래요.
> 그래서 아빠, 난 결국 끝냈어요.
> 검은 전화기는 뿌리째 뽑히고,
> 목소리는 더 이상 벌레처럼 기어 나올 수 없어요.
>
> 만약 내가 한 남자를 죽였다면, 둘을 죽인 셈이에요—
> 자기가 아빠라고 하면서 내 피를
> 일 년 동안 빨아먹은 흡혈귀,
> 아니 칠 년이에요, 당신이 정확하길 원하면.
> 아빠, 이제 누워 있어도 돼요.
>
> 당신의 살찐 검은 심장에 말뚝이 박혔고
> 마을 사람들은 당신을 결코 좋아한 적이 없었어요.
> 그들은 춤추고 당신을 짓밟고 있어요.
> 그들은 항상 알고 있었어요, 그게 당신이라는 것을.
> 아빠, 아빠, 가증스러워요, 난 이제 끝냈어요.

실비아 플라스는 정신적으로 쉽지 않은 삶을 살았다. 그녀의 시 곳곳에서 그런 흔적을 볼 수 있으며, 특히 이 시 "Daddy"에서는 그녀의 고통의 뿌리와 그 감정의 골이 무척 깊다는 것을 보여준다. 이 시는 그녀의 아버지가 죽은 후 그의 죽음에 대해 쓰고 있다. 하지만 죽음을 슬퍼하고, 생전의 좋았던 기억을 회상하며, 그리워하는 흔히 접하는 그런 글이 아니다. 오히려 아버지로 인해 억눌렸던 그녀의 감정과 그녀의 뒤틀린 인생이 마침내 풀려났다는 안도감을 표현하고 있다. 이 시에서 그러한 감정의 배경과 이유를 매우 상세히 적고 있다.

플라스는 아버지로 표현되는 대상을 특이하게 묘사하고 있다. 그는 한편으론 그녀가 갇혀 지냈던 '검은 구두'였고, '흡혈귀', '파시스트', 그리고 '나치 독일 군인'으로 비유되어 폭력적·야만적·비인간적 대상에 비추어 묘사된다. 마지막에 시의 화자는 아버지에게 이제 쉬라고 한다. 그의 심장에는 뱀파이어를 죽이기 위해 사용되는 말뚝이 박혀 있고 마을 사람들이 아버지를 좋아하지 않았다고 말한다. 그리고 이제 끝났다고 한다. 플라스는 계속해서 아버지에 대한 증오를 얘기하는데 이러한 모습은 당대의 사회상과도 관련이 있다. 당시에는 여성의 자연스러운 감정 표현을 부도덕한 것으로 여겼고 여성들은 가치에 순응하는 것이 모범적이라고 보았는데 이러한 사회적 분위기에 대한 플라스의 분노가 아버지를 향해 표출된 것으로 볼 수 있다.

제 5 장 | 20세기 미국 희곡

제1절 20세기 미국 희곡의 특징

20세기 초에 미국은 유럽의 소극장운동에서 시작된 연극부흥에 자극을 받아 순수하게 문학적인 희곡 작품이 등장한다. 'Washington Square Players'와 'Provincetown Players'와 같은 극단이 1915년에 출현하면서 미국 희곡 문학에 새로운 변화가 일어난다. 이 극단들은 새로운 것을 만들어 내려고 시도했는데, 사회문제, 정신분석 심리학, 사실주의, 표현주의 등과 관련된 주제들의 희곡을 상연하였고, 상업성을 추구하기보다는 순수 예술을 지향하였다. 유진 오닐이 이곳에서 성장한 가장 대표적인 극작가이다. 그는 소극장운동에 적극적으로 참여하여 20세기 초 미국 희곡 문단을 이끌었을 뿐만 아니라, 유럽 문단에까지 진출하였다.

제2절 주요 작가와 작품

1 유진 오닐(Eugene Gladstone O'Neill, 1888~1953) 중요

(1) 작가 소개

유진 오닐은 미국 연극계의 가장 위대한 인물이다. 그는 미국 상업주의 희곡을 순수 희곡으로 전환시키는 데 공헌하였다. 오닐의 작품들에서는 독창적인 기교와 신선한 시각, 감성적인 깊이가 결합된 모습을 볼 수 있다. 초기에는 빈민계층을 다루었으나, 후기에는 강박관념이나 성(性)에 관한 주관적인 영역을 탐색하였고, 가족과 화해하려는 고뇌에 찬 노력을 묘사하기도 하였다. 그는 1936년 노벨문학상을 수상하였다.

(2) 작품

① 『느릅나무 밑의 욕망』(*Desire Under the Elms*, 1924)

1924년 11월 11일 뉴욕시 그리니치빌리지 극장에서 초연되었으며, 전체 3부 12장으로 이루어져 있다. 무대의 배경은 1850년대 뉴잉글랜드 지방의 2층 농가이다. 작품에서 그 집을 덮은 거대한 느릅나무는 음산한 모성적인 지배력을 의미한다. 주요 등장인물은 자갈투성이의 땅을 개간하여 온 고지식하고 고독한 늙은 농부, 그가 후처로 맞이한 젊은 여자 아비, 사별한 어머니를 추모하며 살아가는 전처의 아들 에벤이다. 이들 세 사람은 애욕으로 갈등하는 모습을 보인다. 이에 더하여 농장 소유욕이 뒤얽혀, 마침내 아비는 에벤과의 외도로 태어난 어린아이를 자신의 손으로 죽이고 만다. 청교도주의 풍토에서 인간의 고독과 욕구불만을 자연주의적 수법으로 치밀하게 파헤쳐서 인간의 의식 밑의 암흑면을 다룬 작품이다. 유아 살해, 근친간의 불륜 관계 등을 다루어, 발표 당시에는 상연이 금지되어 화제를 불러일으키기도 하였다.

② 『위대한 신 브라운』(The Great God Brown, 1926)
부유한 사업가의 무의식을 탐색한다.

③ 『기묘한 막간극』(Strange Interlude, 1928)
1919년 8월부터 1944년까지 25년의 기간 동안 여주인공 니나(Nina Leeds)에게 일어나는 일을 다루고 있다. 5시간이라는 긴 공연시간에도 불구하고 당시 브로드웨이에서 426회나 공연되었을 정도로 큰 찬사를 받은 작품이다. 이 작품에서 각 등장인물들은 두 가지 목소리를 내는데, 전통적인 방식의 대화와 의식의 흐름으로부터 나오는 '방백'이다. 오닐은 정신분석학적인 접근을 통해 내적 독백이라는 연극적 기법을 사용하면서 인물들의 감정과 상황에 대한 진실을 관객에게 전달하였다. 그러나 이 극은 낙태, 간통, 동성애 등 당시로서는 자극적이라고 볼 수 있는 소재를 담고 있기 때문에 일부 도시에서는 공연이 금지되기도 하였다.

④ 『상복이 어울리는 엘렉트라』(Mourning Becomes Electra, 1931)
1931년에 초연되었고 '귀향'(4막), '쫓기는 자'(5막), '신들린 자'(4막)의 3부로 구성되었다. 아이스킬로스의 『오레스테이아』의 이야기를 원형으로 하여 현대 심리학을 가지고 그리스의 비극관에 다가가려는 의도로 쓴 것이다. 남북전쟁 직후 뉴잉글랜드에 있는 한 장군의 집을 무대로 하여 애증이 교착하는 가족관계를 그렸다. 엄마에게 독살되는 아버지, 그 딸과 아들의 손에 죽는 엄마의 정부(情夫), 엄마의 자살, 아들의 자살, 이렇게 꼬리를 물고 그 일족이 차례로 죽어가는 마지막에 상복을 입은 딸이 혼자 저주받은 저택에 남게 된다는 웅대한 줄거리로서 인간관계의 드라마로 시종되는 근대 심리극을 인간과 운명의 대결로 승화시키려고 한 야심작이다.

⑤ 『밤으로의 긴 여로』(Long Day's Journey into Night, 1956)
1956년에 초연되었으며, 자서전적 작품이라고 한다. 작품의 주요 등장인물은 늙은 무대배우인 아버지 제임스 티론, 마약 중독자 어머니 메리, 알코올 중독의 형 제미, 병약하고 시인 기질을 가진 동생 에드먼드(청년 시절의 작가)이다. 이 4명의 가족이 애정과 증오의 교착 속에서 서로 공격하고 마음을 상하게 하면서도 결국 이해하고 용서하는 어느 하루 동안의 허무한 심리적 갈등을 그렸다. 육친(肉親)의 비참한 과거를 폭로한 이 작품을, 작가는 '피와 눈물로 점철된 오랜 슬픔의 연극'이라고 표현하고 살아 있을 때에는 공표하지 않았다. 그러나 일단 이 연극이 상연되자 무시무시한 긴박감은 관중의 감동을 자아냈고, 1956년 예일 대학에서 간행되어 오닐은 사후(死後)에 네 번째 퓰리처상을 받게 되었다. 작가는 이미 1936년에 노벨문학상을 받은 바 있다.

(3) 『밤으로의 긴 여로』(Long Day's Journey into Night)의 줄거리

1912년 어느 여름날, 가난하고 무지한 아일랜드 이민자 출신으로 돈에 대한 집착을 버리지 못해 파멸해 가는 아버지와 마약 중독자인 어머니, 알코올과 여자에 빠져 하루하루를 보내는 형, 결핵을 앓는 병약한 시인인 동생으로 구성된 티론 가족은 그들의 유일한 집인 여름 별장에 모여 모처럼 정상적인 가족의 모습으로 생활한다. 그러나 이들에게는 커튼처럼 드리워진 자욱한 안개와 병든 고래의 신음처럼 음울함과 막연한 두려움이 투영되어 있다. 어머니 메리는 다시 모르핀을 맞기 시작했고, 아들 에드먼드의 병은 악화되고 있다. 태연함을 가장하던 가족들은 두려움이 현실로 다가오자 아버지와 두 아들은 술로, 메리는 마약으로 도피한다. 그들은 서로를 잠깐씩 이해하는 것 같지만 끝내 화해하지도 못하고 절망의 나락으로 떨어져 버린다.

2 테네시 윌리엄스(Tennessee Williams, 1911~1983)

(1) 작가 소개

그의 작품은 미국 남부 지역에 살고 있는 가족을 다루면서 가족 내에 존재하는 불안감 및 해소되지 못한 성적 욕망을 중점적으로 그린다. 그는 반복적인 표현과 남부 사투리, 괴기한 배경으로 유명하다. 윌리엄스는 고통 받는 등장인물의 성을 통해 그들의 외로움을 표현했다고 언급했다. 그는 20편이 넘는 장막극을 썼는데 그중 다수가 자전적이다.

그의 작품 『유리 동물원』(The Glass Menagerie, 1944)과 『욕망이라는 이름의 전차』(A Streetcar Named Desire, 1947)로 그는 1940년대에 전성기를 이루었다. 『욕망이라는 이름의 전차』(A Streetcar Named Desire)는 사라져 가는 남부의 문화적 전통을 지키려던 블랑시(Blanche DuBois)의 파멸을 통해 절대적인 가치 질서를 상실한 현대사회에서 고귀한 삶을 갈망하는 여인을 제시한다.

(2) 작품

① **『유리 동물원』**(The Glass Menagerie, 1944)

1945년 뉴욕에서 초연되었다. 경제 불황(economic depression) 시대에 세인트루이스의 싸구려 아파트를 배경으로 전개된다. 지극히 내성적이고 사교성 없는 절름발이 아가씨 롤라, 구두공장에서 일하면서 시를 쓰고 선원 생활을 꿈꾸는 동생 톰(작자의 자화상), 과거의 화려했던 꿈을 회상하며 아이들에게 무리한 기대를 걸고 있는 어머니 아만다, 이들 모두 현실에 적응하지 못하고 일가가 붕괴되는 과정을 그린다. 이 작품은 나레이터를 겸한 톰의 회상이란 형식으로 전개되며 작품의 제목은 롤라가 아끼는 유리로 만든 동물 인형이 아름답지만 약하고 보잘 것 없음을 암시하는 롤라의 세계를 상징한다.

② **『욕망이라는 이름의 전차』**(A Streetcar Named Desire, 1947)

1947년 퓰리처상 수상작으로 사라져 가는 남부의 전통을 고수하며 살다 현실에 고립되고 환상에 젖어 타락하는 여성의 이야기를 그린다. 3막으로 구성되며 1947년 에셀 배리모어 극장에서 초연되었다. 미국 남부의 몰락한 지주의 딸 블랑시는 연애와 결혼에 실패한 여자이다. 사그라져 가는 미국 남부의 교양과 전통에 얽매여서 욕망을 억누르며 귀부인답게 행동하려고 애쓰고 현실 도피의 꿈속에서 외롭게 살아간다. 뉴올리언스에 사는 여동생 스텔라를 찾아갔을 때, 야성적이며 현실적인 동생의 남편으로부터 자신의 숨기고 싶은 과거가 폭로되고 겁탈을 당한다. 결국 블랑시는 정신분열을 일으키게 되고 정신병원에 보내어진다. 이 작품은 여성의 성에 대한 좌절과 분열을 그린 작품으로, 작품명은 뉴올리언스에 실제로 있었던 '욕망의 거리'라는 전차 노선의 이름을 인용했다. 이 작품은 블랑시가 이 전차를 탄 다음 '묘지' 노선으로 갈아타고, '천국'에서 하차하여 동생 집에 도착한다는 구성으로 인간의 운명을 상징하고 있다.

(3) 『욕망이라는 이름의 전차』(A Streetcar Named Desire)의 줄거리

미국 남부 농장의 몰락한 지주의 딸인 블랑시 두부아(Blanche Dubois)는 어린 시절 결혼한 남편의 충격적인 죽음과 농장의 몰락으로 인해 받은 정신적인 충격과 고통을 남자들과의 욕정으로 채워가던 여자이다. 고향에서 쫓겨난 그녀는 루이지애나주의 뉴올리언스에 남편과 함께 살고 있는 동생 스텔라 코왈스키(Stella Kowalski)의 집에 말없이 찾아간다. 블랑시는 그녀의 과거를 숨긴 채 우아하고 순결한 여자처럼 행동한다.

그런 그녀의 실체를 알아챈 스텔라의 남편 스탠리 코왈스키(Stanley Kowalski)는 그녀와 계속해서 갈등을 빚게 된다. 둘의 갈등은 스탠리가 블랑시와 진지하게 사귀게 된 그의 친구 미치(Mitch)에게 그녀의 과거를 알려주며 둘의 결혼이 무산되는 것에서 최고조에 이른다. 스텔라가 아이를 낳으러 가고 블랑시와 스탠리가 단둘이 대면하게 되었을 때 스탠리가 블랑시를 겁탈하려고 하였으며 이때 블랑시는 정신적인 충격을 받아 정신병원에 입원하게 된다. 마지막 장면에서 블랑시는 의사에게 그녀의 명대사 "Whoever you are, I have always depended on the kindness of strangers."(당신이 누군지 모르겠지만, 저는 항상 낯선 사람들의 친절에 의지하며 살아왔어요.)라는 말을 남긴다.

3 아서 밀러(Arthur Miller, 1915~2005)

(1) 작가 소개

아서 밀러는 뉴욕 출생으로 유대인계 중류 가정에서 태어났으나 경제 대공황으로 집이 몰락하여 고등학교를 나온 후 접시 닦기와 운전사 등 여러 직업을 전전하였고, 고학으로 미시간 대학교 연극과를 졸업했다. 그는 생계를 위해 라디오 드라마를 쓰고 나머지 시간에 희곡 창작을 했다. 제2차 세계대전 때 군수산업의 경영자와 아들의 대립을 다룬 전쟁 비판적인 심리극 『모두가 나의 아들』(All My Sons, 1947)로 비평가 및 일반 관객의 호평을 받았다. 『세일즈맨의 죽음』(Death of a Salesman, 1949)으로 퓰리처상 및 비평가 단체상을 받고 브로드웨이에서 2년간의 장기 공연에 성공하면서 전후 미국 연극계의 1인자의 지위를 획득했다. 그는 여배우 마릴린 먼로와 두 번째 결혼을 했으나 이혼했다.

테네시 윌리엄스와 함께 미국 연극의 발전과 실험에 크게 이바지했으며, 그의 희곡은 대부분 미국인의 공통된 비극적 생활을 주제로 한다는 점이 큰 공감을 불러일으켰다.

(2) 작품

① 『행운을 잡은 사나이』(The Man Who Had All the Luck, 1944)
브로드웨이 진출작이다.

② 『모두가 나의 아들』(All My Sons, 1947)
한 제조업자가 제2차 세계대전 당시 결함이 있는 줄 알면서도 그 부품들을 비행기 업체에 보내고, 결국 자신의 아들과 다른 이들을 죽게 만든다는 이야기로 관객과 평단의 호평을 받았다.

③ 『세일즈맨의 죽음』(Death of a Salesman, 1949) 중요
인생에서 자신의 가치를 찾으려 하지만 실패가 눈앞에 다가와 있음을 깨닫게 된 한 남성에 대한 내용이다. 로먼(Loman) 가족을 배경으로 아버지와 아들, 남편과 부인의 불안정한 관계를 다루고 있다. 또한 자연주의 색채와 리얼리즘을 결합하고 있으며, 1930년대 미국의 대공황을 배경으로 뉴욕 브루클린에 거주하는 평범한 가장의 실직, 좌절, 방황, 자살과 그의 가족 이야기를 그린다. 한평생 외판원으로 살다가 직장에서 해고당한 노년의 가장 윌리 로먼(Willy Loman), 어린 시절 아버지의 기대와는 달리 현재는 무능한 청년으로 전락한 장남 비프(Biff), 자유분방한 철부지 차남 해피(Happy), 남편과 자식에게 헌신적인 주부 린다(Linda)가 가족의 구성원이다. 60대에 접어든 윌리는 시대에 뒤떨어진 세일즈맨으로 집

세 월부금, 보험료, 각종 세금에 쫓기면서도 화려했던 젊은 날의 꿈에서 깨어나지 못하는 시대착오적 인물이다. 그는 평생을 근무했던 회사에서 해고당하고 아들에게 걸었던 꿈도 깨어진 후, 가족을 위해 보험금을 남기려 자동차를 폭주시켜 자살로 생을 마감한다.

④ 『**시련**』(*The Crucible*, 1953)

일부 청교도들이 마녀로 오인 받아 처형당했던 17세기 매사추세츠 세일럼의 마녀재판을 그리고 있다. 무고한 사람을 대상으로 한 '마녀사냥'이 민주주의에 저주로 작용한다는 주제는 당대의 1950년대 초 상황과도 관련이 있다. 당시 미국에서는 상원의원 조지프 매카시 등이 주도한 반공산주의 운동으로 인해 무고한 사람들이 고통 받고 있었다. 자신들의 정적을 공산주의자로 매도하여 추방하던 매카시즘(McCarthyism)을 풍자한다.

(3) 『세일즈맨의 죽음』(*Death of a Salesman*)의 줄거리

Willy Loman은 뉴욕의 영업회사에 근무하는 세일즈맨이며, 그의 인생 목표는 유능한 세일즈맨이 되는 것이다. Willy는 새 지식을 배우거나 자기 계발의 노력을 하지도 않는다. 그가 36년간이나 근무하는 동안 사장은 죽고 사장의 아들 Howard가 새로운 사장이 되었다. Willy의 임무는 보스턴을 중심으로 뉴잉글랜드 지방에 회사 상품의 판로를 개척하는 일이었다. 60세가 넘는 Willy가 세일즈맨으로서의 성적도 떨어지자 젊은 사장 Howard는 Willy의 급여를 고정급에서 실적 비율급으로 바꾸어 놓는다. 몇 십 년 근무를 했어도 성적이 부진하면 파면시킨다는 것이 사장의 방침이었다. Willy와 아내 Linda 사이에는 두 명의 아들이 있었다. 장남인 Biff는 고등학교 시절에는 유명한 운동선수였지만 졸업반에서 수학 성적이 나빠 낙제를 하게 되었고 그 후 여러 직업을 전전하며 살다가 34세가 된 지금도 안정된 생활을 못하고 있다. 한편, 차남 Happy는 취업을 했다. Willy는 Biff가 안정된 생활을 하지 못한다는 사실에 몹시 괴로워했다.

십여 년 전 Biff는 고등학교 졸업 시험의 수학 과목에서 낙제점을 받았을 때 아버지와 상의를 하기 위해 보스턴에서 출장 중인 아버지를 찾아 호텔로 방문하였다. 아버지는 출장 중에 현지에서 애인을 만나고 있었고, Biff는 그곳에서 믿었던 아버지의 부정을 알게 되었다. 소년의 가슴속 우상이었던 아버지의 모습은 산산조각이 났다. 이때부터 Biff는 대학 진학의 꿈을 버리고 자포자기하여 일정한 직업도 없이 지냈다. 주택 할부금, 냉장고의 할부금, 보험료 등으로 인해 Willy의 생활은 그의 수입으로는 감당하기가 힘들었다. 생활이 힘들어져 그는 자동차 운행마저도 힘이 들게 되었다. 아내의 충고에 따라 그는 젊은 사장에게 외판에서 내근으로 바꾸어 달라고 부탁을 하지만 거절을 당하였을 뿐만 아니라 회사에서 파면까지 당한다.

오랜만에 집에 온 Biff는 절도죄로 3개월간 형무소에 있었다고 말한다. Biff는 아버지에게 이 집안의 모든 불행은 아버지가 자식들에게 너무 큰 기대를 걸어서였다고 말하며 아버지를 원망한다. Willy 가족의 병은 식구들 사이의 진정한 대화와 이해의 결핍에서 온 것이었다. Willy는 과거에 운명을 바꿀 기회가 있었다. 그 기회는 형이 일확천금의 꿈을 이루기 위해 복잡한 도시를 벗어나 알래스카에 있는 광산으로 가자고 했을 때였다. Willy는 형의 권유대로 세일즈맨을 포기할 생각은 있었지만 결국 그의 자존심이 그것을 받아들이지 못했다. 그는 세일즈맨으로 성공을 하고 있는 중이라고 허세를 부렸고 형은 가버리고 기회도 놓쳐 버렸다. Willy는 환각에 시달리게 된다. 아프리카로 건너가 다이아몬드 채굴에 성공한 형이 떠오른다. Willy는 가족들에게 보험금을 남겨 주기 위해 자동차 사고를 일으켜 죽는다. 자동차 사고로 죽은 Willy의 장례식에는 아내와 두 아들, 그리고 이웃 한 사람이 있을 뿐이다. Linda는 집 할부금이 오늘로 끝났는데 이 집에 살 사람이 떠났다며 슬퍼한다.

제6장 | 20세기 미국 비평

제1절 신비평

1 신비평

신비평은 T. S. 엘리엇과 I. A. 리처즈(Ivor Armstrong Richards)의 영향으로 시작되었으며, 1941년 존 크로 랜섬(John Crowe Ransom)이 발간한 『신비평』(The New Criticism)을 시작으로 1950년대까지 미국 문학 비평의 중심 흐름을 이루었다.

작품 텍스트의 구체적 분석을 강조했던 신비평 이론은 작가·사회·문화적 배경이 아니라 '**문학 텍스트 그 자체**'(the text itself)로 회귀하자는 것이다. 가장 중요한 방법적 특징은 '**자세히 읽기**'(close reading)이다. 텍스트를 꼼꼼하게 읽는 것이 비평의 기본이기 때문에 신비평의 '자세히 읽기' 방식은 오늘날까지도 큰 영향을 끼쳤다. 즉, 작품의 외부적 요소는 일체 무시하고 작품 자체를 독자적인 대상으로 보는 태도이자 언어를 면밀히 정독하고 작품을 해석하려는 분석적 방법이다. 랜섬과 앨런 테이트(Allen Tate)의 연구는 신비평의 주요 이론적 바탕이다. 그들은 문학 작품이 작가의 삶과 의견에서 분리된 것이며 그 자체로서 하나의 사물이라고 보았다. 이와 같은 작품 자체에 대한 집중은 시와 단편 소설 그리고 희곡 등의 분석에 적합하다.

'신비평'의 주장을 가장 충실하게 반영한 논문이 1946년과 1949년에 「Sewanee Review」에 발표되었는데, W. K. Wimsatt, Jr.와 Monroe C. Beardsley의 'Intentional Fallacy'(의도적 오류)와 'Affective Fallacy'(감정적 오류)가 그것이다. 여기에서 Wimsatt과 Beardsley는 이때까지의 비평에서 볼 수 있었던 두 가지 가정(Intentional Fallacy와 Affective Fallacy)을 문제로 삼고 그 오류를 파헤쳤다.

2 의도적 오류와 감정적 오류

신비평의 이론가들은 텍스트 자체로만의 분석을 방해하는 요소로서 '의도적 오류'(Intentional Fallacy)와 '감정적 오류'(Affective Fallacy)를 제시했다.

(1) 의도적 오류(Intentional Fallacy)

작품을 분석하는 데 있어 작가의 의도는 오류를 일으키므로 배제되어야 한다는 이론이다. 작가의 의도와 작품에서 성취된 의미 사이에는 근본적인 차이가 있으며, 그것을 혼동하는 데서 작품의 이해와 평가가 잘못된다는 것이다. 이 이론은 작가 위주로 작품을 해석하려는 전통적인 방법에서 벗어나 독자의 입장에서 이해하려는 현대 형식주의 비평의 방법이다.

(2) 감정적 오류(Affective Fallacy)

독자에게 미치는 영향, 특히 독자의 정서적 영향에 의해서 작품의 가치를 판단하는 것은 오류라는 것이다. 작품의 진정한 의미는 독자의 반응과도 무관하다고 본다.

제2절 신비평의 주요 이론가들

1 존 크로 랜섬(John Crowe Ransom, 1888~1974)

신비평을 대표하는 비평가이다. 교수와 잡지 편집자로서 문단에 크게 기여하였고, 신비평의 중심인물로서 문학의 분석적 비평의 확립에 크게 공헌했다. 그의 『신비평』(*The New Criticism*)은 '신비평'이라는 용어가 처음 등장한 이론서이다.

2 로버트 펜 워런(Robert Penn Warren, 1905~1989)

시인, 소설가이자 신비평을 대표하는 이론가이다. 그의 소설 『모두가 대왕(大王)의 백성들』(*All the King's Men*, 1946)은 사악한 남부 상원의원의 경력을 파헤치면서 아메리칸 드림의 이면을 들추어낸 소설이다. 클린스 브룩스와 함께 집필한 『시의 이해』(*Understanding Poetry*, 1938)와 『소설의 이해』(*Understanding Fiction*, 1943)에서 신비평이 실제로 소설을 분석하는 방법에 대해 연구하여 신비평 이론의 전파에 큰 공헌을 했다.

3 클린스 브룩스(Cleanth Brooks, 1906~1994)

로버트 펜 워런과 함께 *The Southern Review*를 편집하여 '신비평'의 기반을 구축하였다. 그와 함께 집필한 『시의 이해』(*Understanding Poetry*, 1938), 『소설의 이해』(*Understanding Fiction*, 1943), 『희곡의 이해』(*Understanding Drama*, 1943)와 『현대시와 그 전통』(*Modern Poetry and the Tradition*, 1939), 『잘 빚은 항아리』(*The Well Wrought Urn : Studies in the Structure of Poetry*, 1947) 등으로 신비평 이론의 전개에 있어서 활약하였다. 그의 평론 원리는 문학 작품이 지니는 위트와 아이러니, 패러독스, 상징과 구조 등을 분석하고 비평하는 데 있다.

4 앨런 테이트(Allen Tate, 1899~1979)

앨런 테이트는 시인이자 평론가로, 작품의 형식적 분석 방법을 확립하는 데 공헌하였다. 그는 역사적·철학적·사회적 측면을 배제하고 심미적인 측면에 역점을 두어야 한다고 주장하였다. 또한 서술에 있어서 문자적 의미(extension)와 비유적 의미(intension)에서 접두사인 'ex'와 'in'을 떼고 남는 'tension', 즉 긴장을 문학의 중요한 성질로 제시하였는데, 이후 '긴장'이라는 말이 현대 비평에서 중요하게 사용되고 있다. 문자적 의미(extension)는 밖을 향하는 것이고, 비유적 의미(intension)는 작품 내부로 향하는 것이다. 밖과 안이라는 반대 방향에서 서로 당기는 힘이 긴장인데, 훌륭한 작품에서 느끼는 어떤 힘이란 이처럼 서로 반대 방향의 힘이 밀고 당김으로써 발생된다는 것이다. 테이트는 이러한 비평적 관점을 시 "Ode to the Confederate Dead"(1928)에서 예술적으로 구현하였고 『광기 속의 이성』(*Reason in Madness*, 1941)에서는 작품의 형식적 분석 방법을 이론적으로 체계화하였다.

제5편 실전예상문제

01 작가와 작품의 연결이 바르지 <u>않은</u> 것은?
① Wallace Stevens – "The Emperor of Ice-Cream"
② Robert Frost – "Stopping by Woods on a Snowy Evening"
③ Robert Lowell – "Lady Lazarus"
④ Sylvia Plath – "Daddy"

02 20세기 미국 소설의 흐름과 그 주요 작가의 연결이 <u>잘못된</u> 것은?
① 자연주의 – Theodore Dreiser
② 잃어버린 세대 – F. Scott Fitzgerald
③ 사실주의 – Ernest Hemingway
④ 흑인 문학 – Richard Wright

03 작가와 작품의 연결이 바르지 <u>않은</u> 것은?
① John Steinbeck – *The Grapes of Wrath*
② Saul Bellow – *The Sound and the Fury*
③ F. Scott Fitzgerald – *The Great Gatsby*
④ Thomas Pynchon – *The Crying of Lot 49*

---

01 "Lady Lazarus"는 Sylvia Plath의 작품이다.

02 Ernest Hemingway는 잃어버린 세대(Lost Generation)에 속하는 작가이다.

03 *The Sound and Fury*는 William Faulkner의 작품이다.

정답 01 ③ 02 ③ 03 ②

04 윌리엄 카를로스 윌리엄스(William Carlos Williams)에 대한 설명으로 옳지 않은 것은?

① 의사로서의 직업과 시인으로서의 삶을 병행하였다.
② 시에 일상의 구체적인 상황을 세밀하게 묘사하였다.
③ 대표작인 『패터슨』(*Paterson*)은 시 전체를 관통하는 일관된 주제와 구조를 유지한다.
④ 객관적인 묘사 속에 시인의 감정을 교묘히 담아내며, 언어적 형식과 시적 리듬을 중시하였다.

04 장시인 『패터슨』(*Paterson*)은 미국의 독특한 정서와 리듬을 담고 있는 일종의 미국적 서사시로 평가받는 반면에, 서사시적 구성에도 불구하고 시 전체를 관통하는 일관된 주제나 구조를 상정하고 있지는 않다는 특징이 있다.

05 다음 내용이 의미하는 문학사조는?

> 사실주의의 연장선상에서 현실을 있는 그대로 묘사할 뿐만 아니라 나아가 그 인과관계까지 파헤쳐 인간의 욕망과 부조리한 사회적 모순을 드러낸다.

① Lost Generation
② Realism
③ Naturalism
④ Romanticism

05 제시된 내용은 자연주의(Naturalism)에 대한 설명이다. 자연주의는 인간 생활의 욕망을 솔직하게 묘사하고 자연과학적 방법에 투철한 문예사조이다. 사람들이 살아가고 있는 생활의 모습을 해부하고 분석하여 삶의 진실에 접근하고자 하였으며, 근대 산문 문학 발전의 근간이 되기도 하였다. 사실주의를 이어받아 인간의 삶과 사회문제를 있는 그대로 그려냈는데, 사조상의 자연주의는 자연을 대상으로 하고 크게 낭만주의에 속하는 전원주의나 목가주의가 아니라, 자연과학주의라고 할 수 있다. 자연주의는 개인과 사회 사이의 관계를 중심으로 치밀한 묘사를 하는 등 사실주의 연장선상에 있으며, 세기말 사상이라는 허무주의가 팽배한 현실 속에서 인간과 사회의 추악한 면을 밝혀내는 데 중점을 두었다.

정답 04 ③ 05 ③

06 헤밍웨이의 소설 『해는 또다시 떠오른다』(*The Sun Also Rises*)의 내용 순서를 바르게 배열한 것은?

> ⓐ 제이크와 브렛이 제1차 세계대전 참전 중 영국에서 만남
> ⓑ 젊은 투우사 페드로 로메로와 브렛의 만남
> ⓒ 제이크와 친구 빌 고튼의 스페인으로의 낚시 여행
> ⓓ 제이크와 브렛의 마드리드에서의 재회

① ⓐ – ⓑ – ⓒ – ⓓ
② ⓐ – ⓑ – ⓓ – ⓒ
③ ⓐ – ⓒ – ⓑ – ⓓ
④ ⓒ – ⓐ – ⓑ – ⓓ

06 소설에서는 주인공들의 파리에서의 삶과 관계 설정이 먼저 나타난 후, 스페인으로 떠나는 여행과 팜플로나 투우 축제에서의 사건들이 이어지는 순서로 진행된다. 그리고 축제가 끝나고 마드리드에서 마지막 결말이 전개된다.
ⓐ 가장 먼저 제이크와 브렛의 파리에서의 상황과 첫 만남, 제이크의 상처, 로버트 콘의 등장이 묘사된다.
ⓒ 파리의 일상에서 벗어나기 위해 제이크와 친구 빌이 스페인으로 낚시 여행을 떠나고, 팜플로나에서 다른 친구들과 재회하는 과정이 전개된다.
ⓑ 팜플로나 투우 축제에서 핵심 인물인 투우사 페드로 로메로가 등장하며 브렛과의 관계가 시작된다.
ⓓ 축제가 끝난 후 마드리드에서 브렛이 로메로와 헤어졌음을 고백하고 제이크와 함께 한탄과 체념을 하며 돌아온다.

07 다음 중 F. Scott Fitzgerald의 작품이 아닌 것은?

① *This Side of Paradise*
② *Tales of the Jazz Age*
③ *The Great Gatsby*
④ *The Victim*

07 *The Victim*은 Saul Bellow의 작품이다.

정답 06 ③ 07 ④

08 보기의 용어들 모두 신비평과 관련된 문학 비평 용어들이다. 제시된 내용은 Affective Fallacy를 뜻한다. Intentional Fallacy는 작품을 분석하는 데 있어 작가의 의도는 오류를 일으키므로 배제되어야 한다는 이론이다. 작가의 의도와 작품에서 성취된 의미 사이에는 근본적인 차이가 있으며, 그것을 혼동하는 데서 작품의 이해와 평가가 잘못된다는 것이다. 이 이론은 작가 위주로 작품을 해석하려는 전통적인 방법에서 벗어나 독자의 입장에서 이해하려는 현대 형식주의 비평의 방법이다.

09 상업적인 작품들은 20세기 이전의 미국 희곡의 분위기와 관련 있다.

정답 08 ② 09 ②

---

08 다음 내용이 의미하는 문학 비평 용어는?

> 독자에게 미치는 영향, 특히 정서적 영향에 의해 작품의 가치를 판단하는 것은 오류라는 입장을 가리키며, '정서의 오류'라고도 한다. 즉, 작품의 진정한 의미는 독자의 반응과 무관하다는 것이다. 텍스트와 독자를 이론적으로 구별하지 못하는 것을 경계하기 위해 만들어낸 용어이다.

① Close reading
② Affective Fallacy
③ Intentional Fallacy
④ New Criticism

09 20세기 미국 희곡의 특징으로 가장 옳지 않은 것은?

① 순수하게 문학적인 작품들이 쓰이기 시작했다.
② 순수 예술로서의 희곡은 쇠퇴하고 상업적인 작품들이 주를 이루었다.
③ 'Washington Square Players'와 'Provincetown Players'와 같은 극단의 출현으로 희곡 문학에 변화가 일어나기 시작했다.
④ 유럽의 소극장운동의 영향을 받아 기존의 상업적 목적을 추구하기보다는 순수 예술을 지향하게 되었다.

10 다음 중 『신비평』(*The New Criticism*, 1941)이라는 제목의 책을 통하여 '신비평'이라는 용어를 처음 사용한 문학 비평가는?

① John Crowe Ransom
② Robert Penn Warren
③ Cleanth Brooks
④ Allen Tate

10 존 크로 랜섬(John Crowe Ransom, 1888~1974)은 신비평을 대표하는 비평가로서 문학의 분석적 비평의 확립에 크게 공헌했다. 그의 『신비평』(*The New Criticism*, 1941)은 '신비평'이라는 용어가 처음 등장한 이론서이다.

11 로버트 프로스트의 시 'Stopping by Woods on a Snowy Evening'에서 화자가 숲에서 계속 머무르고 싶은 마음을 누르고 자신이 가야 할 길로 나아가는 이유인 'promises to keep'과 'miles to go before I sleep'이 의미하는 바로 가장 적절한 것은?

① 고요한 숲 속에서 영원한 안식을 추구하고자 하는 열망
② 세상사의 모든 속박에서 벗어나 완전한 자유를 얻고자 하는 소망
③ 죽음의 유혹을 극복하고 현실에서의 삶의 책임과 의무를 다하고자 하는 의지
④ 사랑하는 이와의 만남을 위한 긴 여정을 완료해야 하는 숙명

11 이 시에서 숲은 때때로 죽음이나 현실로부터의 도피를 상징하기도 하지만, 그러한 유혹에도 불구하고 지켜야 할 약속과 가야 할 길이 남아 있음을 안내한다. 즉, 'promises to keep'과 'miles to go before I sleep'은 현실 속에서 개인이 짊어져야 할 책임과 의무, 그리고 아직 완료되지 않은 삶의 여정을 의미한다. 따라서 죽음이나 안일함에 빠지지 않고, 남은 삶의 책임과 의무를 다하겠다는 강한 의지를 표명하고 있음을 알 수 있다.

정답 10 ① 11 ③

12 세서의 인물됨을 가장 명확히 드러내는 특징은 바로 모성애에 있다. 그녀는 노예 신분으로 감내했던 자신의 비참한 삶이 자식들에게도 동일하게 이어지는 것을 결코 원치 않았다. 그녀가 노예로 다시 끌려갈 절박한 상황에 처하자, 그녀는 사랑하는 자식들이 노예로서 비참한 생을 살기보다는 차라리 죽음을 택하는 것이 옳다고 판단하였고, 결국 자신의 손으로 자신의 아이를 살해하는 극단적이고 비극적인 선택을 하게 된다. 이러한 행동은 세서의 모성애가 왜곡된 형태로 발현되었음에도 불구하고 그 강렬함을 가장 극명하게 보여주는 지점이라 할 수 있다.

13 "Sunday Morning"은 월러스 스티븐스의 작품이다. 로버트 프로스트는 자연환경을 배경으로 한 인간의 삶을 주제로 표현하였고, 사실주의 입장으로 작품을 썼으며, 종종 자연을 가혹한 환경으로 표현하였다. 그의 작품은 가식과 현학이 없고 연령과 민족, 문화를 초월하여 모두가 지닌 인간성에 호소한다. A Boy's Will(1913)은 그의 첫 시집이며, 대표 작품으로는 "After Apple-Picking", "The Death of the Hired Man", "Mending Wall", "The Road Not Taken", "Stopping by Woods on a Snowy Evening" 등이 있다.

정답 12 ④ 13 ④

12 토니 모리슨의 소설 『빌러비드』(Beloved)에서 주인공 세서(Sethe)가 자신의 아이를 죽음에 이르게 하는 비극적 선택을 감행하게 되는 가장 결정적인 동기이자 그녀의 핵심적 본질로 가장 적절한 것은?

① 노예 생활을 통해 겪은 육체적, 정신적 학대로 인한 깊은 상실감
② 자유로운 삶에 대한 강렬한 의지와 끊임없이 발현되는 탈출 본능
③ 오랜 기간 상실했던 자식들과의 재회를 향한 간절한 열망
④ 자신이 경험한 노예의 비참한 삶이 자녀들에게 대물림되는 것을 막으려는 극단적 모성애

13 다음 중 작가와 작품의 연결이 옳지 않은 것은?

① 로버트 로웰 – "Skunk Hour"
② T. S. 엘리엇 – "The Love Song of J. Alfred Prufrock"
③ 하트 크레인 – "To Brooklyn Bridge"
④ 로버트 프로스트 – "Sunday Morning"

14 다음 내용은 월러스 스티븐스의 시 중 하나에 대한 설명이다. 해당하는 시의 제목은 무엇인가?

> 한 여성의 장례식을 배경으로 한다. 이 시의 소재는 삶의 찰나성과 순간적 기쁨의 상징이며, 생성・변화・소멸하는 존재의 속성을 잘 보여준다. 이 시는 장례식의 엄숙함이나 슬픔보다는 일상적이면서도 희극적인 시선으로 죽음을 표현한다.

① "Sunday Morning"
② "The Emperor of Ice-Cream"
③ "Thirteen Ways of Looking at a Blackbird"
④ "The Snow Man"

14 보기로 제시된 시들은 모두 월러스 스티븐스의 작품들이다. "The Emperor of Ice-Cream"은 한 여성의 장례식을 배경으로 시를 전개한다. 더운 지역이기에 장례식 때 아이스크림을 대접했고, 1920년대는 냉장고가 나오기 전이어서 아이스크림을 직접 만들어 그 자리에서 먹어야 했다. 금세 녹는 아이스크림을 보며 시인은 삶의 찰나성과 순간적 기쁨, 생성・변화・소멸하는 존재의 속성을 아이스크림에 비유한다. 이 시는 장례식의 엄숙함이나 슬픔보다는 일상적이면서도 희극적인 시선으로 죽음을 표현한다.

15 다음 중 로버트 로웰에 대한 설명으로 가장 옳지 않은 것은?
① 감동적이고 극적인 독백들을 담고 있는 고백시를 썼다.
② 모더니즘 대가와 현대 실험주의 작가의 영향을 고루 받았다.
③ 기독교적 신앙에 근거하여 종교적 의미의 가치를 강조하는 시를 주로 썼다.
④ 실험적인 시들을 접한 후 구어체를 사용하여 새롭고 즉흥적인 형태로 창작을 했다.

15 로버트 로웰의 초기 시는 전통적인 형식과 절제된 스타일, 역사적인 시각 등을 담고 있다. 그러나 그는 자신의 시가 실험적인 시들에 비하여 형식적이고 수사적이며, 관습에 얽매여 있다고 느꼈다. 이후 그는 더욱더 구어체적인 어법으로 자신의 시를 수정하였다. 로웰은 "Life Studies"(1959)에서 고통스러운 개인 문제를 정직하고 강렬하게 드러낸 고백시(Confessional Poetry)를 선보였다.

정답 14 ② 15 ③

16 "The Mills of the Kavanaughs"(1951)는 로버트 로웰의 작품으로 가족 구성원들 각자의 감동적이고 극적인 독백들을 담고 있다. 그의 시 세계는 웅대함과 인간적인 면이 혼합되어 있다.
① *The Bell Jar*(1963)는 실비아 플라스가 쓴 유일한 소설로, 자신의 경험을 바탕으로 쓰고 있으며 여대생의 정신병과 자살 기도, 회복을 그린 작품이다.
② "Daddy"(1962)는 자신의 아버지를 영화에 나오는 드라큘라로 상상하는 내용이다.
③ "The Applicant"(1963)는 아내를 축소시키고 아내 역할의 공허함을 폭로한 시이다.

17 *Dangling Man*(1944)을 발표한 솔 벨로(Saul Bellow)를 시작으로 노먼 메일러(Norman Mailer), 필립 로스(Philip Milton Roth), J. D. 샐린저(Jerome David Salinger)는 1950년대 이후 등장한 유대계 작가들이다. 1930년대의 대표적인 작가로는 토머스 울프(Thomas Clayton Wolfe), 존 스타인벡(John Steinbeck), 윌리엄 사로얀(William Saroyan) 등이 있다.

18 *An American Tragedy*(1925)에서 주인공 클라이드 그리피스(Clyde Griffiths)의 살인은 의도가 아닌 우연에 의한 것이고, 이 작품에서는 자신의 자유의지가 아닌 외부의 힘에 의해 한 개인이 파멸되는 모습을 보여준다.

16 다음 중 실비아 플라스의 작품이 아닌 것은?
① *The Bell Jar*
② "Daddy"
③ "The Applicant"
④ "The Mills of the Kavanaughs"

17 다음 중 연대별로 활동한 소설가들을 나열한 것으로 옳지 않은 것은?
① 1900~1910년대 : 프랭크 노리스, 잭 런던, 시어도어 드라이저
② 1920년대 : F. 스콧 피츠제럴드, 어니스트 헤밍웨이
③ 1930년대 : 솔 벨로, 필립 로스
④ 1940~1960년대 : 랠프 엘리슨, 제임스 볼드윈

18 시어도어 드라이저에 대한 설명으로 가장 옳지 않은 것은?
① 자연주의 작가로서 20세기 초 미국 자연주의의 기반을 다진 작가이다.
② *Sister Carrie*는 부도덕하다는 이유로 판매가 금지되었다가 1912년 재간행되었다.
③ *An American Tragedy*는 미국적 성공 신화에 대한 비판과 인간소외를 다룬다.
④ *An American Tragedy*에서 클라이드가 저지른 살인은 철저한 계획에 의한 것이었다.

정답 16 ④ 17 ③ 18 ④

19 존 스타인벡에 대한 설명으로 가장 옳지 않은 것은?

① 그의 대표작 *The Grapes of Wrath*는 세계적인 불황 시대의 상황을 반영한 작품이다.
② 존 스타인벡은 1963년에 노벨문학상을 수상하였다.
③ 존 스타인벡의 작품은 '요크나파토파'(Yoknapatawpha)라는 가상의 지역을 배경으로 한다.
④ 비정한 자본주의 제도의 모순과 이주 농민들의 비참한 삶을 작품에 그리고 있다.

19 '요크나파토파'(Yoknapatawpha)는 윌리엄 포크너의 작품에서 등장하는 가상의 지역이다.

20 F. 스콧 피츠제럴드의 『위대한 개츠비』(*The Great Gatsby*)에 등장하는 인물들에 대한 설명으로 가장 옳지 않은 것은?

① 제이 개츠비(Jay Gatsby) : 사랑하는 여인을 얻기 위해 재산을 축적한다.
② 데이지 뷰캐넌(Daisy Buchanan) : 화사하고 매력적인 여인으로, 이기적이면서도 공허한 내면세계를 지니고 있다.
③ 톰 뷰캐넌(Tom Buchanan) : 데이지의 남편으로 빈곤한 계층 출신이다.
④ 닉 캐러웨이(Nick Carraway) : 소설의 화자로서 인물들을 객관적으로 바라본다.

20 톰 뷰캐넌(Tom Buchanan)은 상류층의 거만함과 위선 등을 적나라하게 보여주는 인물이다. 그의 집안은 대대로 부자이며 개츠비와 달리 이미 모든 것을 소유하고 있다. 그가 소유한 막강한 부는 하류층인 머틀과 윌슨, 자신의 부인인 데이지와 닉 등 모든 이를 자기 맘대로 부릴 수 있도록 만든다.

정답 19 ③ 20 ③

21 유진 오닐의 희곡 『밤으로의 긴 여로』(Long Day's Journey into Night)에 대한 설명으로 틀린 것은?

① 1912년 여름, 티론 가족의 비극적 하루를 다룬다.
② 작가의 자전적 요소가 강하게 반영된 작품이다.
③ 약물 중독 어머니와 알코올 중독 아버지의 개인적 고통을 그린다.
④ 재정적 성공을 통해 가족 갈등을 해결하는 과정을 보여준다.

22 다음 미국 희곡 작품 중 작가의 사후 간행된 작품으로 알맞은 것은?

① 아서 밀러 – 『세일즈맨의 죽음』(Death of a Salesman)
② 테네시 윌리엄스 – 『유리 동물원』(The Glass Menagerie)
③ 테네시 윌리엄스 – 『욕망이라는 이름의 전차』(A Streetcar Named Desire)
④ 유진 오닐 – 『밤으로의 긴 여로』(Long Day's Journey into Night)

---

21 『밤으로의 긴 여로』는 티론 가족의 어둡고 비극적인 하루를 다루며, 등장인물들은 약물 중독과 알코올 중독으로 인한 고통 속에 파멸해 가는 모습을 그린다. 재정적 성공과는 거리가 멀다.

22 각 작가의 생과 작품의 간행은 아서 밀러(Arthur Miller, 1915~2005)의 『세일즈맨의 죽음』(Death of a Salesman, 1949), 테네시 윌리엄스(Tennessee Williams, 1911~1983)의 『유리 동물원』(The Glass Menagerie, 1944)과 『욕망이라는 이름의 전차』(A Streetcar Named Desire, 1947), 유진 오닐(Eugene Gladstone O'Neill, 1888~1953)의 『밤으로의 긴 여로』(Long Day's Journey into Night, 1956)와 같다. 『밤으로의 긴 여로』(Long Day's Journey into Night, 1956)는 작가가 자신의 비참한 가정사를 폭로한 작품으로 생전에는 발표하지 않다가 1956년 예일 대학에서 간행하여 사후 네 번째 퓰리처상을 수상하였다.

정답 21 ④ 22 ④

23 20세기 미국의 희곡 작품 중 환상과 현실의 충돌 속에서, 과거의 고통에 사로잡힌 블랑시와 거친 현실을 대변하는 스탠리가 등장하여 비극을 이끄는 작품은?

① 『세일즈맨의 죽음』(Death of a Salesman)
② 『유리 동물원』(Strange Interlude)
③ 『욕망이라는 이름의 전차』(A Streetcar Named Desire)
④ 『밤으로의 긴 여로』(Long Day's Journey into Night)

23 『욕망이라는 이름의 전차』(A Streetcar Named Desire)는 1947년 에셀 배리모어 극장에서 초연되어 퓰리처상을 수상한 작품으로 등장인물 블랑시, 스탠리, 스텔라의 관계를 통해 환상과 현실의 충돌, 그리고 인간의 욕망과 파괴를 다룬다.

24 아서 밀러의 희곡 『세일즈맨의 죽음』(Death of a Salesman)의 작품 전반에 걸쳐 가장 강력하게 드러내는 핵심 주제로 가장 적절한 것은?

① 자수성가한 사업가가 누리는 부와 명예의 찬란한 성공기
② 끈끈한 가족애를 통해 모든 역경을 극복하는 인간의 승리
③ 시대의 변화에 발맞춰 끊임없이 성공하는 세일즈맨의 활약상
④ 물질만능주의 사회에서 아메리칸 드림이 개인에게 강요하는 허상과 그로 인한 좌절

24 『세일즈맨의 죽음』(Death of a Salesman)은 주인공 윌리 로먼이 '아메리칸 드림'이라는 허황된 이상을 맹목적으로 추구하다가 결국 비참한 파멸에 이르는 과정을 통해, 물질적 성공만을 강조하는 사회가 개인에게 부여하는 압박과 그로 인한 인간성 상실을 통렬히 비판하는 작품이다. 이는 자본주의 사회의 이면에 존재하는 비극적 현실을 심도 깊게 고찰하게 한다.

정답 23 ③ 24 ④

주관식 문제

01 잃어버린 세대(Lost Generation)에 대하여 작가와 작품을 예를 들어 설명하시오.

01 정답
'잃어버린 세대'(Lost Generation)의 명칭은 거트루드 스타인(Gertrude Stein)이 "당신들은 모두 길을 잃어버린 세대"(You are all a lost generation)라고 한 말을 헤밍웨이(Ernest Hemingway)가 그의 작품 『해는 또다시 떠오른다』(*The Sun Also Rises*, 1926)의 서문에 인용한 데서 유래했다. 제1차 세계대전 이후 환멸과 허무함, 상실감 속에서 길을 잃고 방황한다는 점에서 '잃어버린 세대'라고 불렸다. Ernest Hemingway, F. Scott Fitzgerald, William Faulkner는 '잃어버린 세대'를 대표하는 소설가들이다. 삶의 목표와 방향성을 잃고 쾌락에 탐닉하는 당시 미국의 젊은이들 혹은 작가 자신의 모습을 그려낸 작품들은 세계적으로 큰 호응을 얻었다.

02 신비평에 대하여 간략하게 설명하시오.

02 정답
작품 텍스트의 구체적 분석을 강조했던 신비평 이론은 작가·사회·문화적 배경이 아니라 '문학 텍스트 그 자체'(the text itself)로 회귀하자는 것이다. 가장 중요한 방법적 특징은 '자세히 읽기'(close reading)이다. 텍스트를 꼼꼼하게 읽는 것이 비평의 기본이기 때문에 신비평의 '자세히 읽기' 방식은 오늘날까지도 큰 영향을 끼쳤다. 즉, 작품의 외부적 요소는 일체 무시하고 작품 자체를 독자적인 대상으로 보는 태도이자 언어를 면밀히 정독하고 작품을 해석하려는 분석적 방법이다.

03 '의식의 흐름'(Strean of Conscionsness) 기법에 대해 설명하시오.

03 **정답**
개인의 의식에서 감각이나 상념, 기억과 연상 등이 계속적으로 흐르는 것을 의미하며, 주인공의 성격 전체를 보일 수 있도록 기분이나 감정이 리듬이나 패턴을 수반하여 표현되어 있다. 미국의 작가 존 더스 패서스, 어니스트 헤밍웨이, 윌리엄 포크너 등도 이 기법을 활용하였다. 시인 중에서는 T. S. 엘리엇을 비롯하여 거투르드 스타인, 연극에서는 유진 오닐과 아서 밀러 등의 작품에서 부분적으로 응용되었다. 주로 모더니즘 작가들이 소외된 현대인들의 복잡하고 무질서한 의식의 한 단면을 보여주는 기법으로 이용하였다.

04 20세기 미국문학의 대표적인 모더니즘 작가인 윌리엄 포크너의 작품 세계에 대하여 세 가지 이상의 특징을 서술하시오.

04 **정답**
윌리엄 포크너는 가상의 장소인 요크나파토파 카운티를 창조하여 많은 작품에서 언급했다. 그는 다양한 관점 및 사회에서 소외된 자들의 목소리를 표현하였고, 그의 독특한 구성은 훌륭한 실험 소설이다. 그의 문체는 복잡한 종속절을 지닌 긴 문장들로 구성되었으며 의식의 흐름과 내적 독백을 훌륭하게 묘사하였다. 그는 다양한 인종의 등장인물을 재창조하였으며 주제는 남부의 전통과 가족, 사회와 역사, 인종의 문제 등을 다뤘다.

05 이미지즘 시운동이 시 창작에서 목표로 하는 것들을 세 가지 이상 쓰시오.

05 **정답**
① 일상어의 사용
② 새로운 리듬의 창조
③ 제재의 자유로운 선택
④ 명확한 사상(이미지)을 줄 것
⑤ 집중적 표현을 존중할 것

06 모더니즘 소설의 형식상 특징을 서술하고 대표적인 예를 제시하시오.

06 정답

모더니즘 소설의 형식상 특징은 다음과 같다.
① 새로운 시간관의 대두로 인해 모더니즘 소설은 연대기적·객관적 서술방법을 피하고, 비연대기적인 플롯과 공간적 구성을 활용한다. 예를 들어, 버지니아 울프는 *Mrs. Dalloway*에서 하루 동안 일어난 일을 두 명의 주인공의 이야기로 교차시키고 현재와 과거의 이야기를 조합시킴으로써 전통적인 플롯의 진행 방식을 탈피하였다.
② 전통적인 전지적 작가의 시점이 아닌 복합시점을 사용한다. 예를 들어, 윌리엄 포크너는 *The Sound and the Fury*에서 각 장마다 다른 화자를 사용하여 여러 시점에서 사건을 보여주었다.
③ '의식의 흐름' 기법을 사용한다. 개인의 기억이나 인상, 생각 등을 시간의 연속성이 아닌 의식이 흐르는 대로 서술해 나가는 이 기법은 제임스 조이스의 *Ulysses*에서 효과적으로 활용되었다.

07 헤밍웨이의 대표적 문체인 '하드보일드(Hard boiled)' 문체의 특징에 대하여 설명하시오.

07 정답

헤밍웨이의 하드보일드(Hard boiled) 문체는 간결하고 평이한 문구, 반복의 효과, 감성을 억제한 냉정한 묘사 등을 특징으로 한다. 그의 문체에서 어휘는 거의 단음절이거나 2음절 정도의 쉬운 단어이며, 형용사나 부사 같은 수식어의 사용은 최대한 줄인다. 그중 가장 핵심적인 것은 인물을 묘사할 때 행동의 외면만 묘사하는데 특히 감정을 표현하는 수식어를 배제한다는 것이다. 요컨대, 그의 문체는 극도로 표현을 억제하고 모든 의미를 행간에 압축시킨 간결한 문체라고 할 수 있다.

부록

최종모의고사

- 최종모의고사 제1회
- 최종모의고사 제2회
- 정답 및 해설

얼마나 많은 사람들이 책 한 권을 읽음으로써 인생에 새로운 전기를 맞이했던가.

-헨리 데이비드 소로-

보다 깊이 있는 학습을 원하는 수험생들을 위한
시대에듀의 동영상 강의가 준비되어 있습니다.
www.sdedu.co.kr → 회원가입(로그인) → 강의 살펴보기

제1회 최종모의고사 | 미국문학개관

제한시간: 50분 | 시작 ___시 ___분 – 종료 ___시 ___분

정답 및 해설 232p

01 Nathaniel Hawthorne의 *The Scarlet Letter*에 대한 설명으로 가장 옳지 <u>않은</u> 것은?

① 작품의 배경은 미국 청교도 개척시대이다.
② 작품에 등장하는 'A'는 Adultery의 첫 글자를 나타낸다.
③ 여주인공 헤스터(Hester)는 남편 로저 칠링워스(Roger Chillingworth)에게 돌아간다.
④ 헤스터의 남편 로저 칠링워스는 복수를 위해 의사로 신분을 위장한다.

02 Washington Irving이 그의 작품 *Rip Van Winkle*과 *The Legend of Sleepy Hollow*의 소재를 얻은 나라는?

① 프랑스
② 영국
③ 네덜란드
④ 중국

03 미국문학의 '자연주의'에 대한 설명으로 가장 옳지 <u>않은</u> 것은?

① 대표적인 작품은 Theodore Dreiser의 *Sister Carrie*이다.
② 프랑스의 자연주의자인 Emile Zola로부터 영향을 받았다.
③ 인간의 행동이 물질적인 요인에 의하여 결정된다고 보았다.
④ 소설에는 큰 영향을 미쳤으나 희곡에는 영향을 미치지 않았다.

04 다음 중 잃어버린 세대(Lost Generation)와 가장 관련이 <u>없는</u> 것은?

① 제1차 세계대전
② 재즈시대(Jazz Age)
③ 경제 대공황
④ 어니스트 헤밍웨이(Ernest Hemingway)

05 다음 중 Ernest Hemingway의 작품이 아닌 것은?

① *Tender is the Night*
② *The Sun Also Rises*
③ *In Our Time*
④ *A Farewell to Arms*

06 초월주의(Transcendentalism)에 대한 설명으로 옳지 않은 것은?

① 개인의 내면에 존재하는 신의 목소리를 직관적으로 깨닫는 것이 중요했다.
② 자기 자신을 신뢰하기보다는 신만을 섬겨야 했다.
③ 노동의 존엄성을 강조했다.
④ 자연에도 하나님이 계신다고 믿었다.

07 *Walden, or Life in the Woods*(1854)와 *Civil Disobedience*(1849)를 썼으며 무저항운동으로 유명한 초월주의 작가는?

① Henry David Thoreau
② Ralph Waldo Emerson
③ Walt Whitman
④ Benjamin Franklin

08 Mark Twain의 작품 세계에 대한 설명으로 옳지 않은 것은?

① 미국의 전형적인 표준어를 작품에서 표현했다.
② 사회 풍자적인 작품들을 썼다.
③ 반사회적인 경향을 지닌 리얼리즘의 기법을 사용하였다.
④ 초기 작품은 낙천주의와 유머가 넘치고, 일상생활의 경험 등을 묘사하였다.

09 다음 중 20세기 미국문학의 대표적인 시인에 해당하지 않는 작가는?

① Robert Frost
② Sylvia Plath
③ Walt Whitman
④ Wallace Stevens

10 20세기의 미국 시인인 William Carlos Williams에 대한 설명으로 옳은 것은?

① 생애 대부분을 의사로서 환자들을 돌보며 동시에 시를 창작하였다.
② 대표작 『패터슨』(Paterson)은 유럽의 고대 문명과 신화를 바탕으로 구성되었다.
③ 추상적이고 관념적인 언어를 사용하여 내면세계를 탐구하는 시풍을 추구하였다.
④ 사후에 비로소 문학적 재능을 인정받았으며, 생전에는 무명에 가까웠다.

11 William Faulkner의 특징에 대한 설명으로 옳지 않은 것은?

① 각기 다른 등장인물이 이야기의 한 부분만을 전달하도록 구성하기도 하였다.
② 의식의 흐름과 내적 독백을 훌륭하게 묘사하였다.
③ '요크나파토파'(Yoknapatawpha)라는 가상의 지역을 설정하고, 그곳을 배경으로 작품을 전개하였다.
④ 미국 북부사회의 변천을 연대기적으로 묘사하였다.

12 Ernest Hemingway의 작품 세계에 대한 설명으로 옳지 않은 것은?

① 그의 문체는 군더더기 없는 깔끔한 하드보일드(Hard boiled) 문체이다.
② For Whom the Bell Tolls와 같은 작품은 사회문제에 관심을 둔 작품이다.
③ The Sun Also Rises는 제2차 세계대전을 배경으로 한 소설이다.
④ The Old Man and the Sea에서 자신의 모든 문학적 성숙을 담아냈다.

13 Benjamin Franklin의 생애와 작품 세계에 대한 설명으로 가장 옳지 않은 것은?

① 계몽주의적 이상을 구현하고자 근면하고 성실하게 삶을 살았다.
② 자수성가한 사람으로 모범을 보여 미국이 귀족 사회에서 벗어날 수 있는 기틀을 마련했다.
③ 그의 『자서전』(The Autobiography, 1791)은 자기 계발서로 자신의 아들에게 충고하기 위해 쓴 책이다.
④ 노예제도 폐지에 반대했다.

14 다음 줄거리를 가진 작품의 작가는?

> 노예제에서 탈출한 세서는 죽은 딸의 영혼인 '빌러비드'가 나타나자, 노예로 끌려가지 않게 하려 아이를 죽인 세서의 과거가 되살아난다. 빌러비드는 세서를 잠식하나, 공동체의 도움으로 결국 사라지고 세서는 긴 고통 끝에 서서히 치유된다.

① Philip Roth
② Ralph Ellison
③ Toni Morrison
④ Thomas Pynchon

15 다음 중 미국의 희곡 작가 Tennessee Williams에 대한 설명으로 옳지 않은 것은?

① 다수의 평론가들이 『유리 동물원』(The Glass Menagerie)을 작가의 자서전적 연극으로 평가하였다.
② 『욕망이라는 이름의 전차』(A Streetcar Named Desire)는 여자의 성의 좌절과 분열을 그린 작품이다.
③ 『욕망이라는 이름의 전차』(A Streetcar Named Desire)는 1947년 에셀 배리모어 극장에서 초연되었다.
④ 미국 상업주의 희곡을 순수 희곡으로 전환시키는데 공헌하였고, 1936년 노벨문학상을 수상하였다.

16 다음 중 청교도 시대에 해당하지 않는 작가는?

① Edward Taylor
② Cotton Mather
③ Thomas Jefferson
④ Jonathan Edwards

17 다음 중 20세기 시인과 그들의 작품의 연결이 옳은 것은?

① Sylvia Plath – "The Emperor of Ice-Cream"
② Hart Crane – "To Brooklyn Bridge"
③ Wallace Stevens – "Skunk Hour"
④ Robert Lowell – "Daddy"

18 Edgar Allan Poe의 작품 세계에 대한 설명으로 가장 옳지 않은 것은?

① 심적으로 불안한 등장인물이 등장한다.
② 단편 소설 장르를 세련되게 만들었고, 탐정 소설을 개발하였다.
③ 문학의 목적이 즐거움이라고 하였다.
④ 소설은 열린 결말을 지녀야 한다고 보았다.

19 다음 중 Edgar Allan Poe의 작품에 해당하지 않는 것은?

① *Billy Budd, Sailor*
② *The Fall of the House of Usher*
③ *The Murders in the Rue Morgue*
④ *The Black cat*

20 Walt Whitman의 시집인 *Leaves of Grass*와 가장 관련이 없는 것은?

① *Leaves of Grass* 시집 한 권을 평생 10회에 걸쳐 수정하는 방식으로 출판하였다.
② 미국적 자아와 미국 시의 정체성을 확립한 기념비적 작품이다.
③ 범신론적 사상에 바탕을 두었다.
④ 미국의 청교도 사상의 근간을 이루는 데 공헌하였다.

21 'Jazz Age'에 대한 설명으로 옳지 않은 것은?

① 미국의 물질적인 풍요의 시대인 1920년대이다.
② 물질적인 풍요를 이루었으나 소설의 독자층은 감소하였다.
③ *The Great Gatsby*는 이 시대의 분위기를 잘 반영한 작품이다.
④ Lost Generation 이전의 사회 풍조이다.

22 John Steinbeck의 *The Grapes of Wrath*에 대한 설명으로 가장 옳은 것은?

① 1930년대 경제 대공황의 고난을 견뎌내는 가족의 이야기이다.
② 오클라호마에 사는 부유한 농장주 일가에 대한 소설이다.
③ 등장인물 Tom Joad는 가족을 위해 애쓰는 Joad 집안의 아버지이다.
④ Joad 가족은 오클라호마를 떠나려고 하지 않는다.

23 청교도주의에 대한 설명으로 가장 옳지 않은 것은?

① 미국 뉴잉글랜드에 정착한 신교도들의 종교적 순수함과 독자성을 보여준다.
② 설교는 자신들을 선민집단으로 여기고 자신들의 정체성을 강조하는 내용이다.
③ 공동체를 통한 구원을 경계하고 개인의 신앙에 중점을 두었다.
④ 신의 섭리를 위반하면 재앙을 내릴 것이라고 강조하는 예레미야식 설교를 하였다.

24 다음 중 Eugene Gladstone O'Neill의 작품이 아닌 것은?

① *A Streetcar Named Desire*
② *Desire Under the Elms*
③ *Mourning Becomes Electra*
④ *Long Day's Journey into Night*

주관식 문제

01 계몽주의(Enlightenment)에 대하여 간략히 설명하시오.

02 모더니즘(Modernism)의 시대적 배경과 관련하여 그 특성을 서술하시오.

03 미국문학에서 '아메리칸 아담'(American Adam)을 보여주는 대표적인 작가와 작품을 두 개 이상 쓰시오.

04 미국의 청교도 문학의 대표적인 작가를 세 명 이상 쓰시오.

제2회 최종모의고사 | 미국문학개관

제한시간: 50분 | 시작 ___시 ___분 – 종료 ___시 ___분

정답 및 해설 237p

01 John Steinbeck의 *The Grapes of Wrath*의 등장인물에 대한 설명으로 옳지 <u>않은</u> 것은?

① Pa Joad : 실질적인 가장의 역할을 못하고 부담을 준다.
② Ma Joad : 인내와 헌신으로 가족을 위한다.
③ Tom Joad : 둘째 아들로 가족을 이끄는 실질적인 가장이다.
④ Jim Caesy : 살인죄로 복역 후 출소한 인물이다.

02 다음 중 미국의 20세기 유대계 문학에 대한 설명으로 가장 옳지 <u>않은</u> 것은?

① 1940년대부터 유대계 작가들이 출현하였다.
② 대표적인 작가로는 Saul Bellow, Philip Milton Roth, Jerome David Salinger 등을 들 수 있다.
③ 제2차 세계대전 이후 경험하게 된 정신적 공황과 절망을 사실적으로 묘사하였다.
④ 유대인이 겪은 대학살의 공포에만 집중한 작품을 발표하였다.

03 Henry David Thoreau의 대표작 『월든』(*Walden*)에 대한 설명으로 옳지 <u>않은</u> 것은?

① 월든 호숫가에 직접 오두막을 짓고 2년 2개월 2일 동안 생활한 경험을 기록한 작품이다.
② 자급자족 생활 방식과 더불어, 세속적 관심사에서 시작해 명상으로 이어지는 구성이 특징이다.
③ 힌두교나 불교 철학의 영향을 받았으며, 그리스어나 라틴어 고전 작품의 내용을 포함하고 있다.
④ 작품의 서문에는 저자의 사적인 이야기가 거의 배제되어, 독자가 객관적으로 읽을 수 있도록 구성되었다.

04 다음 중 미국 소설의 문예사조의 흐름이 바르게 배열된 것은?

① 자연주의 – 모더니즘 – 낭만주의 – 사실주의
② 사실주의 – 자연주의 – 낭만주의 – 모더니즘
③ 낭만주의 – 자연주의 – 사실주의 – 모더니즘
④ 낭만주의 – 사실주의 – 자연주의 – 모더니즘

05 다음 중 청교도주의에 대한 설명으로 가장 옳은 것은?
① 청교도주의는 가톨릭 신앙의 틀을 계승하였다.
② 청교도주의는 정치와 종교를 분리하였다.
③ 청교도주의는 성서를 신이 내린 계시로 보고 성서에 맞추어 행동했다.
④ 공동체보다는 개인의 삶에 중점을 두었다.

06 다음 중 초월주의자인 Ralph Waldo Emerson의 작품이 아닌 것은?
① *Civil Disobedience*
② *Nature*
③ *Brahma*
④ *English Traits*

07 Herman Melville의 *Moby-Dick*에 대한 설명으로 옳지 않은 것은?
① 에이하브는 분노와 복수심으로 흰 고래를 쫓는다.
② 이스마엘은 사물의 다양한 상징적 의미를 단일한 의미로 환언한다.
③ 에이하브는 모비 딕을 악의 화신으로 규정한다.
④ 퀴퀘그(Queequeg)는 야만인으로 등장하나 이스마엘과 우정을 나눈다.

08 다음 설명에 해당하는 소설가는?

> 뉴욕에서 출생한 작가는 그가 죽기 바로 일 년 전인 1915년에 영국으로 귀화하였다. 가장 위대한 미국 소설가의 한 사람으로서 심리학적 사실주의의 창시자이자 현대 소설의 선구자라고 할 수 있다. 그의 소설과 비평은 당대의 글 중 가장 심리적 내면의식에 집중하고 정교하며 또 난해하다. 그의 지속적인 관심은 '인식'(perception)에 있으며 그의 소설은 외부 사건보다는 내면의 심리에 집중하였다. 그는 순진한 미국인과 국제적 사고를 지닌 유럽인 간의 복잡한 관계를 그린 국제적인 주제를 작품에서 다루었다. 그의 작품의 주제는 활동 시기에 따라 크게 3기로 구분된다.

① Mark Twain
② Henry James
③ Ernest Hemingway
④ Theodore Dreiser

09 Sylvia Plath의 작품 세계에 대한 설명으로 가장 옳지 <u>않은</u> 것은?

① Sylvia Plath의 초기 시는 정통시의 방식이었다.
② Sylvia Plath의 후기 시는 대담성과 페미니스트적인 모습을 보여준다.
③ *The Bell Jar*는 Sylvia Plath의 대표적인 시집이다.
④ "The Applicant"에서 Sylvia Plath는 아내 역할의 공허함을 폭로하였다.

10 Robert Frost의 시 작품 세계에 대한 설명으로 가장 옳지 <u>않은</u> 것은?

① 시에서 소박한 일상어와 익숙한 전통적 리듬을 사용하였다.
② 시의 주제나 표현이 극히 귀족적이고 전원적 자연을 배경으로 하였다.
③ 자연환경을 배경으로 한 인간의 삶을 주제로 표현하였다.
④ 미국의 국민 시인으로 알려져 있다.

11 다음 미국 소설가들에 대한 설명으로 가장 옳지 <u>않은</u> 것은?

① Ralph Ellison은 전후 미국 흑인들의 정체성과 존재론적 고민을 다룬 『보이지 않는 사람』(*Invisible Man*)으로 잘 알려져 있다.
② Philip Roth는 유대계 미국인의 경험을 날카롭게 그려내었으며, 『미국의 목가』(*American Pastoral*), 『에브리맨』(*Everyman*) 등의 대표작이 있다.
③ Toni Morrison은 흑인 여성의 삶과 역사적 상처를 주로 다루었으며, 노벨문학상을 수상한 『빌러비드』(*Beloved*), 『솔로몬의 노래』(*Song of Solomon*) 등이 대표작이다.
④ Thomas Pynchon은 명료하고 직선적인 서사를 특징으로 하며, 현대 미국 문학에서 사실주의의 정수를 보여주었다.

12 Ernest Hemingway의 하드보일드(Hard boiled) 문체에 대한 설명으로 가장 옳은 것은?

① 복잡한 종속절을 지닌 긴 문장들로 구성된다.
② 감성을 억제한 냉정한 묘사를 한다.
③ 다른 등장인물이 이야기의 한 부분만을 전달하도록 구성하였다.
④ 의식의 흐름과 내적 독백을 훌륭하게 묘사한다.

13 William Faulkner의 작품에 대한 설명으로 가장 옳지 <u>않은</u> 것은?

① *The Sound and the Fury*는 콤프슨 일가의 몰락하는 모습을 그린 작품이다.
② *As I Lay Dying*은 가난한 백인 농부 아내의 죽음을 다룬 작품이다.
③ 미국 북부사회의 변천을 연대기적으로 묘사하였다.
④ '요크나파토파'(Yoknapatawpha)라는 가공적인 지역을 설정하였다.

14 다음 중 경제 대공황 시대의 문학을 대표하는 작가는?

① Ernest Hemingway
② F. Scott Fitzgerald
③ Gertrude Stein
④ John Steinbeck

15 다음 내용에서 괄호 안에 들어갈 작가는?

> 20세기 초에 미국은 유럽의 소극장운동에서 시작된 연극부흥에 자극을 받아 순수한 문학적인 희곡 작품이 등장하였다. 'Washington Square Players'와 'Provincetown Players'와 같은 극단이 1915년에 출현하면서 미국 희곡 문학에 새로운 변화가 일어났다. 이 극단들은 사회문제, 정신분석 심리학, 사실주의, 표현주의 등과 관련된 주제들의 희곡을 상연하였고, 상업성을 추구하기보다는 순수 예술을 지향하였다. (   )은(는) 이때 성장한 가장 대표적인 극작가이다. 그는 소극장운동에 적극적으로 참여하여 20세기 초 미국 희곡 문단을 이끌었을 뿐만 아니라, 유럽 문단까지 진출하였다.

① Eugene O'Neill
② Tennessee Williams
③ Arthur Miller
④ Edward Albee

16 Arthur Miller의 *Death of a Salesman*과 가장 관련이 <u>없는</u> 것은?

① Arthur Miller는 이 작품으로 퓰리처상 및 비평가 단체상을 받았다.
② 1920년대 Jazz Age를 배경으로 한다.
③ 실패가 눈앞에 다가와 있음을 깨닫게 된 한 남성에 대한 내용이다.
④ 자연주의 색채와 리얼리즘을 결합하고 있다.

17 Mark Twain의 작품 세계에 대한 설명으로 가장 옳지 않은 것은?

① 그의 작품 *The Adventures of Huckleberry Finn*은 가장 미국적인 작품으로 알려져 있다.
② 미국 낭만주의와 리얼리즘을 잇는 과도기적 문학을 선보였다.
③ 북부 지방의 사투리와 거침없는 비속어를 그대로 작품에 반영하였다.
④ 가공의 마을인 세인트 피터스버그(St. Petersburg)를 배경으로 소설을 쓰기도 했다.

18 Wallace Stevens의 시학에 대한 설명으로 가장 옳은 것은?

① 그의 시의 대부분은 뉴욕을 배경으로 하고 있다.
② 서사시 "The Bridge"(1930)와 같은 시집을 남겼다.
③ "The Bridge"(1930)에서 '다리'는 미래의 미국의 희망과 성취를 표현한다.
④ 실재(reality)와 상상(imagination) 간의 상호 관계에 대한 명상이 그의 시의 중심 주제이다.

19 다음 설명에 해당하는 작가는?

> 단순하면서도 강한 이미지를 지닌 시어의 사용과 아이러니, 정제된 언어 사용과 구어체적인 문체를 특징으로 가진다. 극단적인 비유와 양극적인 이미지 구성은 해석을 어렵게 하는 요인이 되기도 한다. 이 시인은 매사추세츠의 애머스트에서 태어나 평생 그곳에서 지냈다. 집안에만 머물던 은둔의 삶은 당시의 사람들에게도 화젯거리였다. 이 시인은 죽음과 사랑, 종교, 자연과 영원성 등을 소재로 1800여 편에 달하는 시를 썼다. 그러나 자신의 시가 출판되기를 원하지 않았기 때문에 사후 먼 훗날 출판되었다(1955).

① Sylvia Plath
② Emily Dickinson
③ Edgar Allan Poe
④ T. S. Eliot

20 다음 설명에 해당하는 미국 시인은 누구인가?

> 그는 "Life Studies"(1959)에서 고통스러운 개인 문제를 정직하고 강렬하게 드러낸 새로운 시 형태인 고백시(Confessional Poetry)를 선보였다. 그는 가장 어렵고 사적인 표현 방법으로 자신의 개성을 찬미했다. 그의 시는 많은 젊은 작가들에게 영향을 주었다. 시집 *For the Union Dead*(1964), *Notebook*(1970) 등을 비롯한 그의 고백시는 후대에 많은 영향을 끼쳤다.

① Robert Lowell
② Hart Crane
③ Wallace Stevens
④ Robert Frost

21 Philip Roth에 대한 설명으로 가장 옳지 않은 것은?

① 미국의 유대인 작가이다.
② 자전적 이야기와 허구를 넘나드는 작품 스타일로 유명하다.
③ 유대인의 문제에만 집중하여 유대인의 특징을 탐구했다.
④ 자신의 분신인 등장인물 네이선 주커먼을 통한 자전적 이야기를 쓰기도 했다.

22 F. Scott Fitzgerald의 작품 세계에 대한 설명으로 가장 옳지 않은 것은?

① *Tender is the Night*은 신경쇠약에 걸린 여성과 결혼하게 된 남성의 이야기이다.
② *Tender is the Night*은 자신의 생활 등이 담겨 있는 자전적 소설이다.
③ *The Great Gatsby*의 주인공 개츠비를 통하여 미국 사회를 찬양한다.
④ *The Great Gatsby*에서는 훌륭한 문제와 간결한 구조를 활용하였다.

23 다음 중 사실주의(Realism)에 대한 설명으로 가장 옳지 않은 것은?

① 사회의 어두운 면을 관찰하고 분석하여 파헤쳤으며 결정론적인 입장을 취한다.
② 주관적인 영역보다는 객관적인 상황을 그리려는 경향이 강하다.
③ 일어나는 사건을 그대로 그린다.
④ 인간의 삶에 관한 내용을 충실히 담는다.

24 다음 중 *The Great Gatsby*의 등장인물이 <u>아닌</u> 것은?

① Nick Carraway
② Tom Buchanan
③ Jay Gatsby
④ Daisy Miller

주관식 문제

01 미국의 초월주의자인 헨리 데이비드 소로(Henry David Thoreau)의 대표작을 쓰고 그 작품에 대해 설명하시오.

02 20세기 현대시의 발전에 큰 영향을 미친 이미지즘(Imagism)의 특징과 대표 시인을 쓰시오.

03 헨리 제임스(Henry James)의 작품에서 국제적인 소재의 작품을 쓰고 그 작품에 대해 간단히 서술하시오.

04 Arthur Miller의 『세일즈맨의 죽음』(*Death of a Salesman*, 1949)에서 주인공 윌리 로먼이 추구한 '아메리칸 드림'의 허상과 그로 인한 비극적 결말을 설명하고, 이 작품이 현대 사회에 주는 메시지를 서술하시오.

제1회 정답 및 해설 | 미국문학개관

01	02	03	04	05	06	07	08	09	10	11	12
③	③	④	③	①	②	①	①	③	①	④	③
13	14	15	16	17	18	19	20	21	22	23	24
④	③	④	③	②	④	①	④	②	①	③	①

주관식 정답	
01	계몽주의란 미지각 상태에서 깨어나지 못한 인간에게 이성적 자각심을 불러일으킨다는 것을 의미한다. 자연·인간·신에 대한 태도에 있어서 계몽주의는 초자연적이고 신비한 사상에서 벗어나 합리적·이성적인 사상을 가져야 한다고 주장한다. 이성(理性)에 의하여 권위와 전통을 비판하고 사회의 불합리를 타파하자는 의도이며, 이는 합리적인 사회 건설을 지향하고 근대 시민혁명의 사상적 기반이 되었다.
02	모더니즘은 20세기 전반, 제1차 세계대전부터 제2차 세계대전 사이에 유행한 문예사조이다. 제1차 세계대전은 '서구 문명과 문화의 토대, 연속성에 대한 인간의 신념'을 깨뜨렸으며 다윈, 마르크스, 니체 등이 보여준 인간에 대한 새로운 견해들은 기존에 당연하다고 여겼던 신념에 큰 혼란을 일으켰다. 모더니즘은 이러한 시대의 변화에 따른 문학에서의 필연적 결과이며 19세기와 20세기에 걸쳐 일어난 급격한 사회적·문화적 변화에 대처하려는 노력의 일환이기도 하다. 모더니즘의 공통적 특성으로는 심리적 사실주의, 상징주의, 고전에 대한 빈번한 인용, 형식에 대한 실험성, 새로운 내러티브 스타일, 파편화된 형식, 병렬 구조, 내적 독백 혹은 의식의 흐름, 개인의 의식과 무의식에 대한 탐구, 에피퍼니, 미학주의, 예술지상주의 등을 들 수 있다.
03	마크 트웨인(Mark Twain)의 *The Adventures of Huckleberry Finn*과 F. 스콧 피츠제럴드(F. Scott Fitzgerald)의 *The Great Gatsby*는 미국적 순수를 가장 잘 보여주는 작품으로 '아메리칸 아담'(American Adam)의 좋은 예이다.
04	미국의 청교도 문학의 대표적인 작가로는 윌리엄 브래드퍼드(William Bradford), 존 윈스럽(John Winthrop), 코튼 매더(Cotton Mather), 앤 브래드스트리트(Anne Bradstreet), 에드워드 테일러(Edward Taylor), 조나단 에드워즈(Jonathan Edwards) 등이 있다.

01 정답 ③

딤스데일(Dimmesdale) 목사는 자신의 죄를 고백하고 그 자리에서 죽는다. 칠링워스도 삶의 의미를 잃고 그 뒤에 바로 죽는다. 헤스터는 고향에서 혼자 조용히 살다가 딤스데일 목사의 무덤 옆에 묻힌다.

02 정답 ③

워싱턴 어빙(Washington Irving)의 *Rip Van Winkle*과 *The Legend of Sleepy Hollow*는 모두 네덜란드의 전설에서 그 소재를 얻어 미국적인 배경으로 옮긴 작품이다.

03 정답 ④

20세기 미국에는 자본주의로부터 야기되는 빈부격차와 인간소외, 현대인의 도덕성 문제 등으로 자연주의(Naturalism) 문예사조가 등장하였다. 미국문학의 자연주의는 산업화의 성공이 불러온 부의 편재와 농촌의 피폐화, 노동자계급의 가혹한 현실에 관심을 가진 작가들에 의하여 형성되었다. 미국의 자연주의는 소설과 희곡 모두에 영향을 주었다. 희곡 작품 중에서는 유진 오닐(Eugene Gladstone O'Neill)의 『느릅나무 밑의 욕망』(*Desire Under the Elms*, 1924)이 대표적인 작품이다.

04 정답 ③

③ 경제 대공황은 1930년대의 상황이다.
잃어버린 세대(Lost Generation)는 제1차 세계대전 후에 환멸을 느낀 미국의 지식계급 및 예술가 청년들에게 주어진 명칭이다. 이들은 전쟁의 경험에서 온 허무주의와 비관주의를 절실히 인식하였고 이러한 태도는 삶에 대한 새로운 인식을 불러일으켰다. 이들은 자신들의 경험과 유럽에서 배운 문체나 화법을 사용하여 기존의 가치와 신앙에 담겨 있는 속물주의에 대해 비판을 했다. Ernest Hemingway, F. Scott Fitzgerald, William Faulkner는 '잃어버린 세대'를 대표하는 소설가들이다.

05 정답 ①

Tender is the Night(1934)은 F. 스콧 피츠제럴드(F. Scott Fitzgerald)의 작품이다. 신경쇠약에 걸린 여성과 결혼하게 된 남성의 이야기로, 프랑스 남부에서의 자신의 생활 등이 담겨 있는 자전적 소설이다.

06 정답 ②

초월주의에서 인간은 하늘의 목소리를 지닌 성스러운 존재였기 때문에 자기 자신에 대한 신뢰는 언제 어디서나 실천해야 할 절대적인 덕목이었다. 하나님과의 관계는 매우 개인적인 것으로 여겨져 교회의 중재에 의해서가 아니라 개인에 의해 직접 이루어진다고 생각하였다.

07 정답 ①

헨리 데이비드 소로(Henry David Thoreau)는 *Walden, or Life in the Woods*(1854)와 *Civil Disobedience*(1849)를 썼으며 무저항운동으로 유명한 미국의 대표적인 초월주의자이다. 『월든』은 에머슨이 소유하고 있던 월든 호숫가 땅에 직접 오두막을 짓고 그곳에서 보낸 2년 2개월 2일 동안(1845~1847년)의 생활을 기록한 작품이다. 『시민 불복종』(*Civil Disobedience*, 1849)은 부당한 법에 대한 불복종이 도덕적으로 필요하다는 수동적 저항 이론을 담고 있다. 간디의 인도 독립 운동, 마틴 루터 킹의 흑인 인권운동에 영향을 주었다.

08 정답 ①

마크 트웨인(Mark Twain)은 미국의 표준어보다는 비속어와 지방의 방언 등을 자유롭게 구사한 문체로 작품을 썼다.

09 정답 ③

월트 휘트먼(Walt Whitman, 1819~1892)은 19세기 작가로 분류되며 미국의 민주주의 정신을 표현한 작가이다. 그의 시는 범신론적 사상에 바탕을 두었고, 평등주의, 민주주의 등이 그의 시의 큰 주제를 이룬다.

10 정답 ①

윌리엄 카를로스 윌리엄스는 특이하게도 평생 의사로서 환자들을 진료하며 동시에 시작 활동을 하였다. 이는 그의 작품 세계에 현실적이고 구체적인 시선이 녹아드는 데 영향을 주었을 것으로 본다.
② 『패터슨』(*Paterson*)은 뉴저지주의 패터슨시와 패세익강을 배경으로, 미국적인 삶과 풍경을 탐구한 작품이다.
③ 구체적인 사물과 경험에 대한 직접적인 접촉을 중시하였으며, 추상적이고 관념적인 시보다는 사실적이고 객관적인 묘사를 선호하는 시풍을 지녔다.
④ 생전에 이미 시인으로서의 능력을 인정받았다. 그는 『패터슨』(*Paterson*)으로 1950년 내셔널 북 어워드와 1952년 볼링겐상을 수상하였고, 『브뤼겔의 그림들에서』로 퓰리처상까지 받았다.

11 정답 ④

윌리엄 포크너(William Faulkner)는 미국 남부사회의 변천을 연대기적으로 그렸다. 그는 이를 위해 '요크나파토파'(Yoknapatawpha)라는 가공적인 지역을 설정하고, 그곳을 무대로 해서 19세기 초부터 20세기의 1940년대의 시대적 변천을 묘사하고 남부사회의 대표적인 인물들을 등장시켜 부도덕한 남부 상류사회의 사회상을 고발하였다.

12 정답 ③

『해는 또다시 떠오른다』(*The Sun Also Rises*, 1926)는 제1차 세계대전에 참전한 주인공과 주변 인물들이 삶의 방향을 상실하고 살아가는 모습을 다룬 작품이다.

13 정답 ④

벤자민 프랭클린(Benjamin Franklin)은 실천적인 인물이면서도 이상주의자였으며 근면하여 크게 성공하였다. 그는 미국에서 자수성가한 사람이었으며, 가난한 민주주의자로 모범을 보여 미국이 귀족 사회에서 벗어날 수 있는 기틀을 마련했다. 프랭클린이 쓴 자기 계발서인 『자서전』(*The Autobiography*, 1791)은 자신의 아들에게 충고하기 위해 썼으며, 자신의 유년기를 다루고 있다. 프랭클린은 부와 명성을 얻었지만 민주적인 감각을 잃지 않았으며, 1787년 미국 헌법이 작성될 때에도 중요한 역할을 하였다. 그는 말년에 노예제도 폐지 협회의 회장을 맡았다.

14 정답 ③

제시된 작품은 미국을 대표하는 작가이자 흑인 여성 작가로 노벨문학상까지 수상한 Toni Morrison의 『빌러비드』(*Beloved*, 1987)이다.
①·②·③·④는 모두 제2차 세계대전 이후 시대 미국 소설계에서 활발한 활동을 한 작가이다.

15 정답 ④

미국 연극계의 가장 위대한 인물로 일컬어지는 유진 오닐(Eugene Gladstone O'neill, 1888~1953)에 대한 설명이다.

16 정답 ③

토머스 제퍼슨(Thomas Jefferson)은 계몽주의 문학을 대표하는 미국의 정치가, 교육자, 철학자이다. 자유와 평등으로 건국의 이상이 되었던 독립선언문은 주로 그가 기초한 것이다.
① 에드워드 테일러(Edward Taylor)는 예형론적 세계관을 극화한 시인으로 평가받는다. 테일러는 『신의 결정』(*God's Determinations Touching His Elect*)에서 청교도들의 내면에서 일어나는 갈등을 사탄으로 그리기도 하였다. 테일러는 위기에 처한 청교도인의 내면을 그리며 그들이 처한 심각성을 인지하고 예형론의 세계에서 벗어나려는 인간의 열망과 그 열망의 덧없음을 시로 표현하였다.
② 코튼 매더(Cotton Mather)는 첫 세대 청교도들의 사명과 순수성을 옹호하면서도 청교도 교회의 혁신을 꾀하였다. 『놀라운 신의 은총』(*Memorable Providences*, 1689)에서는 청교도들이 정착과정에서 겪는 고난을 누구나 간직해야 할 원형체험으로 서술하였다.
④ 조나단 에드워즈(Jonathan Edwards)는 청교도 신앙을 대중적이고 열성적인 신앙으로 부활시키고자 했다. '대각성'의 중심인물이었으며 『분노한 신의 손에 놓인 죄인』(*Sinners in the Hands of an Angry God*, 1741)은 그의 유명한 설교집이다.

17 정답 ②
① "The Emperor of Ice-Cream"은 Wallace Stevens의 작품이다.
③ "Skunk Hour"는 Robert Lowell의 작품이다.
④ "Daddy"는 Sylvia Plath의 작품이다.

18 정답 ④
에드거 앨런 포(Edgar Allan Poe)는 산문이 총체적인 단일효과가 있어야 한다고 보았고, 소설은 첫 문장부터 효과가 시작되어야 하며 끝맺음이 느슨하지 않아야 하고 결말은 개연성이 있어야 한다고 주장했다.

19 정답 ①
*Billy Budd, Sailor*는 멜빌의 사망(1891) 후 1924년에 출간된 소설이다.

20 정답 ④
월트 휘트먼(Walt Whitman)의 시는 생물이 신비롭고 존엄하다는 범신론적 사상에 바탕을 두었고, 평등주의, 민주주의 등이 그의 시의 큰 주제를 이룬다. 청교도 시대와는 무관하다.

21 정답 ②
'Jazz Age'는 1920년대 미국의 물질적인 풍요의 시대로, 물질적 풍요에 따른 생활의 안정은 문학을 즐기는 독자층을 더 증가시켰다. 한편, 잃어버린 세대(Lost Generation)는 일반적으로 제1차 세계대전(1914~1918) 후에 환멸을 느낀 미국의 지식계급 및 예술파 청년들을 가리키는 명칭이다.

22 정답 ①
② 오클라호마에 사는 가난한 농부 집안을 다루고 있는 소설이다.
③ 등장인물 Tom Joad는 둘째 아들로 교도소에서 가석방된 상황이다.
④ Joad 일가는 캘리포니아에서 일자리를 구하는 것 외에 다른 방법이 없다고 보고 있으며, 새로운 희망을 안고 서부로 멀고도 험난한 여행을 시작한다.

23 정답 ③
청교도주의는 개인의 간증 경험을 중시하면서도 결국은 공동체를 통한 구원을 중시하는 의도를 가지고 있다.

24 정답 ①
*A Streetcar Named Desire*는 테네시 윌리엄스(Tennessee Williams)의 작품으로, 사라져 가는 남부의 전통을 고수하며 살아가다 현실에 고립되고 환상에 젖어 타락하는 여성의 이야기이다.

주관식 해설

01 정답

계몽주의란 미지각 상태에서 깨어나지 못한 인간에게 이성적 자각심을 불러일으킨다는 것을 의미한다. 자연·인간·신에 대한 태도에 있어서 계몽주의는 초자연적이고 신비한 사상에서 벗어나 합리적·이성적인 사상을 가져야 한다고 주장한다. 이성(理性)에 의하여 권위와 전통을 비판하고 사회의 불합리를 타파하자는 의도이며, 이는 합리적인 사회 건설을 지향하고 근대 시민혁명의 사상적 기반이 되었다.

02 정답

모더니즘은 20세기 전반, 제1차 세계대전부터 제2차 세계대전 사이에 유행한 문예사조이다. 제1차 세계대전은 '서구 문명과 문화의 토대, 연속성에 대한 인간의 신념'을 깨뜨렸으며 다윈, 마르크스, 니체 등이 보여준 인간에 대한 새로운 견해들은 기존에 당연하다고 여겼던 신념에 큰 혼란을 일으켰다. 모더니즘은 이러한 시대의 변화에 따른 문학에서의 필연적 결과이며 19세기와 20세기에 걸쳐 일어난 급격한 사회적·문화적 변화에 대처하려는 노력의 일환이기도 하다. 모더니즘의 공통적 특성으로는 심리적 사실주의, 상징주의, 고전에 대한 빈번한 인용, 형식에 대한 실험성, 새로운 내러티브 스타일, 파편화된 형식, 병렬 구조, 내적 독백 혹은 의식의 흐름, 개인의 의식과 무의식에 대한 탐구, 에피퍼니, 미학주의, 예술지상주의 등을 들 수 있다.

03 정답

마크 트웨인(Mark Twain)의 *The Adventures of Huckleberry Finn*과 F. 스콧 피츠제럴드(F. Scott Fitzgerald)의 *The Great Gatsby*는 미국적 순수를 가장 잘 보여주는 작품으로 '아메리칸 아담'(American Adam)의 좋은 예이다.

04 정답

미국의 청교도 문학의 대표적인 작가로는 윌리엄 브래드퍼드(William Bradford), 존 윈스럽(John Winthrop), 코튼 매더(Cotton Mather), 앤 브래드스트리트(Anne Bradstreet), 에드워드 테일러(Edward Taylor), 조나단 에드워즈(Jonathan Edwards) 등이 있다.

제2회 정답 및 해설 | 미국문학개관

01	02	03	04	05	06	07	08	09	10	11	12
④	④	④	④	③	①	②	②	③	②	④	②
13	14	15	16	17	18	19	20	21	22	23	24
③	④	①	②	③	④	②	①	③	③	①	④

주관식 정답	
01	헨리 데이비드 소로의 대표작은 Walden, or Life in the Woods(1854)이다. 이 작품은 소로가 에머슨이 소유하고 있던 월든 호숫가에 오두막을 짓고 그곳에서 보낸 2년 2개월 2일 동안(1845~1847년)의 생활을 기록한 것이다. 그는 이 작품을 통해 자기발견이라는 내적 세계를 개척했다. 이 작품에서 보이는 소로의 은둔과 집중은 초월주의 이론을 직접 시험해 볼 뿐만 아니라 19세기 미국 개척지에서의 생활을 재현하고 있다.
02	이미지즘(Imagism)은 1910년대에 영국과 미국에서 전개된 반낭만주의 시운동이다. 처음 이미지즘을 제창한 것은 영국의 철학자이자 비평가인 흄(T. E. Hulme)이며, 에즈라 파운드(Ezra Pound)는 흄의 예술론에서 암시를 얻어 '이미지즘'이라는 말을 생각해냈다고 한다. 이 운동의 목표로는 ⅰ) 일상어의 사용, ⅱ) 새로운 리듬의 창조, ⅲ) 제재의 자유로운 선택, ⅳ) 명확한 사상(이미지)을 줄 것, ⅴ) 집중적 표현을 존중할 것 등을 들 수 있다. 이 시운동은 프랑스의 상징주의를 계승한 것이지만, 그리스 로마의 시와 중국의 한시, 일본의 하이쿠 시의 영향도 받았다. 대표 시인으로는 먼저 흄과 파운드를 비롯하여 에이미 로웰(Amy Lowell) 등을 들 수 있으며, 그리고 윌리엄 카를로스 윌리엄스와 월러스 스티븐스 등의 시인들로 이어진다.
03	헨리 제임스는 주로 미국인과 유럽인 간의 복잡한 심리적 관계를 그린 국제적인 주제를 작품에서 다루었다. 이러한 소재와 주제를 담고 있는 작품의 예로 The Portrait of a Lady(1881)를 들 수 있다. 이 작품은 활달한 미국 소녀가 유럽의 인습을 받아들이는 과정을 그린 소설이다. 작품에서 주인공 이사벨 아처(Isabel Archer)는 오스먼드(Gilbert Osmond)와 결혼한다. 그녀는 자신의 결혼이 실패하였음을 인지하지만 그것을 받아들이고 오스먼드에게 돌아가 자신의 선택에 대한 책임을 다한다. 즉, 그녀는 자신의 운명을 수용하기로 결정한다.
04	윌리 로먼은 성공한 세일즈맨이 되는 것을 인생의 목표로 삼았으나, 실력보다 인기와 겉모양만 중시하는 허황된 가치관을 좇았다. 그는 자식들에게도 왜곡된 성공관을 심어 주었고, 현실과 이상의 괴리 속에서 정체성을 상실했다. 결국 가족을 위한 보험금을 남기기 위해 자살이라는 비극적 선택을 하게 된다. 이 작품은 물질만능주의 사회에서 진정한 가치와 자아 정체성의 중요성을 일깨우며, 현대인의 소외와 좌절을 통찰력 있게 보여준다.

01 정답 ④

Jim Caesy는 예전에 목사였고, Tom의 출소 후 Tom과 함께 캘리포니아로 가지만 보안관에 잡혀 죽임을 당한다. 그는 이주자들의 정당한 임금 지불을 위해 투쟁하는 인물이다.

02 정답 ④

1940년대부터는 유대계 작가들이 출현하여 제2차 세계대전 이후 경험하게 된 정신적 공황과 절망을 사실적으로 묘사하였다. Dangling Man(1944)을 발표한 솔 벨로(Saul Bellow)를 시작으로 노먼 메일러(Norman Mailer), 필립 로스(Philip Milton Roth), J. D. 샐린저(Jerome David Salinger) 등의 작가들이 등장했다. 이들은 유대인이 겪은 대학살의 공포와 상처를 일반인의 영역으로 확대했고, 전쟁의 상처를 안고 도시의 변두리를 방황하며 고달픈 삶을 살아가는 인물을 현대사회에서 전락한 인물의 전형으로 표현했다.

03 정답 ④
『월든』(*Walden*)은 소로가 자신만의 생활 방식을 독자들에게 설명하며 시작하는데, 이 과정에서 자신의 경험과 내면을 솔직하게 드러낸다. 시작 부분을 보면 작가가 독자의 '아주 특별한 질문'에 답하기 위해 이 책에서 "I", 즉 1인칭 시점을 그대로 유지하겠다고 명시하고 있다. 따라서 저자의 사적인 이야기가 배제된 것이 아니라, 오히려 적극적으로 표현된다.

04 정답 ④
미국 소설의 문예사조는 크게 '낭만주의(Romanticism) – 사실주의(Realism) – 자연주의(Naturalism) – 모더니즘(Modernism)'의 흐름으로 나눠볼 수 있다.

05 정답 ③
① 청교도주의는 가톨릭 잔재를 지닌 영국 국교의 신앙에 반대하였다.
② 청교도주의는 정치와 종교를 분리하려 하지 않았다.
④ 청교도주의는 공동체의 삶을 중시하였다.

06 정답 ①
Civil Disobedience(1849)는 멕시코 전쟁에 반대하고 인두세 납부를 거절한 죄로 투옥당한 경험을 쓴 헨리 데이비드 소로의 작품이다.
② *Nature*(1836)는 미국 초월주의의 정수를 담은 작품으로, 여기서 에머슨은 물질주의를 비판하였다. 그는 모든 상처를 치유하는 자연은 인간에게 미래에 대한 희망을 제공하고 우리의 영혼을 드높여 모든 이기주의를 소멸하는데, 이때 개인은 '투명한 눈동자'가 되어 우주의 모든 생명과 영혼의 근원인 '우주적 존재'와 교감할 수 있다고 주장하였다.
③ *Brahma*(1857)는 동양 사상의 영향을 받은 작품이다.
④ *English Traits*(1856)는 영국인의 특성을 담고 있는 작품이다.

07 정답 ②
이스마엘은 자신의 이야기를 일방적으로 전하는 것이 아니라 서술, 질문, 충고 등 다양한 방식으로 독자들의 관심을 끌면서 독자들의 참여를 유도한다. 이스마엘의 이런 서술 행위는 선원들을 자신의 목적으로 끌어들이는 독단적이고 일방적인 에이하브의 방식과 대조된다. 에이하브는 모비 딕을 악의 화신으로 규정하듯 사물의 다양한 상징적 의미를 단일한 의미로 환언한다. 이와 반대로 이스마엘은 사물의 상징적 다양성과 의미의 불확정성을 받아들인다.

08 정답 ②
헨리 제임스(Henry James)는 그가 죽기 바로 일 년 전인 1915년에 영국으로 귀화하였다. 가장 위대한 미국 소설가의 한 사람으로서 심리학적 사실주의의 창시자이자 현대 소설의 선구자라고 할 수 있다. 그의 소설과 비평은 당대의 글 중 가장 심리적 내면의식에 집중하고 정교하며 또 난해하다. 제임스의 지속적인 관심은 '인식'(perception)에 있으며 그의 소설은 외부 사건보다는 내면의 심리에 집중하였다.

09 정답 ③
The Bell Jar(1963)는 실비아 플라스(Sylvia Plath)가 쓴 유일한 소설이다. 화려한 성공 뒤에는 해결되지 않은 심리적 문제들이 있다는 내용을 담고 있다. 자신의 경험을 바탕으로 쓰고 있으며 여대생의 정신병과 자살 기도, 회복을 그린 작품이다.

10 정답 ②
로버트 프로스트(Robert Frost)의 작품은 가식이나 현학이 없고 연령과 민족, 문화를 초월하여 모두가 지닌 인간성에 호소한다. 그의 시는 주제나 표현이 극히 서민적이고 소재는 전원적 자연을 배경으로 한 삶이다.

11 정답 ④
토머스 핀천(Thomas Pynchon)은 복잡하고 난해한 서사, 비선형적인 플롯, 방대한 지식과 암호를 혼합하는 독특한 스타일로 유명한 포스트모더니즘 작가이다. 그의 작품은 사실주의와는 거리가 멀며, 오히려 난해함으로 독자들을 끌어들이는 경향을 보였다.

12 정답 ②
헤밍웨이는 군더더기 없는 깔끔한 하드보일드(Hard boiled) 문체를 사용하였다. 그의 문체는 간결하고 평이한 문구, 반복의 효과, 감성을 억제한 냉정한 묘사 등을 특징으로 하고 있으나, 그중 가장 핵심적인 요소는 인물을 묘사할 때 행동의 외면만 묘사하고 그 감정을 좀처럼 설명해 주지 않는 '절제'(understatement)에 있다. 헤밍웨이의 하드보일드 문체를 요약하면 극도로 표현을 억제하고 모든 의미를 행간에 압축시킨 간결한 문체라고 할 수 있다.
①·③·④는 윌리엄 포크너에 대한 설명이다.

13 정답 ③
윌리엄 포크너(William Faulkner)는 여러 작품을 통해서 미국 남부사회의 변천을 연대기적으로 그렸다. 그는 다양한 인종의 등장인물을 재창조하였으며 주제는 남부의 전통과 가족, 사회와 역사, 인종의 문제 등을 다뤘다.

14 정답 ④
Ernest Hemingway, F. Scott Fitzgerald, Gertrude Stein은 1920년대 미국의 잃어버린 세대(Lost Generation)를 대표하는 작가들이다.

15 정답 ①
유진 오닐(Eugene O'Neill)은 현대 미국 희곡이 발전하는 데 큰 역할을 하였다. 또한 그는 여러 가지 기법을 실험하였고 미국 희곡을 유럽에까지 전파하였다.

16 정답 ②
『세일즈맨의 죽음』(Death of a Salesman, 1949)은 인생에서 자신의 가치를 찾으려 하지만 실패가 눈앞에 다가와 있음을 깨닫게 된 한 남성에 대한 내용이다. 1930년대 미국의 대공황을 배경으로 뉴욕 브루클린에 거주하는 평범한 가장의 실직, 좌절, 방황, 자살과 그의 가족 이야기를 그린다.

17 정답 ③
마크 트웨인(Mark Twain)은 과장된 방식을 바탕으로 지방색이 드러나는 생활 방식과 언어적 특징을 자세히 묘사하고 풍자하는 유머 작가로 성공하였다. 그의 작품 The Adventures of Huckleberry Finn은 가장 미국적인 작품으로 알려져 있다. 트웨인은 미국 남서부 지방의 사투리와 흑인 노예의 말투, 거침없는 비속어를 그대로 작품에 반영하여 미국 고유의 가치로 승화시켰다.

18 정답 ④
①·②·③은 하트 크레인(Hart Crane)의 시에 관한 내용이다.

19 정답 ②

에밀리 디킨슨(Emily Dickinson)은 생략과 휴지(pause), 방점(punctuation), 대시(dash)를 시에 활용하여 새로움을 추구하였다. 그녀는 여성적 글쓰기를 통해 가부장적인 사회풍토 및 남성 중심의 문학적 가치관에 여성 시인의 목소리를 냈다. 또한 디킨슨은 사랑과 죽음, 불멸성에 대한 진지한 탐색을 하였다. 그녀는 놀라운 통찰력을 압축과 생략의 방식으로 시어에 응축시켰으며, 그녀의 시는 해석의 난해함과 모호성, 열린 결말, 단일한 해석의 거부라는 한계를 지닌다.

20 정답 ①

로버트 로웰(Robert Lowell)에 대한 설명이다. 로웰의 초기 시는 전통적인 형식과 절제된 스타일, 강렬한 느낌, 개인적이지만 역사적인 시각 등을 담고 있다. 그는 1950년대 중반 시 낭송 순회를 하다가 새로운 실험적인 시들을 접하게 되었다. 로웰은 모호한 인용 및 비유와 같은 그의 초기 시의 특징들을 줄이고, 새로운 형태로 시를 창작했다. "Life Studies"(1959)에서 새로운 시 형태인 고백시(Confessional Poetry)를 선보였다. 그의 고백시는 후대에 많은 영향을 주었다.

21 정답 ③

필립 로스(Philip Roth)는 유대인을 중심인물로 내세워 작가의 자전적 이야기와 허구를 넘나드는 작품 스타일로 미국의 중산층 유대인에 대해 깊이 탐구하고, 유대인의 문제를 미국 현대사회 전체의 문제로 확장해 조망했다고 평가받는다.

22 정답 ③

*The Great Gatsby*는 아메리칸 드림과 자수성가에 관한 내용을 훌륭한 문체와 간결한 구조로 표현한 수작이다. 주인공 개츠비의 꿈과 좌절, 정신적 황량함을 통하여 속물적인 미국 사회를 비판한다.

23 정답 ①

①은 자연주의(Naturalism)에 대한 설명이다.

24 정답 ④

*The Great Gatsby*에 등장하는 Daisy의 결혼 전 이름은 Daisy Fay였으며, 결혼 후에는 Daisy Buchanan으로 불린다. Daisy Miller는 Henry James의 소설에 등장하는 인물로, *The Great Gatsby*의 Daisy와는 다른 인물이다.

주관식 해설

01 정답

헨리 데이비드 소로의 대표작은 *Walden, or Life in the Woods*(1854)이다. 이 작품은 소로가 에머슨이 소유하고 있던 월든 호숫가에 오두막을 짓고 그곳에서 보낸 2년 2개월 2일 동안(1845~1847년)의 생활을 기록한 것이다. 그는 이 작품을 통해 자기발견이라는 내적 세계를 개척했다. 이 작품에서 보이는 소로의 은둔과 집중은 초월주의 이론을 직접 시험해 볼 뿐만 아니라 19세기 미국 개척지에서의 생활을 재현하고 있다.

02 정답

이미지즘(Imagism)은 1910년대에 영국과 미국에서 전개된 반낭만주의 시운동이다. 처음 이미지즘을 제창한 것은 영국의 철학자이자 비평가인 흄(T. E. Hulme)이며, 에즈라 파운드(Ezra Pound)는 흄의 예술론에서 암시를 얻어 '이미지즘'이라는 말을 생각해냈다고 한다. 이 운동의 목표로는 ⅰ) 일상어의 사용, ⅱ) 새로운 리듬의 창조, ⅲ) 제재의 자유로운 선택, ⅳ) 명확한 사상(이미지)을 줄 것, ⅴ) 집중적 표현을 존중할 것 등을 들 수 있다. 이 시운동은 프랑스의 상징주의를 계승한 것이지만, 그리스 로마의 시와 중국의 한시, 일본의 하이쿠 시의 영향도 받았다. 대표 시인으로는 먼저 흄과 파운드를 비롯하여 에이미 로웰(Amy Lowell) 등을 들 수 있으며, 그리고 윌리엄 카를로스 윌리엄스와 월러스 스티븐스 등의 시인들로 이어진다.

03 정답

헨리 제임스는 주로 미국인과 유럽인 간의 복잡한 심리적 관계를 그린 국제적인 주제를 작품에서 다루었다. 이러한 소재와 주제를 담고 있는 작품의 예로 *The Portrait of a Lady*(1881)를 들 수 있다. 이 작품은 활달한 미국 소녀가 유럽의 인습을 받아들이는 과정을 그린 소설이다. 작품에서 주인공 이사벨 아처(Isabel Archer)는 오스먼드(Gilbert Osmond)와 결혼한다. 그녀는 자신의 결혼이 실패하였음을 인지하지만 그것을 받아들이고 오스먼드에게 돌아가 자신의 선택에 대한 책임을 다한다. 즉, 그녀는 자신의 운명을 수용하기로 결정한다.

04 정답

윌리 로먼은 성공한 세일즈맨이 되는 것을 인생의 목표로 삼았으나, 실력보다 인기와 겉모양만 중시하는 허황된 가치관을 좇았다. 그는 자식들에게도 왜곡된 성공관을 심어 주었고, 현실과 이상의 괴리 속에서 정체성을 상실했다. 결국 가족을 위한 보험금을 남기기 위해 자살이라는 비극적 선택을 하게 된다.
이 작품은 물질만능주의 사회에서 진정한 가치와 자아 정체성의 중요성을 일깨우며, 현대인의 소외와 좌절을 통찰력 있게 보여준다.

참고문헌

- 강대건·김문수, 『영미시』, 한국방송통신대학교출판부, 2011.
- 권경득 편역, 『미국문학 개관 : 식민지 시대로부터 세기의 전환까지』, 한국문화사, 2002.
- 바나드·로버트, 김용수 옮김, 『영문학사』, 한신문화사, 1998.
- 신현욱·강우성, 『미국문학사』, 한국방송통신대학교출판부, 2013.
- 영미문학연구회, 『영미문학의 길잡이 2 : 미국문학과 비평이론』, 창비, 2016.
- 정진농·정해룡, 『영문학이란 무엇인가』, 한신문화사, 1999.
- 캘로우·라일리, 박영의 등 옮김, 『미국문학개관 1, 2』, 한신문화사, 1997.
- 한국근대영미소설학회, 『19세기 미국소설 강의』, 신아사, 2003.
- 한국영어영문학회, 『미국근현대소설』, 한국문화사, 2017.
- Bradbury, Malcolm·Ruland, Richard, *From Puritanism to Postmodernism : A History of American Literature*, Routledge, 2016.
- Baym, Nina, *The Norton Anthology of American Literature*, Norton, 2002.
- High, Peter B., *An Outline of American Literature*, Longman, 1986.

컴퓨터용 사인펜만 사용

년도 전공심화과정인정시험 답안지(객관식)

★ 수험생은 수험번호와 응시과목 코드번호를 표기(마킹)한 후 일치여부를 반드시 확인할 것.

전공분야

성명

수험번호								
3	-			-			-	
(1) ①	①	①		①	①		①	①
②	②	②		②	②		②	②
(2) ③	③	③		③	③		③	③
④ ●	④	④		④	④		④	④
⑤	⑤	⑤		⑤	⑤		⑤	⑤
⑥	⑥	⑥		⑥	⑥		⑥	⑥
⑦	⑦	⑦		⑦	⑦		⑦	⑦
⑧	⑧	⑧		⑧	⑧		⑧	⑧
⑨	⑨	⑨		⑨	⑨		⑨	⑨
⓪	⓪	⓪		⓪	⓪		⓪	⓪

※ 감독관 확인란

(인)

관리번호 (응시자수)

과목코드				응시과목				
①	①	①	①	1	① ② ③ ④	14	① ② ③ ④
②	②	②	②	2	① ② ③ ④	15	① ② ③ ④
③	③	③	③	3	① ② ③ ④	16	① ② ③ ④
④	④	④	④	4	① ② ③ ④	17	① ② ③ ④
⑤	⑤	⑤	⑤	5	① ② ③ ④	18	① ② ③ ④
⑥	⑥	⑥	⑥	6	① ② ③ ④	19	① ② ③ ④
⑦	⑦	⑦	⑦	7	① ② ③ ④	20	① ② ③ ④
⑧	⑧	⑧	⑧	8	① ② ③ ④	21	① ② ③ ④
⑨	⑨	⑨	⑨	9	① ② ③ ④	22	① ② ③ ④
⓪	⓪	⓪	⓪	10	① ② ③ ④	23	① ② ③ ④
				11	① ② ③ ④	24	① ② ③ ④
교시코드				12	① ② ③ ④		
① ② ③ ④				13	① ② ③ ④		

답안지 작성시 유의사항

1. 답안지는 반드시 컴퓨터용 사인펜을 사용하여 다음 *보기*와 같이 표기할 것.
   보기 잘 된 표기: ● 잘못된 표기: ⊗ ⊙ ◐ ○●
2. 수험번호 (1)에는 아라비아 숫자로 쓰고, (2)에는 "●"와 같이 표기할 것.
3. 과목코드는 과목코드번호를 보고 해당과목의 코드번호를 찾아 표기하고, 응시과목란에는 응시과목명을 한글로 기재할 것.
4. 교시코드는 문제지 전면의 교시를 해당란에 "●"와 같이 표기할 것.
5. 한번 표기한 답은 긁거나 수정액 및 스티커 등 어떠한 방법으로도 고쳐서는 아니되고, 고친 문항은 "0"점 처리함.

과목코드				응시과목				
①	①	①	①	1	① ② ③ ④	14	① ② ③ ④
②	②	②	②	2	① ② ③ ④	15	① ② ③ ④
③	③	③	③	3	① ② ③ ④	16	① ② ③ ④
④	④	④	④	4	① ② ③ ④	17	① ② ③ ④
⑤	⑤	⑤	⑤	5	① ② ③ ④	18	① ② ③ ④
⑥	⑥	⑥	⑥	6	① ② ③ ④	19	① ② ③ ④
⑦	⑦	⑦	⑦	7	① ② ③ ④	20	① ② ③ ④
⑧	⑧	⑧	⑧	8	① ② ③ ④	21	① ② ③ ④
⑨	⑨	⑨	⑨	9	① ② ③ ④	22	① ② ③ ④
⓪	⓪	⓪	⓪	10	① ② ③ ④	23	① ② ③ ④
				11	① ② ③ ④	24	① ② ③ ④
				12	① ② ③ ④		
				13	① ② ③ ④		

[이 답안지는 마킹연습용 모의답안지입니다.]

년도 전공심화과정 인정시험 답안지(주관식)

전공분야

성명

답안지 작성시 유의사항

1. ※란은 표기하지 말 것.
2. 수험번호 (2)란, 과목코드, 교시코드 표기는 반드시 컴퓨터용 싸인펜으로 표기할 것.
3. 교시코드는 문제지 전면 의 교시를 해당란에 컴퓨터용 싸인펜으로 표기함 것.
4. 답란은 반드시 흑·청색 볼펜 또는 만년필을 사용할 것. (연필 또는 적색 필기구 사용불가)
5. 답안을 수정할 때에는 두줄(=)을 긋고 수정할 것.
6. 답란이 부족하면 해당답란에 "뒷면기재"라고 쓰고 뒷면 '추가답란'에 문제번호를 기재한 후 답안을 작성할 것.
7. 기타 유의사항은 객관식 답안지의 유의사항과 동일함.

※ 감독관 확인란

[이 답안지는 마킹연습용 모의답안지입니다.]

년도 학위취득종합시험 답안지(객관식)

컴퓨터용 사인펜만 사용

★ 수험생은 수험번호와 응시과목 코드번호를 표기(마킹)한 후 일치여부를 반드시 확인할 것.

전공분야	
성 명	

※ 감독관 확인란

(인)

관 리 번 호	
(역번)	(응시자수)

답안지 작성시 유의사항

1. 답안지는 반드시 컴퓨터용 사인펜을 사용하여 다음 [보기]와 같이 표기할 것.
   [보기] 잘된 표기: ● 잘못된 표기: ⊗ ◐ ① ○
2. 수험번호 (1)에는 아라비아 숫자로 쓰고, (2)에는 "●"와 같이 표기할 것.
3. 과목코드는 뒷면 "과목코드번호"를 보고 해당과목의 코드번호를 찾아 표기하고, 응시과목란에는 응시과목명을 한글로 기재할 것.
4. 교시코드는 문제지 전면 의 교시를 해당란에 "●"와 같이 표기할 것.
5. 한번 표기한 답은 긁거나 수정액 및 스티커 등 어떠한 방법으로도 고쳐서는 아니되고, 고친 문항은 "0"점 처리됨.

[이 답안지는 마킹연습용 모의답안지입니다.]

년도 학위취득 종합시험 답안지(주관식)

전공분야

성명

답안지 작성시 유의사항

1. 답란은 표기하지 말 것.
2. 수험번호 (2)란, 과목코드, 교시코드 표기는 반드시 컴퓨터용 싸인펜으로 표기할 것.
3. 교시코드는 문제지 전면의 교시를 해당란에 컴퓨터용 싸인펜으로 표기할 것.
4. 답란은 반드시 흑·청색 볼펜 또는 만년필을 사용할 것. (연필 또는 적색 필기구 사용불가)
5. 답안을 수정할 때에는 두줄(=)을 긋고 수정할 것.
6. 답란이 부족하면 해당답란에 "뒷면기재"라고 쓰고 뒷면 '추가답란'에 문제번호를 기재한 후 답안을 작성할 것.
7. 기타 유의사항은 객관식 답안지의 유의사항과 동일함.

※ 감독관 확인란

[이 답안지는 마킹연습용 모의답안지입니다.]

시대에듀 독학사 영어영문학과 3・4단계 미국문학개관

개정1판1쇄 발행	2026년 01월 05일 (인쇄 2025년 08월 29일)
초 판 발 행	2023년 08월 09일 (인쇄 2023년 06월 22일)
발 행 인	박영일
책 임 편 집	이해욱
편 저	서지윤
편 집 진 행	정석환・천다솜
표지디자인	박종우
편집디자인	차성미・이다희
발 행 처	(주)시대고시기획
출 판 등 록	제10-1521호
주 소	서울시 마포구 큰우물로 75 [도화동 538 성지 B/D] 9F
전 화	1600-3600
팩 스	02-701-8823
홈 페 이 지	www.sdedu.co.kr
I S B N	979-11-383-9251-8 (13840)
정 가	22,000원

※ 이 책은 저작권법의 보호를 받는 저작물이므로 동영상 제작 및 무단전재와 배포를 금합니다.
※ 잘못된 책은 구입하신 서점에서 바꾸어 드립니다.

시대에듀 독학사
영어영문학과

왜? 독학사 영어영문학과인가?

4년제 영어영문학과 학위를 최소 시간과 비용으로 **단 1년 만에 초고속 취득 가능!**

1 현대인에게 필수 외국어라 할 수 있는 **영어의 체계적인 학습에 적합**

2 토익, 토플, 텝스, 지텔프, 플렉스 등 공무원/군무원 시험 **대체검정능력시험 준비에 유리**

3 일반 기업 및 외국계 기업, 교육계, 언론계, 출판계, 번역·통역, 관광·항공 등 **다양한 분야로 취업 가능**

영어영문학과 과정별 시험과목(2~4과정)

1~2과정 교양 및 전공기초과정은 객관식 40문제 구성
3~4과정 전공심화 및 학위취득과정은 객관식 24문제+**주관식 4문제** 구성

2과정(전공기초)	3과정(전공심화)	4과정(학위취득)
영어학개론	영어발달사	영어학개론 (2과정 겸용)
영문법	영어통사론	고급영어 (3과정 겸용)
영어음성학	고급영문법	영미문학개관 (2+3과정 겸용)
중급영어	고급영어	영미소설 (2+3과정 겸용)
영국문학개관	20세기 영미소설	
19세기 영미소설	미국문학개관	

시대에듀 영어영문학과 학습 커리큘럼

기본이론부터 실전문제풀이 훈련까지!
시대에듀가 제시하는 각 과정별 최적화된 커리큘럼에 따라 학습해 보세요.

STEP 01 기본이론 — 핵심이론 분석으로 확실한 개념 이해
STEP 02 문제풀이 — 실전예상문제를 통해 문제 유형 파악
STEP 03 모의고사 — 최종모의고사로 실전 감각 키우기

| 1과정 교양과정 | 심리학과 | 경영학과 | 컴퓨터공학과 | 국어국문학과 | **영어영문학과** | 간호학과 | 4과정 교양공통

독학사 영어영문학과 2~4과정 교재 시리즈

독학학위제 공식 평가영역을 100% 반영한 이론과 문제로 구성된 완벽한 최신 기본서 라인업!

START

2과정
▶ 전공 기본서 [전 6종]
- 영어학개론
- 영문법
- 영어음성학
- 중급영어
- 영국문학개관
- 19세기 영미소설

3과정
▶ 전공 기본서 [전 6종]
- 영어발달사
- 영어통사론
- 고급영문법
- 고급영어
- 20세기 영미소설
- 미국문학개관

4과정
▶ 전공 기본서
- 영어학개론 (2과정 겸용)
- 고급영어 (3과정 겸용)
- 영미문학개관 (2+3과정 겸용)
- 영미소설 (2+3과정 겸용)

GOAL

※ 표지 이미지 및 구성은 변경될 수 있습니다.

➕ 독학사 전문컨설턴트가 개인별 맞춤형 학습플랜을 제공해 드립니다.

시대에듀 홈페이지 **www.sdedu.co.kr** 상담문의 **1600-3600** 평일 9~18시 · 토요일 · 공휴일 휴무

시대에듀 동영상 강의 | www.sdedu.co.kr